高等学校规划教材

无机与分析化学实验

叶艳青　庞鹏飞　汪正良　主编

化学工业出版社

·北京·

内容简介

《无机与分析化学实验》共分为3章，其中：第1章为绪论，主要介绍无机与分析化学实验的目的和方法、实验室规则和安全知识等；第2章为基本操作、仪器及基本原理实验，共计编写27个基础实验项目，以夯实无机化学与分析化学实验基础；第3章为提高性、综合性、设计性实验，共计编写15个实验项目，主要为了培养学生分析和解决复杂问题的能力，提高学生的创新意识。此外，本书共含12个附录，涉及无机化学实验与分析化学实验的常用数据等内容，以辅助实验操作与数据处理。

《无机与分析化学实验》适合综合性大学和师范类院校化学、应用化学、环境、生物、化工、材料、能源等专业的本科生和教师使用，也可供其他相关专业参考。

图书在版编目（CIP）数据

无机与分析化学实验/叶艳青，庞鹏飞，汪正良主编. —北京：化学工业出版社，2021.5（2025.8重印）
高等学校规划教材
ISBN 978-7-122-38765-3

Ⅰ.①无… Ⅱ.①叶…②庞…③汪… Ⅲ.①无机化学-化学实验-高等学校-教材②无机化学-化学实验-高等学校-教材 Ⅳ.①O61-33②O652.1
中国版本图书馆CIP数据核字（2021）第051783号

责任编辑：褚红喜　宋林青　　文字编辑：苗　敏　师明远
责任校对：李雨晴　　装帧设计：刘丽华

出版发行：化学工业出版社（北京市东城区青年湖南街13号　邮政编码100011）
印　　装：北京科印技术咨询服务有限公司数码印刷分部
787mm×1092mm　1/16　印张11¾　字数284千字　2025年8月北京第1版第5次印刷

购书咨询：010-64518888　　售后服务：010-64518899
网　　址：http://www.cip.com.cn
凡购买本书，如有缺损质量问题，本社销售中心负责调换。

定　　价：29.80元

《无机与分析化学实验》 编写人员

主　编　叶艳青　庞鹏飞　汪正良

编　者　（按姓氏笔画排序）

王凯民　叶艳青　刘晓芳　李晓芬

汪正良　张艳丽　罗利军　周　强

庞鹏飞　屈　睿　夏丽红　唐怀军

谭　伟　戴建辉

前言

化学是一门实验性很强的科学。已故著名化学教育家戴安邦教授指出："全面的化学教育要求化学教学不仅传授化学知识和技术，更训练科学方法和思维，还培养科学品德和精神。"由此可见，化学实验室是实施全面化学教育最有效的场所，化学实验教学不仅可以培养学生的动手能力，而且也是培养学生严谨的科学态度、严密的科学逻辑思维方法和实事求是的优良品德的最有效形式；同时也是培养学生创新意识、创新精神和创新能力的重要环节。

为了适应新形势下的教学需要，本教材根据教师多年教学经验并结合学生的实际情况，在我校讲义《基础化学实验Ⅰ》的基础上，新增加了部分实验内容，并尽可能引入新的实验方法和实验技术，精选、整合了无机化学实验和分析化学实验。实验内容分基础实验、提高实验、综合实验和设计实验四个层次，体现出夯实基础、加强综合、经典实验与学科前沿实验内容相结合、常规实验技术与现代实验技术相结合等编写特点。在实验内容选择上，尽量贴近生活、贴近社会，与人类健康、环境保护密切相关，能够激发学生学习兴趣，并且具有适宜的难易梯度；在实验内容的安排上，符合本科生的认知规律，由浅入深、由简单到综合，强调学生自主学习的能力和综合素质的培养；在教学方法上，以启发式、互动式为主，实现以学生为主体、教师为主导的转变，加强学生的个性化培养；在实验设计上，力争做到使用无毒或少毒的药品或试剂，体现绿色化学的教学理念，整体对学生的指导性更强，学习效果更好。

本书由叶艳青主编负责全书的策划、编写、编排、审订及最后的统稿、复核工作，庞鹏飞、汪正良主编负责部分统稿、编写和复核工作。参加本教材编写的还有云南民族大学罗利军、戴建辉、刘晓芳、唐怀军、屈睿、张艳丽、夏丽红、周强、谭伟、李晓芬、王凯民。在编写过程中参考了不少兄弟院校已出版的实验教材，得到了学校、学院领导及许多教师的无私帮助，也得到了云南民族大学化学博士点建设经费资助，在此一并表示衷心的感谢。

由于编者水平所限，书中疏漏和不当之处在所难免，恳请读者批评指正。

编　者

2021 年 2 月

目录

第1章 绪论

化学是研究物质及其变化的一门科学，它的起源、发展都是建立在实验基础上的。尽管近年来“分子设计”等理论化学、计算化学随着科技的发展得到很大的提高，但其成果最终需由实验来检验或通过实验技术来实现。因此，化学是一门实验科学，没有实验就没有化学。绝大部分的化学理论与化学规律都来自实验结果的总结与归纳，同时，这些理论与规律的应用与评价也必定通过实验来实现。化学实验教学对培养学生的创新能力和优良的素质起着十分重要的作用，在化学教学中发挥着理论课所不能替代的作用。通过化学实验教学，可以训练学生的基本操作与基本技能，强化学生的基本知识，培养学生分析问题、解决问题的能力，使学生养成良好的实验习惯、严谨的科学态度。

1.1 无机与分析化学实验的目的

无机与分析化学实验是化学、应用化学、环境、生物、化工、材料、能源等专业必修的基础化学实验，开设这门课程的主要目的是：

① 实验——使学生获得第一手感性知识，经分析、归纳、总结，从感性认识上升到理性认识，巩固和加深对理论知识的理解，提高应用能力。

② 训练——使学生掌握无机化学以及分析化学的基本操作技能。

③ 观察和分析实验现象——提高学生观察、分析和发现问题的能力。

④ 分析和处理实验数据——培养学生严格、认真和实事求是的科学态度，使学生具有一定的收集和处理化学信息的能力、分析和解决较复杂问题的能力、文字表达实验结果的能力以及团队协作能力，为学生参加科学研究及实际工作打下坚实的基础。

1.2 无机与分析化学实验的学习方法和成绩评定

一、学习方法

为达到无机化学实验课程的教学目的，学生不仅要有正确的学习目的和学习态度，还要有正确的学习方法，才能在掌握一般规律的基础上，学会举一反三、融会贯通，从根本上达到学习目的、提高教学效果与教学质量。根据本课程的特点，学习方法大致有以下4个步骤：

1. 预习

① 弄清实验目的和实验原理，了解实验仪器的工作原理和结构，掌握仪器的使用方法和注意事项。

② 查阅实验相关的资料，熟悉实验内容、操作步骤、数据处理方法，做到心中有数，在此基础上归纳并书写出简洁明了的实验步骤。

③ 在熟悉实验原理、实验内容、实验步骤的基础上，统筹安排实验时间。

④ 书写预习报告，切忌照本抄书，应依据自己的理解而书写，具体内容包括：实验名称、实验目的、实验原理、实验步骤（以流程图为主）、注意事项、实验记录表格（或格式）等。

也就是在预习过程中，要明确以下3个问题：

（a）本实验做什么？（实验名称）

（b）为什么要做本实验？（实验目的、实验原理）

（c）本实验如何做？（仪器装置、操作步骤、注意事项等）

2. 讨论

为使学生进一步明确实验原理、操作要点、注意事项以及加深对实验现象、实验结果的理解，教师在实验前、后通过观看多媒体、演示、提问、归纳等多种形式组织师生讨论，从而达到举一反三的教学目的。学生应该认真准备、积极主动参与、专心听讲、认真记录注意事项，对疑惑大胆提问，对提问主动回答。

3. 实验

① 认真、细致、独立地完成实验内容，既要大胆，又要细心。

② 严格规范地进行实验操作，仔细观察实验现象，认真严谨并及时地记录实验结果。

③ 实验过程中做到手脑并用，即边实验、边记录、边思考；力争自己解决实验中遇到的问题；有困难时应与老师讨论，共同解决。

④ 不可随意更改实验，有新想法、新思路、新设计应经老师同意后方可实行。

⑤ 保持实验环境、桌面整洁，暂时不用的仪器不要放在实验台上，自觉养成良好的实验素养和科学习惯，遵守实验室规则。

4. 实验报告

实验报告是对所学知识进行归纳和提高的过程，也是培养学生思维能力、书写能力、严谨的科学态度、实事求是精神的主要措施，故应该认真对待。

① 按照一定的格式书写，要求简明扼要、清楚整洁。

② 必须及时、认真、实事求是地独立完成实验报告，不得臆造、抄袭或篡改原始现象、原始数据等。

③ 归纳总结实验现象和数据，得出结论，并分析讨论实验结果和存在的问题。同时，根据实验结果分析自己在实验中的成功与不足之处，并提出改进意见。这对提高分析问题、解决问题的能力大有益处。

④ 实验报告一般应该包括实验名称、实验目的、实验原理、实验步骤、实验记录（含数据处理)、思考和讨论等内容。各类实验报告的格式可以不同，现列出三种以供参考，见本章“相关知识”。

二、成绩评定

学生的无机与分析化学实验成绩是根据教学大纲的要求来评定的。无机与分析化学实验课程的考核分为两个部分：平时单个实验的累积记分和课程结束时的综合考核记分。对每个实验都要制定具体的评分标准，包括实验预习、实验基本操作、实验结果、实验报告、实验态度等。每次实验前，学生应写出预习报告，包括实验目的、实验原理、实验步骤，并做好有关记录表格，还应预习相关仪器的使用方法和操作方法。由教师根据相应评分标准对预习报告、实验基本操作、实验结果以及实验报告等几部分进行打分，综合打分后即为单个实验的累积记分。课程结束后对实验教学情况进行全面考核，可采用笔试或具体操作相结合的方式进行。

1.3 实验室规则和安全知识

一、实验室规则

实验室规则是人们在长期的实验室工作中归纳总结出来的，它是保持实验环境整洁和正常工作秩序、防止意外事故发生、做好实验的重要前提。为确保实验正常进行，培养良好的实验习惯和工作作风，必须遵守下列规则：

① 认真学习实验室规则和有关注意事项，学习紧急事件的处理方法和消防、安全防护守则。经过适当考核和实验指导教师允许后，学生方可进入实验室。

② 遵守纪律，不得迟到早退。应提前5～10min进实验室以便定下心来，避免匆忙、心慌而出错，从而造成事故。学生不得无故缺课，因故未做的实验应该及时补做。若未做实验超过一定数量，按照规定，本实验课成绩不及格。

③ 实验前要认真预习有关实验的全部内容，做好预习报告。通过预习了解实验的基本原理、方法、步骤及注意事项，做到有备而来。

④ 实验前应清点仪器。如发现有破损或缺少，应立即更换或补领。实验过程中仪器损坏应及时补充，并按规定赔偿。

⑤ 实验时应遵守操作规则，保证实验安全，保持室内安静，不要大声喧哗。

⑥ 要节约药品、水、电，要爱护仪器和实验室设备。

⑦ 在实验过程中，要保持实验室及台面整洁，废物与回收溶剂等应放到指定的地方，不得乱丢乱放。

⑧ 实验过程中要实事求是、细心观察、认真记录，将实验中的一切现象和数据如实记在报告本上。根据原始记录，认真地分析问题、处理数据，写出实验报告。对实验异常现象应进行讨论，提出自己的看法。

⑨ 实验结束后必须将所用仪器洗涤干净，并整齐地放入实验柜内。使用其他设备做好登记。

⑩ 值日生负责门窗玻璃、桌面、地面及水槽的清洁工作，整理公用原料、试剂和器材，清除垃圾，检查水、电安全，最后关好门窗。经教师检查合格后，值日生方可离开实验室。

二、安全知识

进行化学实验常会使用水、电和各种药品、仪器。而许多化学药品是易燃、易爆、有腐蚀性或有毒的，故在实验过程中要集中注意力，遵守操作规程，避免事故发生。

① 为防止损坏衣物、伤害身体，做实验时必须穿长款实验服，不允许穿短裤、拖鞋等露出身体的衣物进入实验室。梳长发的同学要将头发挽起，以免受到伤害。

② 进实验室必须戴护目镜。试管加热时，切记不可将试管口对着自己或别人。

③ 实验室内严禁饮食、吸烟。切勿用实验器皿作为餐具，实验结束后应洗手。

④ 使用酒精灯、煤气灯等，应随用随点，不用时盖上灯罩或关闭煤气阀。

⑤ 浓酸、浓碱具有强腐蚀性，使用时要小心，不能溅在皮肤或衣物上。

⑥ 氰化物、高汞盐［$HgCl_2$，$Hg(NO_3)_2$ 等］、可溶性钡盐（$BaCl_2$）、重金属盐（Cd^{2+}、Pb^{2+}等的盐）、三氧化二砷等剧毒药品应妥善保管，使用时要特别小心。

⑦ 当使用大量可燃性气体或有机溶剂（如乙醇、乙醚、丙酮等）时，严禁使用明火，还要防止发生电火花及其他撞击火花。

⑧ 对于产生有刺激性或有毒气体（如 H_2S、Cl_2、Br_2、NO_2、HCl 和 HF 等）的实验，应在通风橱内（或通风处）进行；苯、四氯化碳、乙醚、硝基苯等的蒸气会引起中毒，虽有特殊气味，但久嗅会使人的嗅觉减弱，所以也应在通风良好的情况下使用。

⑨ 实验中所用的易燃、易爆、有腐蚀性或有毒的药品不得随意散失、丢弃。

⑩ 掌握安全用电知识。

(a) 操作电器时，手必须干燥，不得直接接触绝缘性能不好的电器；

(b) 超过 45V 的交流电都有危险，故电器设备的金属外壳应接上地线；

(c) 为预防万一触电时电流通过心脏的可能，不要用双手同时接触电器；

(d) 使用高压电源要有专门的防护措施，千万不要用电笔测试高压电；

(e) 实验进行时，在对接好的电路仔细检查无误后方可试探性通电，一旦发现异常，应立即切断电源，对设备进行检查。

三、事故处理和急救

为了对实验室内意外事故进行紧急处理，应该在每个实验室内准备一个急救药箱。药箱内可准备下列药品和器材：

① 药品：红药水、碘酒（3%）、烫伤膏、饱和硼酸溶液、乙酸溶液（2%）、氨水（5%）、硫酸铜溶液（5%）、高锰酸钾固体（用时现配成溶液）、氯化铁溶液（止血剂）、甘油、消炎粉等。

② 器材：消毒纱布、消毒棉、剪刀、创可贴、棉签等。

1. 着火事故的处理

实验室如果发生着火事故，切勿惊慌失措，应沉着镇静及时采取措施，防止事故扩大。

(1) 控制火势蔓延

关闭酒精灯，切断电源，移走一切可燃物质（特别是有机溶剂和易燃、易爆物品）。

(2) 灭火

要针对着火的起因选用合适的灭火方法和灭火设备（见表1-1）。一般的小火可用湿布、石棉布、灭火毯或沙覆盖燃烧物灭火。火势大时，可采用灭火器材来灭火，常用的灭火器材有沙、二氧化碳灭火器、四氯化碳灭火器、泡沫灭火器和干粉灭火器等，可根据起火原因进行选择。对于化学实验室的火灾，特别要慎重选择灭火器材，建议不要使用水，如以下几种情况不能用水灭火：

① 金属钠、钾、镁、铝粉、电石、过氧化钠着火，应用干沙灭火；

② 比水轻的易燃液体，如汽油、丙酮等着火，可用泡沫灭火器灭火；

③ 有灼烧的金属或熔融物的地方着火时，应用干沙或干粉灭火器灭火；

④ 电器设备或带电系统着火，可用二氧化碳灭火器或四氯化碳灭火器灭火。

表1-1 常用的灭火器及其使用范围

灭火器类型	药液成分	适用范围
酸碱式灭火器	H_2SO_4、$NaHCO_3$	非油类、非电器类的一般起火
泡沫灭火器	$Al_2(SO_4)_3$、$NaHCO_3$	油类起火
二氧化碳灭火器	液态二氧化碳	电器、小范围油类和忌水的化学品起火
干粉灭火器	$NaHCO_3$ 等盐类、润滑剂、防潮剂	油类、可燃气体、电器设备、精密仪器、图书文件和遇水易燃药品的初起火
1211灭火器	CF_2ClBr 液化气体	特别适用于油类、有机溶剂、精密仪器、高压电器设备起火

2. 试剂灼伤的处理

(1) 酸碱灼伤

① 受酸腐蚀致伤：立即用大量水冲洗，然后用饱和碳酸氢钠溶液（或稀氨水、肥皂水）洗涤，最后再用水冲洗；如果是浓硫酸则应先用布吸收后再用大量水冲洗。如果溅入眼内，用大量水冲洗后，送医院诊治。

② 受碱腐蚀致伤：立即用大量水冲洗，然后用2%乙酸溶液或饱和硼酸溶液洗，最后再用水冲洗。如果溅入眼内，用硼酸冲洗。

(2) 溴灼伤

应立即用酒精洗涤，再涂上甘油；也可立即用2%硫代硫酸钠溶液洗至伤处呈白色，然后涂甘油。

3. 中毒的处理

① 将吸入气体中毒者移至室外，解开衣领及纽扣。

② 如吸入少量氯气或溴可用5%碳酸氢钠溶液漱口。

③ 若吸入氯气、氯化氢，可立即吸入少量酒精和乙醚的混合蒸气以解毒。

④ 若吸入硫化氢或一氧化碳气体而感到头晕不适时，应立即到室外呼吸新鲜空气。注

意不可对氯气、溴中毒者进行人工呼吸，一氧化碳中毒者不可使用兴奋剂。

⑤ 毒物入口：将 5～10mL 5%稀硫酸铜溶液加入一杯温水中，内服，手指伸入咽喉部，促使呕吐，吐出毒物后立即送医院。

4. 烫伤的处理

一旦被火焰、蒸汽以及红热的玻璃、铁器等烫伤，立即用大量水冲淋或浸泡伤处，以迅速降温避免深度烫伤。若起水泡不宜挑破，用纱布包扎后送医院治疗。对于轻微烫伤，可在伤处涂凡士林或烫伤油膏后包扎。

5. 玻璃割伤的处理

受伤后要仔细观察伤口有无玻璃碎粒，若伤口不大可先抹上红药水再粘创可贴。如伤口较大应先做止血处理（如扎止血带或按紧主血管），以防止大量出血，然后紧急送医院就医。

6. 触电事故的处理

首先应切断电源，必要时对伤者进行人工呼吸。

1.4 实验室的“三废”处理

实验室经常产生一些有毒的气体、液体和固体，都需要及时处理，特别是一些剧毒物质，如果直接排出就可能污染周围的空气和水源，从而造成环境污染，损害人体健康。因此，废液、废气、废渣（即“三废”）要经过处理，符合排放标准才可以排弃。同时，“三废”中的有用成分不加以回收，也是一种资源的浪费。通过处理，消除公害、变废为宝、综合利用，不仅是社会和经济活动，也是实验室工作的重要组成部分。

1. 废气处理

产生少量有毒气体的实验应该在通风橱内进行。通过排风系统将少量有毒气体排到室外，排出的有毒气体在大气中得到充分稀释，在降低毒害作用的同时避免了室内空气的污染。产生有毒气体量大的实验必须备有气体吸收和处理装置。例如：NO_2、SO_2、Cl_2、H_2S、HF 等可用导管通入碱液中，使其大部分被吸收后排出；CO 可以通过燃烧转化为 CO_2 排出。

另外，可以用活性炭、活性氧化铝、硅胶、分子筛等固体吸附剂来吸附废气中的污染物。

2. 废渣处理

对废液、废渣而言，在有条件的地区，应该分类收集后，交给有资质的专门处理废弃化学品的公司，按照国家有关规定处理。在不具有相关条件的城市，应该通过实验室的方法进行处理，达到排放标准后方可排弃。

有回收价值的废渣应该收集起来统一处理，加以回收利用；少量无回收价值的有毒废渣也应该加以收集，根据其性质进行处理；无毒废渣可以直接丢弃或掩埋。

① 钠、钾屑以及碱金属、碱土金属的氢化物、氨化物放入四氢呋喃中，在搅拌的情况下慢慢滴加乙醇或异丙醇至不再放出氢气为止，慢慢加水至澄清后冲入下水道。

② 硼氢化钠（钾）用甲醇溶解后用水充分稀释，再加酸并放置，此时产生剧毒的硼烷，

要在通风橱中进行，废弃液用水稀释后排入下水道。

③ 酰氯、酸酐、三氯化磷、五氯化磷、氯化亚砜在搅拌下加入大量的水反应或稀释（五氯化磷还需碱中和）后直接排弃，同时注意应该在通风橱中处理。

④ 沾有铁、钴、镍、铜催化剂的废纸、废塑料干后易燃，不能随便丢入废纸桶中，应在未干时深埋。

⑤ 重金属及其难溶盐应尽量回收，不能回收的集中起来深埋于远离水源的地下。

3. 废液处理

（1）废酸、废碱液

将废酸（碱）液与废碱（酸）液中和至 pH 为 6～8 后即可排放，如有沉淀则要过滤，少量滤渣可以深埋处理。

（2）含铬废液

在无机与分析化学实验中，含铬废液量大的是废铬酸洗液，可以用高锰酸钾氧化法使其再生[1]，重复使用。少量的废液可以加入废碱液或熟石灰使其生成氢氧化铬(Ⅲ）沉淀而集中分类处理。

（3）含氰废液

氰化物是剧毒物质，含氰废液必须认真处理。

少量的含氰废液可用硫酸亚铁处理使之转化为毒性较小的亚铁氰化物用水冲走，也可以先加氢氧化钠调至 pH>10，再加入少量高锰酸钾使 CN^- 氧化分解。

大量的含氰废液可用碱性氯化法处理：先用废碱调至 pH>10，加足够量的漂白粉（含次氯酸钠)，充分搅拌，放置过夜，使 CN^- 被氧化成氰酸盐，进一步分解为碳酸根和氮气，再将溶液 pH 调至 6～8 后再排放。

$$2CN^- + 5ClO^- + 2OH^- = 2CO_3^{2-} + 5Cl^- + H_2O + N_2\uparrow$$

（4）含汞盐废液

① 含汞盐废液应先调至微碱性（pH＝8～10)，加适当过量的硫化钠生成硫化汞沉淀，然后加硫酸亚铁生成硫化亚铁，吸附硫化汞共沉淀。静置后离心，过滤。清液含汞量可降到 $0.02mg\cdot L^{-1}$ 以下排放。少量残渣集中分类存放，统一处理。大量残渣可用焙烧法回收汞，但一定要在通风橱中进行。

② 金属汞易挥发，并可通过呼吸道进入人体内，逐渐积累会引起慢性中毒。做金属汞实验应特别小心，不得将金属汞洒落在桌上或地上。一旦洒落，必须尽可能收集起来，并用硫黄粉盖在洒落的地方，使金属汞转化为不挥发的硫化汞（注意：此反应较慢，要放置一定时间，不能硫黄覆盖后就立即清除)。

（5）含砷废液

① 将熟石灰投入含砷废液中，使之生成难溶的亚砷酸盐或砷酸盐。

$$As_2O_3 + Ca(OH)_2 = Ca(AsO_2)_2\downarrow + H_2O$$

$$As_2O_5 + 3Ca(OH)_2 = Ca_3(AsO_4)_2\downarrow + 3H_2O$$

[1] 再生氧化法：先在 110～130℃下不断搅拌加热浓缩，除去水分后，冷却至室温，缓缓加入高锰酸钾粉末。每升浓缩液加入 10g 左右高锰酸钾粉末，边加边搅拌，直至溶液呈深褐色或微紫色，但不可过量。然后直接加热至三氧化铬出现，停止加热。稍冷后，通过玻璃砂芯漏斗过滤，除去沉淀；冷却后析出红色的三氧化铬沉淀，再加适量浓硫酸使其溶解即可使用。

② 也可用 H_2S 或 NaHS 作硫化剂，使之生成硫化物沉淀，沉降分离后，调溶液 pH 至中性排放。

③ 或在含砷废液中加入足够的镁盐，调节镁砷比为 8～12，然后利用熟石灰或其他碱性物质将废液中和至弱碱性，控制 pH 在 9.5～10.5，利用新生的氢氧化镁与砷化合物的共沉淀和吸附作用，将废液中的砷除去，沉降后将砷液 pH 调至 6～8 排放。

（6）含重金属离子的废液

对于含重金属离子的废液，最有效和经济的处理方法是：加碱或硫化钠将重金属离子变成难溶的氢氧化物或硫化物沉淀下来，然后过滤分离，少量残渣集中分类存放，统一处理。

1.5 测定中的误差与有效数字

一、测定中的误差

在化学实验及生产过程中，经常使用仪器对一些物理量进行计量或测定，根据测得的数据进行处理，以找出事物的客观规律，从而正确地反映实际情况并指导生产实践。但实践证明，任何测量结果都只是相对准确，即使是技术非常熟练的人用最可靠的方法、最精密的仪器，对同一试样进行多次测定，也不可能得到完全一致的结果。这种误差是客观存在的，因此，实验者必须了解实验过程中误差产生的原因及误差出现的规律，以便采取相应措施减少误差，并对实验数据进行处理，使实验结果尽量接近真实情况。实验者应该树立正确的误差及有效数字的观念，掌握分析和处理实验数据的科学方法，学会正确表达实验结果。

按照误差产生的原因及性质，误差可分为系统误差、随机（偶然）误差和过失误差三类。

1. 系统误差

系统误差又称可测误差，是由某些固定的原因造成的，使测量结果总是偏高或偏低，例如实验方法不够完善、试剂不纯、仪器本身不够精确、操作人员的主观原因等。这类误差有以下规律：①在多次测定中会重复出现；②所有的测定值或者都偏高，或者都偏低，即具有单向性；③由于误差来源于某一固定的原因，因此，误差值基本上是恒定不变的。系统误差可以采用校正的方法消除，如标准方法校正、仪器校正、空白试验、对照试验等。其中对照试验是检查实验过程中有无系统误差最有效的方法。

测定结果的准确度可用误差表示，指测定值与真实值之差，误差越小，准确度越高。误差分为绝对误差和相对误差两种。其中绝对误差表示测定值与真实值之间的差，具有与测定值相同的量纲；而相对误差表示绝对误差与真实值之比，一般用百分率或千分率表示，无量纲。绝对误差和相对误差可以是正值，也可以是负值。正值表示测定结果偏高，负值则反之。

绝对误差

$$E_a = \bar{x} - T,\ \bar{x} = \frac{x_1 + x_2 + \cdots + x_n}{n}$$

相对误差

$$E_r = \frac{E_a}{T} \times 100\%$$

式中，x_i为测定值；T 为真实值。

2. 随机误差

随机误差又称偶然误差，是由一些偶然的原因造成的，如测量时环境温度、气压、湿度发生微小变化都能造成误差。由于误差来源于随机因素，因此偶然误差数值不定，且方向也不固定，有时为正误差，有时为负误差。这种误差在实验中无法避免。从表面看，这类误差似乎没有规律性，但若用统计的方法去研究，可以从多次测量的数据中找到它的规律：①数值相同的正负误差出现的概率几乎相等；②小误差出现的概率大于大误差，特大误差出现的概率极小。因此通过增加平行测定次数（一般为 2～4 次），取平均值，可减少随机误差。

随机误差常用偏差来表示，表示几次平行测定结果相互接近的程度，即测定结果精密度的高低。偏差越小，精密度越高。偏差可分为绝对偏差和相对偏差两种。偏差有多种表示方法，如果测定次数少，在一般的化学实验中，可以用平均偏差或相对平均偏差来表示。

绝对偏差　$d_1=x_1-\overline{x}$；$d_i=x_i-\overline{x}$

平均偏差　$\overline{d}=\frac{1}{n}\sum|d_i|=\frac{|d_1|+|d_2|+\cdots+|d_n|}{n}$

相对平均偏差　$\overline{d}_r=\frac{\overline{d}}{\overline{x}}\times100\%$

式中，n 为测定次数；x_i为测定值。

3. 过失误差

这是由实验工作者粗心大意、不按操作规程办事、过度疲劳等原因造成的。这类误差有时无法找到原因，但是完全可以通过加强责任心、仔细操作来避免。

二、准确度和精密度

准确度和精密度是两个不同的概念。准确度表示测量的准确性，精密度表示测量的重现性，它们是实验结果好坏的主要标志。在分析工作中，最终要求测定结果准确。准确度高的测定结果，精密度一定要高，否则测定结果不可靠。但是，精密度高的测定结果不一定准确，这是由于存在系统误差。消除了偶然误差，分析结果的精密度提高，但准确度不一定高。只有同时校正了系统误差和偶然误差，才能保证分析结果既精密又准确。

三、可疑数据的取舍

在实际工作中，分析结果的数据处理非常重要。分析工作者仅做 1～2 次测定是不可能提供可靠信息的，也不会被人们接受。因此，在科研和实验工作中，应该对试样进行多次平行测定，直至获得足够的数据，然后进行统计处理。个别数据可能与其他数据偏离较远，这些数据叫可疑值或逸出值。在对分析结果要求比较高的情况下，需要对可疑值进行取舍。

一般按照 Q 检验法对可疑值进行取舍，此法适用于 3～10 次测定时的数据处理。

基本步骤如下：

① 数据按从小到大顺序排列：$x_1,x_2,\cdots,x_n$，其中 x_1为最小值，x_n为最大值；

② 找出可疑值 x_1或 x_n；

③ 求出 $Q_计$：

$$Q_{计}=\frac{x_2-x_1}{x_n-x_1}\quad 或\quad Q_{计}=\frac{x_n-x_{n-1}}{x_n-x_1};$$

④ 查附录 9 得到 $Q_表$ 值；

⑤ 若 $Q_计>Q_表$，则此值舍去，否则应保留。

【例 1-1】 某一含氯试样，四次含量测定的结果分别为 30.22%、30.34%、30.42%、30.38%。实验数据中 30.22%是否舍去？

解： 将四次测定结果按从小到大顺序排列：30.22%、30.34%、30.38%、30.42%，设 30.22%为可疑值。

$$Q_计=\frac{x_2-x_1}{x_n-x_1}=\frac{30.34\%-30.22\%}{30.42\%-30.22\%}=0.60$$

查附录 9 得 $Q_{0.90}=0.76$

$Q_计=0.60<Q_{0.90}=0.76$，故不能舍去。

四、有效数字及其运算规则

科学实验要得到准确的结果，不仅要求正确选用实验方法和实验仪器，而且要求正确记录实验数据。在实验中，数据可分为准确数值和近似数值。计算式中的分数、倍数、常数、原子量等都是准确数值，如 I_2 与 $Na_2S_2O_3$ 反应，其物质的量之比为 1∶2，这里的 1 和 2 均是准确数值。除准确数值外，在实验中测量得到的一切数值都是近似数值，即由从仪器刻度上准确读出的数字和一位估计读数组成，这就是有效数字。

有效数字不仅表示数量大小，而且要正确反映测量准确度和仪器的精密度。例如：某烧杯用精确度为 0.1g 的台秤称量，质量为 15.3g，这一数值中，“15”是准确的，最后一位数字“3”是估计的，可能有上下一个单位的误差，即其实际质量是 15.3g±0.1g，它的有效数字是 3 位，测量的相对误差为±0.6%。若用精确度为 0.1mg 的分析天平称量该烧杯，质量为 15.3084g，它的有效数字是 6 位，相对误差为$\pm(6\times10^{-4})\%$，准确度比前者提高 3 个数量级。

有效数字是整数部分和小数部分位数的组合。这里特别要注意数字“0”。若数字“0”作为普通数字使用，它就是有效数字；若数字“0”表示小数点的位置，则它不是有效数字，如表 1-2 所示。

表 1-2 有效数字位数的确定

数字	10.9800	10.98%	1.25×10^{-34}	0.0025	5×10^4	50
有效数字位数	6 位	4 位	3 位	2 位	1 位	不确定

pH 等对数值的有效数字位数仅取决于小数部分数字的位数，其整数部分为 10 的幂数，只起定位作用，不是有效数字。例如：当 $[H^+]=9.5\times10^{-12}mol\cdot L^{-1}$时，pH=11.02，有效数字为 2 位，而不是 4 位。

有效数字运算时，以“四舍五入”为原则弃去多余的数字，当尾数≤4 时，弃去；当尾数≥5 时，进位。也可按“四舍六入五留双”原则，当尾数≤4 时，弃去；当尾数≥6 时，进位；当尾数=5 时，如进位后得偶数，则进位，否则弃去；若 5 的后面还有不为“0”的任何数，则此时无论 5 的前面是奇数还是偶数，均应进位。根据此原则，若将 1.165 和 3.635 处理成三位数，则分别为 1.16 和 3.64。

有效数字进行加减运算时，计算结果的有效数字位数以绝对误差最大的值定位，即以小数点后位数最少的数据为依据。运算时，先确定有效数字保留的位数，弃去不必要的数字，然后再做加减运算。例如：6.13、7.2305及0.105相加时，先考虑有效数字的保留位数。在这三个数中，6.13的小数点后仅有两位数，其位数最少，故应以它作标准，取舍后分别是6.13、7.23、0.10，再相加，具体计算见算式①（在不定值下面加一短横线来表示）。如果保留到小数点后三位，具体计算见算式②。算式①的结果只有一位不定值，而算式②的结果有两位不定值。在有效数字规定中，有效数字只能有一位不定值，所以应按①式计算。

$$
\begin{array}{ll}
①6.13 & ②6.13 \\
\ \ 7.23 & \ \ 7.230 \\
\ \ 0.10 & \ \ 0.105 \\
\hline
\ \ 13.4\underline{6} & \ \ 13.46\underline{5}
\end{array}
$$

有效数字进行乘除运算时，计算结果的有效数字位数以相对误差最大的值来定位，即计算结果的有效数字位数与运算数字中有效数字位数最少者相同，与小数点的位置或小数点后的位数无关。例如：0.0121×25.64×1.05782＝?

假定它们的绝对误差分别为±0.0001、±0.01和±0.00001，这三个数值的相对误差分别为

$$\frac{\pm 0.0001}{0.0121}\times 100\% = \pm 0.8\%$$

$$\frac{\pm 0.01}{25.64}\times 100\% = \pm 0.04\%$$

$$\frac{\pm 0.00001}{1.05782}\times 100\% = \pm 0.0009\%$$

第一个数值的有效数字位数最少，仅有三位，其相对误差最大，应以它为标准来确定其他数值的有效数字位数。具体计算时，也是先确定有效数字的保留位数，然后再计算。其结果为

$$0.0121\times 25.64\times 1.05782 = 0.0121\times 25.6\times 1.06 = 0.328$$

在乘除运算中，常会遇到8以上的大数，如9.00、9.83等，其相对误差约为±1%，与10.08、11.20等四位有效数字的数值的相对误差接近，所以通常将它们当作四位有效数字的数值处理。

目前，由于电子计算器的普及，使用计算器计算时，计算结果数值位数较多，虽然在运算过程中不必对每一步计算结果进行位数确定，但应注意正确保留最后计算结果的有效数字位数。

五、实验数据的处理

实验得到的数据往往较多，为了清晰明了地表示实验结果，形象直观地分析实验结果的规律，需要对实验数据进行处理，化学实验数据的处理方法主要有列表法和作图法。

1. 列表法

将实验数据尽可能整齐地、有规律地表达出来，一目了然，便于处理和运算。列表时应注意以下几个问题：

① 一张完整的表格应包含表的顺序号、表的名称、表中行或列数据的名称、单位和数

据等内容。

② 正确地确定自变量和因变量，一般先列自变量，再列因变量，然后将数据一一对应地列出。

③ 表中的数据应以最简单的形式表示，可将公共的指数放在行或列名称旁边。数据要排列整齐，按自变量递增或递减的次序排列，以便显示变化规律。同一列数据的小数点应对齐。

④ 实验原始数据与实验处理结果可以并列在一张表上，处理方法和运算公式应在表中或表下注明。

2. 作图法

用实验原始数据通过正确的作图方法画出曲线（或直线），可使实验测得的各数据间的关系更加直观，便于找出变化规律。根据图上的曲线，可找出极大值、极小值和转折点等，并能够进一步求解斜率、截距、外推值、内插值等。此外，根据多次测量数据绘制的曲线可以发现和消除一些偶然误差。因此，作图法是一种非常重要的实验数据处理方法。但作图法也存在作图误差，作图技术的好坏直接影响实验结果的准确性。用直角坐标纸作图时，以自变量为横轴，因变量为纵轴，坐标轴比例尺的选择应遵循以下原则：

① 坐标的比例和分度应与实验测量的准确度一致，即图上的最小分度应与仪器的最小分度一致，要能表示出全部有效数字。

② 坐标纸每小格对应的数值应方便易读，一般采用 1、2、5 或 10 的倍数。

③ 横、纵坐标原点不一定从零开始，要充分利用图纸，提高图的准确度，若图形为直线或近乎直线的曲线，应尽可能使直线与横坐标夹角接近 45°。

④ 图形的长、宽比例要适当，并力求表现出极大值、极小值、转折点等曲线的特殊性质。

比例尺选定后，在纵、横坐标轴旁应标明轴变量的名称、单位及数值，以便标明实验点位置和绘制图形。

将实验原始数据画到图上，就是实验点。实验点可以用○、⊙、●、◇、◆、□、■、△、▲等符号表示。若在一幅图上作多条曲线，应采用不同符号区分，并在图上说明。

在图纸上画好实验点后，根据实验点的分布情况，绘制直线或曲线。绘制的直线或曲线应尽可能接近或贯穿所有的点，使线两边点的数目和点离线的距离大致相同，不必要求它们通过全部实验点。

作图完成后应写上图的名称、主要测量条件（温度、压力和浓度等）、实验者姓名、实验日期等。

值得一提的是，由于计算机的普及，目前各种商业软件不断开发出来，其中有许多软件如 Word、Excel、Photoshop、Origin 等能高质量地处理表格和图形，方便快捷，并能很好地符合数据处理的要求。

相关知识

实验报告格式

（一）无机化学制备实验

实验×× 硝酸钾的制备实验

年级：______ 专业：______ 学号：______ 姓名：______ 日期：______

室温：______ 气压：______ 指导教师：______

一、实验目的

1. 了解复分解反应制备易溶盐的一种方法及原理。
2. 学习无机物制备的一些基本操作。
3. 掌握热过滤的使用范围及操作方法。

二、实验原理

在 KCl 和 $NaNO_3$ 的混合溶液中，存在着 Na^+、K^+、Cl^-、NO_3^- 四种离子，它们可以组成四种盐。由这些盐的溶解度与温度的关系可知，NaCl 溶解度几乎不随温度的升高而改变，KNO_3 的溶解度则随温度的升高增加很多。因此，只要将上述混合溶液加热蒸发、浓缩，使 NaCl 在高温下结晶析出，趁热将其分离，再让滤液冷却即可使 KNO_3 晶体析出。

三、实验步骤

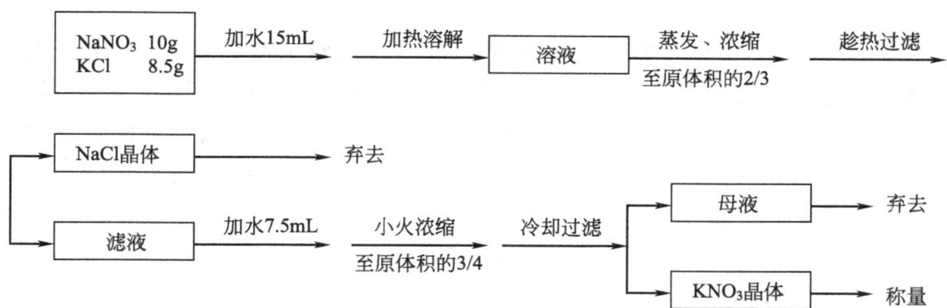

四、实验数据记录

1. 产品外观（略）
2. 产量（略）
3. 理论产量（略）
4. 产率（略）

五、问题与讨论（略）

(二)无机化学测定实验

实验×× $I_3^- \rightleftharpoons I^- + I_2$ 平衡常数的测定

年级：______ 专业：______ 学号：______ 姓名：______ 日期：______

室温：______ 气压：______ 指导教师：______

一、实验目的

1. 测定 $I_3^- \rightleftharpoons I^- + I_2$ 的平衡常数，进一步理解化学平衡的原理。
2. 加强对化学平衡、平衡常数的理解并了解平衡移动的原理。
3. 巩固滴定管、移液管的使用和滴定操作。

二、实验原理

碘溶于碘化钾溶液中形成离子 I_3^-，并建立下列平衡：

$$I_3^- \rightleftharpoons I^- + I_2$$

在一定温度条件下，其平衡常数为：

$$K=\frac{a_{I^-}a_{I_2}}{a_{I_3^-}}=\frac{\gamma_{I^-}\gamma_{I_2}}{\gamma_{I_3^-}}\times\frac{c_{I^-}c_{I_2}}{c_{I_3^-}}$$

式中，a 为活度；γ 为活度系数；c 为物质的量浓度。在离子强度不大的溶液中，$\frac{\gamma_{I^-}\gamma_{I_2}}{\gamma_{I_3^-}}\approx 1$，故有

$$K\approx\frac{c_{I^-}c_{I_2}}{c_{I_3^-}}$$

为了测定 $I_3^- \rightleftharpoons I_2 + I^-$ 平衡体系中各组分浓度，可将浓度为 c 的 KI 溶液与过量固态碘一起摇荡，待达到平衡后，取上层清液，用标准硫代硫酸钠溶液滴定，可得到进入 KI 溶液中碘的总浓度 $c_{总}=c_{I_2}+c_{I_3^-}$，其中 c_{I_2} 可用碘和水处于平衡时溶液中碘的浓度来代替。将过量碘与去离子水一起摇荡，平衡后取上层清液，用 $Na_2S_2O_3$ 标准溶液滴定，就可以确定 c_{I_2}，同时也确定了 $c_{I_3^-}$，即

$$c_{I_3^-}=c_{总}-c_{I_2}$$

由于形成一个 I_3^- 需要一个 I^-，所以平衡时 I^- 的浓度为：

$$c_{I^-}=c-c_{I_3^-}$$

由此即可求得此温度下反应的平衡常数 K。

$Na_2S_2O_3$ 溶液的滴定反应如下：

$$2Na_2S_2O_3+I_2 = 2NaI+Na_2S_4O_6$$

三、实验用品（略）

四、实验内容（略）

五、实验数据记录与处理

实验数据记录

瓶号		1	2	3
取样体积/mL		10.00	10.00	50.00
$Na_2S_2O_3$ 标准溶液的体积/mL	V_1			
	V_2			
	$\overline{V}$			
$Na_2S_2O_3$ 标准溶液的浓度/mol·L^{-1}				
I_3^- 和 I_2 的总浓度 $c_{总}$/mol·L^{-1}				—
水溶液中碘的平衡浓度 c_{I_2}/mol·L^{-1}		—	—	
平衡时的 I_3^- 浓度 $c_{I_3^-}$/mol·L^{-1}				—
KI溶液初始浓度 c/mol·L^{-1}		0.0100	0.0200	—
平衡时的 I^- 浓度 c_{I^-}/mol·L^{-1}				—
K				—
$\overline{K}$				

用 $Na_2S_2O_3$ 标准溶液滴定碘时，相应的碘的浓度计算方法如下：

1、2号瓶：

$$c=\frac{c_{Na_2S_2O_3}V_{Na_2S_2O_3}}{2V_{KI\text{-}I_2}}$$

3号瓶：

$$c'=\frac{c_{Na_2S_2O_3}V_{Na_2S_2O_3}}{2V_{H_2O\text{-}I_2}}$$

本实验测定的 K 值在 $1.0\times10^{-3}\sim2.0\times10^{-3}$ 范围内合格（文献值 $K=1.5\times10^{-3}$）。

六、问题与讨论

(三) 分析化学实验报告

实验×× EDTA 标准溶液的配制和标定

年级：______ 专业：______ 学号：______ 姓名：______ 日期：______

室温：______ 气压：______ 指导教师：______

一、实验目的

二、实验原理（扼要叙述）

三、实验内容

1. 0.02mol·L^{-1} EDTA 溶液的配制
2. 0.02mol·L^{-1}标准钙溶液的配制
3. 0.02mol·L^{-1}EDTA 溶液的标定

四、实验数据记录与处理

EDTA 溶液浓度的标定

项目	1	2	3
$m_{CaCO_3}+m$[称量瓶(倾出前)]/g			
$m_{CaCO_3}+m$[称量瓶(倾出后)]/g			
m_{CaCO_3}/g			
c_{CaCO_3}/mol·L^{-1}			
V_{EDTA}终读数/mL			
V_{EDTA}初读数/mL			
V_{EDTA}/mL			
c_{EDTA}/mol·L^{-1}			
$\bar{c}_{EDTA}$/mol·L^{-1}			
相对平均偏差 $\bar{d}_r$/%			

相关计算式：

$$c_{EDTA}=\frac{c_{CaCO_3}\times 25.00}{V_{EDTA}}(\text{mol}\cdot\text{L}^{-1})$$

五、问题与讨论

此部分内容可以是实验中发现的问题、误差分析、经验教训总结，以及对指导教师或实验室的意见和建议等。

第2章

基本操作、仪器及基本原理实验

实验1　仪器的认领、洗涤和干燥

一、实验目的

1. 认领无机化学实验常用的仪器，熟悉各自的名称、规格，了解使用的注意事项。
2. 学习并掌握常用仪器的洗涤方法及选用范围。
3. 学习并掌握常用仪器的干燥方法及选用范围。

二、实验操作

玻璃仪器具有良好的化学稳定性，在化学实验中经常被大量使用。玻璃分硬质和软质两种。从断面处看偏黄者为硬质玻璃，偏绿色者为软质玻璃。硬质玻璃耐热性、抗腐蚀性、耐冲击性能较好。软质玻璃稍差，常用来制造非加热仪器，如量筒、容量瓶等。无机与分析化学实验常用的玻璃仪器名称、使用范围及注意事项见表2-1。

1. 仪器的洗涤

化学实验中经常用到各种玻璃仪器。如果仪器不洁净，往往因污物和杂质的存在而得不到正确的结果，故仪器的洗涤是化学实验中的一项基本而又重要的内容。实验要求、污物性质以及黏着程度不同，洗涤方法也不同。洗涤方式有水洗、洗涤剂洗涤、洗液洗涤、超声波洗涤等，不管哪种方法都应按“少量多次”原则先用自来水冲净，后用蒸馏水（或去离子水）荡洗。要求洗涤过的仪器内壁被水均匀润湿而无条纹、不挂水珠，不应用布或纸擦抹。

（1）水洗

用水浸湿后用试管刷刷洗，可除去仪器上的灰尘、可溶性和不溶性物质。

（2）洗涤剂洗涤

常用的洗涤剂有去污粉、肥皂和合成洗涤剂（洗衣粉、洗洁精）等。洗涤剂的水溶液呈碱性，可洗去油污和有机物质。若油污和有机物仍洗不干净，可用热的碱液或碱性高锰酸钾溶液洗涤。有刻度的度量仪器（如滴定管、移液管等）不可以采用毛刷刷洗，一般采用洗液洗涤法或超声波洗涤法。

(3) 洗液洗涤

洗液有铬酸洗液、碱性高锰酸钾洗液、盐酸洗液、NaOH/乙醇洗液、HNO_3/乙醇洗液、王水等。根据污迹的性质选择相应的洗液，采取浸泡的方法洗涤，即浸泡一段时间后取出，用自来水冲洗，再用蒸馏水润洗。

(4) 超声波洗涤

用超声波清洗器洗涤仪器，既省时又方便，只要把用过的仪器放在配有洗涤剂的溶液中，接通电源即可。利用声波的振动和能量，达到清洗仪器的目的。

2. 仪器的干燥

实验时往往需要既洁净又干燥的仪器，仪器干燥与否有时甚至是实验成败的关键。常用的仪器干燥方法有自然晾干、火焰烤干、热风吹干、烘干、有机溶剂干燥等，如图 2-1 所示。在无机与分析化学实验中常用倒置自然晾干的方法干燥仪器，对于特殊需要可根据实际情况采用相应的干燥方法。带有刻度的计量仪器不能用加热法干燥，否则会影响其精度。如需干燥时，可晾干或采用有机溶剂干燥；若吹干应用冷风。

(a) 晾干

(b) 烤干(仪器外壁擦干后，用小火烤干，同时要不断地转动使其受热均匀)

(c) 吹干

(d) 烘干(105℃左右)

(e) 气流烘干

(f) 烘干(有机溶剂法)(先用少量丙酮或酒精使内壁均匀润湿、倒出后，再用少量乙醚使内壁均匀润湿、然后晾干或吹干。丙酮或酒精、乙醚等应回收)

图 2-1 仪器的干燥

(1) 自然晾干

将洗涤后的仪器倒置在适当的仪器架上自然晾干。

(2) 吹烤

倒尽仪器内的水并擦干外壁，用电热吹风机吹干残留水分。也可直接用小火烤干，注意用火烘烤时试管必须开口向下，烧杯、锥形瓶等需在石棉网上进行。

（3）烘干

将洗净的仪器放入电热恒温干燥箱内加热烘干。注意尽量将仪器内的水倒干，并开口朝上安放平稳，于 105℃左右加热 15min 即可。

（4）有机溶剂干燥

体积较小的仪器急需干燥时可用此法。倒尽仪器内的水，加入少量乙醇或丙酮摇洗（用后回收），然后晾干或用冷风吹干即可。

三、实验内容

（1）按照仪器清单逐一认领无机与分析化学实验中常用的仪器。

（2）用去污粉或洗涤剂将领用的仪器洗涤干净，抽取两件交给老师检查。

（3）将洗净后仪器合理有序地存放在实验柜内。

（4）烤干两支试管交给老师检查。

四、问题与讨论

1. 如何洗涤有机物污迹？如何洗涤研钵中的污迹？
2. 带有刻度的度量仪器如何洗涤？如何干燥？
3. 烤干试管时为何试管口要略向下倾斜？

相关知识

一、常用玻璃仪器

表 2-1 常用玻璃仪器的知识

仪器	一般用途	使用注意事项
试管	反应容器，便于操作、观察，药品用量少	①试管是玻璃制品，分硬质与软质两种，前者可加热至高温，但不宜急剧冷热；若温度急剧变化，后者更易破裂 ②一般可直接在火焰上加热 ③加热时应注意使试管内的溶液受热均匀
离心管	少量沉淀的辨认和分离	不能直接用火加热

续表

仪器	一般用途	使用注意事项
烧杯	反应容器，尤其是反应物较多时使用，易使反应物混合均匀	①硬质者可加热至高温，软质者使用时应注意勿使温度变化过于剧烈或加热温度太高 ②一般不直接加热，加热时应放在石棉网上，而石棉网应放在铁环上
平底烧瓶　圆底烧瓶	反应容器，尤其是反应物较多、需长时间加热时使用。平底烧瓶还可以做成洗气瓶	①硬质者可加热至高温，软质者使用时应注意勿使温度变化过于剧烈或加热温度太高 ②一般不直接加热，加热时应放在石棉网上，而石棉网应放在铁环上
锥形瓶（三角烧瓶）	反应容器，振摇很方便	①硬质者可加热至高温，软质者使用时应注意勿使温度变化过于剧烈或加热温度太高 ②一般不直接加热，加热时应放在石棉网上，而石棉网应放在铁环上
表面皿	①盖在蒸发皿上以免液体溅出或灰尘落入 ②盛放小结晶进行观察 ③盖在烧杯上等	不能用火直接加热
蒸发皿	反应容器，蒸发液体用。一般分玻璃与瓷质两种	①瓷质可耐高温，能直接用火烧 ②注意高温时不要用冷水去洗，以防受热不均而发生爆裂

续表

仪器	一般用途	使用注意事项
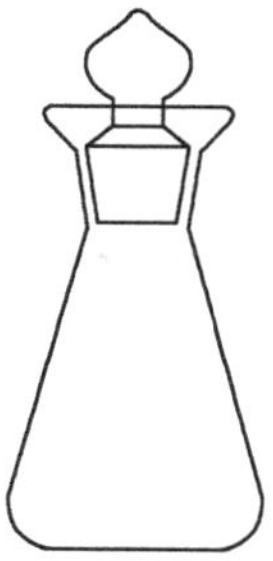 碘量瓶	用于碘量法	①注意勿使塞子及瓶口边缘的磨砂部分擦伤，以免产生空隙 ②滴定时打开塞子，用蒸馏水将瓶口及塞子上的碘液洗入瓶中
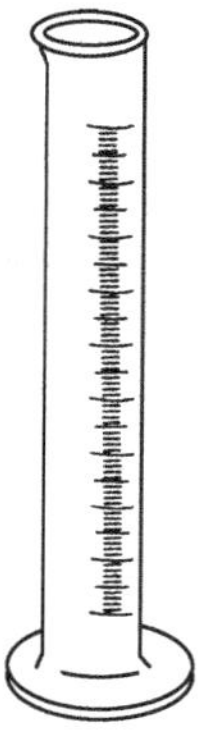 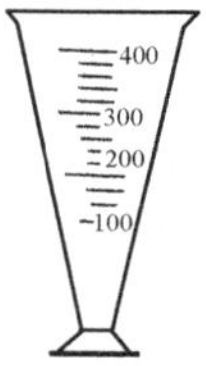 量筒　量杯	量取一定体积的液体	①不能当作反应容器用，也不能加热 ②量度体积时，读取量筒的刻度要以液体的弯月面为准，观察时视线应与液体弯月面的最低点保持水平
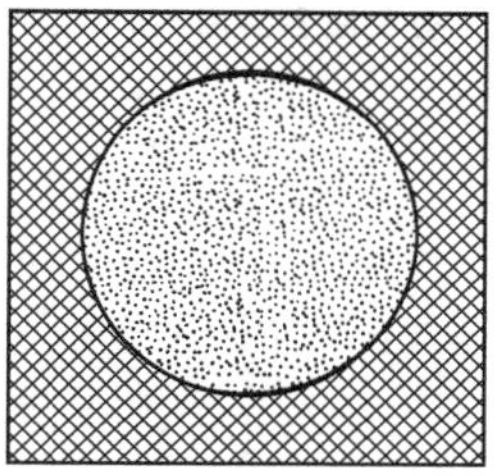 石棉网	加热玻璃反应容器时承放用，能使加热较为均匀	①勿使石棉网浸水以免锈蚀 ②爱护石棉芯，防止损坏
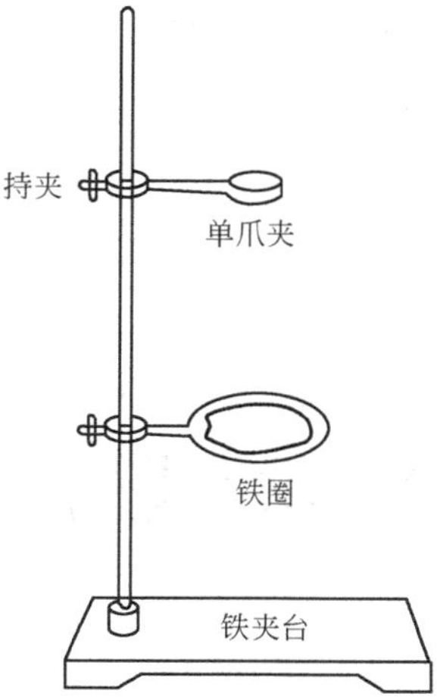 持夹　单爪夹　铁圈　铁夹台	①固定反应容器之用 ②铁圈还可放置漏斗、石棉网或铁丝网	应先将铁夹等放至合适高度并旋转螺栓，使之牢固后再进行试验

续表

仪器	一般用途	使用注意事项
试管刷	洗刷试管及其他仪器用	洗试管时要把前部的毛捏住放入试管，以免铁丝顶端将试管底顶破
药匙	取固体试剂用	①取少量固体用小的一端 ②药匙大小的选择应以盛取试剂后能放进容器口内为宜
研钵	研磨固体物质用	不能代替反应容器用，也不可加热
称量瓶	称量物质和在干燥箱中干燥所要检查的样品等	本品是带有磨口塞的薄口壁小杯，注意不能将磨口塞与其他称量瓶上的磨口塞调错
滴管	①吸取或滴加少量（数滴或1～2mL）液体 ②吸取沉淀的上层清液以分离沉淀	①滴加时，保持垂直，避免倾斜，尤忌倒立 ②管尖不可接触其他物体，以免沾污

续表

仪器	一般用途	使用注意事项
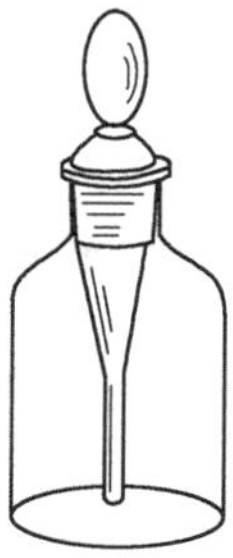 滴瓶	盛放每次使用只需数滴的液体试剂	①见光易分解的试剂要用棕色瓶装 ②碱性试剂要用带橡皮塞的滴瓶盛放 ③其他使用注意事项同“滴管” ④使用时切忌张冠李戴
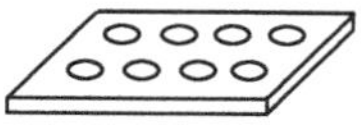 点滴板	用于点滴反应，一般不用分离沉淀反应，尤其是显色反应	①不能加热 ②不能用于含氧酸和浓碱溶液的反应
 干燥器	①定量分析时，将灼烧过的坩埚置于其中冷却 ②存放样品，以免样品吸收水气	①灼烧过的物体放入干燥器前温度不能过高 ②使用前要检查干燥器内的干燥剂是否失效
  移液管　吸量管	吸取一定量液体移入另一容器时使用	①刻度容器，一般不能放入干燥箱中烘或火上烤 ②使用前应注意容量并检查刻线位置 ③不可吸取浓酸、浓碱或有强烈刺激性的物质

续表

仪器	一般用途	使用注意事项
容量瓶	①配制标准溶液用 ②在细长的颈上刻有环形标线，注入的液体必须与标线一致，才能达到容量瓶上所标记的容积	①磨口的玻璃塞不能和其他容量瓶上的塞子调错 ②刻度容器，一般不能放入干燥箱中烘或在火上烤
长颈漏斗　漏斗	①过滤用 ②引导溶液或粉末状物质进入小口容器用	不能用火直接加热
分液漏斗　滴液漏斗	①往反应体系中滴加较多的液体 ②分液漏斗用于互不相溶的液体之间的分离	活塞应用细绳系于漏斗颈上，或套以小橡皮圈，防止滑出跌碎
吸滤瓶与布氏漏斗	用于减压过滤	布氏漏斗下端斜口对着吸滤瓶支管口方向

续表

仪器	一般用途	使用注意事项
(a) 碱式　(b) 酸式 酸、碱滴定管	滴定时准确地测量所消耗的试剂体积	①刻度容器，一般不能放入干燥箱中烘或火上烤 ②具橡皮塞之滴定管(a)一般盛碱，具玻璃塞之滴定管(b)一般盛酸 ③使用时，用左手控制
洗瓶	用蒸馏水或去离子水洗涤沉淀和容器时使用	不可装自来水或其他液体

二、各种洗涤剂成分、制备

1. 去污粉

去污粉是由碳酸钠、白土、细砂等混合而成的。将要刷洗的玻璃仪器先用少量水润湿，撒入少量去污粉，然后用毛刷刷洗。利用碳酸钠的碱性去除油污，细砂的摩擦作用和白土的吸附作用增强了去污粉对玻璃仪器的洗涤效果。

2. 碱性高锰酸钾洗液

将 10g $KMnO_4$ 放入 250mL 的烧杯中，加入少量水使之溶解，再加入 100mL 10%氢氧化钠溶液，混匀后即可使用。洗后在器皿中留下的 $MnO_2 \cdot nH_2O$ 沉淀物可以用 $HCl/NaNO_2$ 混合液、酸性 Na_2SO_3 或热草酸溶液等洗去。

3. 铬酸洗液

铬酸洗液的配制：将 25g 研细的重铬酸钾固体加入 50mL 水中，加热使之溶解，冷却后在不断搅拌下慢慢地加入 450mL 浓硫酸即可。配好的铬酸洗液为暗红色的液体。

因浓硫酸极易吸水需用磨口玻璃瓶装，且要盖好磨口玻璃塞子。铬酸洗液具有很强的酸性和氧化性，因而去污能力很强，能将油污及有机物洗去。

铬酸洗液具有很强的腐蚀性，会灼伤皮肤、损坏衣物，使用时需十分小心。同时，铬酸洗液中的铬属于有毒的重金属，对人体和环境有害，建议尽量少用。

4. 盐酸洗液

一些具有氧化性的污物（如二氧化锰）可以使用浓盐酸洗涤；大多数不溶于水的无机物都可以用盐酸洗去。

5. 王水

王水是1体积浓 HNO_3 和3体积浓 HCl 组成的混合溶液。王水不稳定，应现用现配。

6. 其他洗液

① KOH/乙醇溶液：适合洗涤被油脂或某些有机物沾污的仪器。

② HNO_3/乙醇溶液：适合洗涤被油脂或有机物污染的酸式滴定管。使用时先在滴定管中加入3mL乙醇，沿壁加入4mL浓硝酸，盖住管口，利用反应产生的氧化氮洗涤滴定管。

三、特殊污物的去除

一些特殊污物的处理方法见表2-2。

表2-2 一些特殊污物的处理方法

污物	处理方法
MnO_2、$Fe(OH)_3$、碱土金属的碳酸盐	用盐酸处理。对 MnO_2 而言，盐酸浓度要大于 $6mol \cdot L^{-1}$；也可用少量草酸加水，并加几滴浓硫酸来处理： $MnO_2 + H_2C_2O_4 + H_2SO_4 \longrightarrow MnSO_4 + 2CO_2\uparrow + 2H_2O$
沉淀在器壁上的银或铜	用硝酸处理
难溶的银盐	用 $Na_2S_2O_3$ 溶液洗，Ag_2S 则需用热的浓硝酸处理
黏附在器壁上的硫黄	用煮沸的石灰水处理： $3Ca(OH)_2 + 12S \longrightarrow 2CaS_5 + CaS_2O_3 + 3H_2O$
残留在容器中的 Na_2SO_4 或 $NaHSO_4$ 固体	加水煮沸使其溶解，趁热倒掉
不溶于水，不溶于酸、碱的有机物或胶质等	用有机溶剂洗或用热的浓碱液洗。常用的有机溶剂有乙醇、丙酮、苯、四氯化碳、石油醚等
瓷研钵中污迹	取少量食盐放在研钵中研洗，倒去食盐，再用水冲洗
蒸发皿和坩埚上的污迹	用浓硝酸、王水或铬酸洗液

实验2 酒精灯的使用、试剂的取用与试管操作

一、实验目的

1. 了解各类酒精灯的构造和原理，掌握正确的使用方法。
2. 了解酒精灯的正常火焰及各部分的温度。
3. 学习并掌握固体和液体试剂的取用方法。
4. 练习并掌握振荡试管和加热试管中固体、液体的方法。

二、实验操作

1. 酒精灯的使用

酒精可以燃烧。实验室常用酒精灯、酒精喷灯等来加热。酒精灯的加热温度为400～

500℃，适宜于温度不需要太高的实验；酒精喷灯的加热温度在 800～900℃。

（1）酒精灯

① 构造：酒精灯由灯帽、灯芯、盛有酒精的灯壶及防风罩构成，如图 2-2 所示。

② 使用方法：

（a）检查灯芯，并用剪刀将其修平整。灯芯通常由多股棉纱线拧在一起而成，插进灯芯瓷套管中，以插入酒精后长 4～5cm 为宜。

（b）添加酒精。灯壶内酒精少于其容积 1/2 的应添加酒精，酒精也不能装太满，以不超过灯壶容积的 2/3 为宜。

（c）点燃。新灯芯要用酒精浸泡后才能点燃。一定要用燃着的火柴点燃酒精灯，决不能用燃着的酒精灯对点。点燃后正常火焰为淡蓝色。灯焰由外焰（氧化焰）、内焰（还原焰）和焰心三部分形成，如图 2-3。氧化焰部分温度最高，焰心部分温度最低。

（d）熄灭。用盖灭的方法熄灭酒精灯，并要重复盖几次，让酒精蒸气尽量挥发，防止再次点燃时引爆或者冷却后造成负压不好打开灯帽。

酒精灯的防风罩在必要时使用。使用防风罩能使酒精灯的火焰平稳，并适当提高酒精灯的火焰温度，如图 2-4。

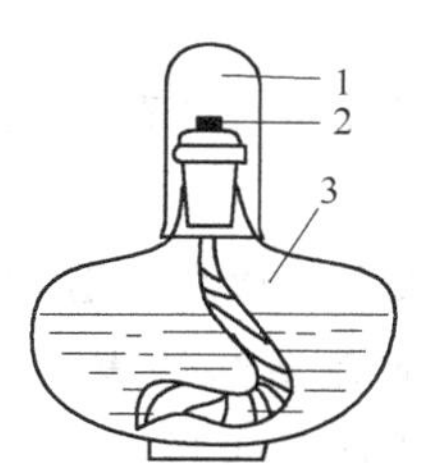

图 2-2　酒精灯的构造

1—灯帽；2—灯芯；3—灯壶

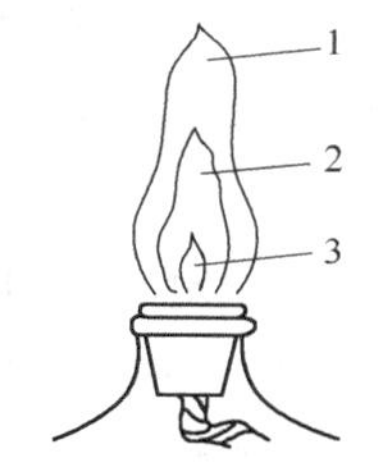

图 2-3　酒精灯火焰

1—外焰；2—内焰；3—焰心

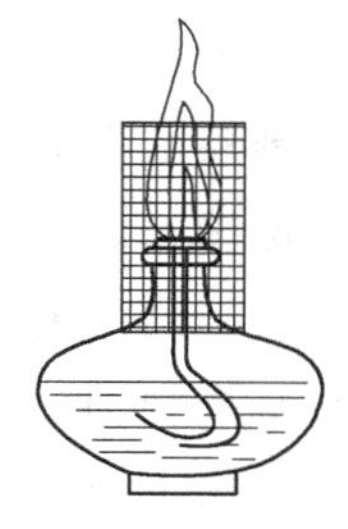

图 2-4　加上防风罩的酒精灯

（2）酒精喷灯

① 构造：酒精喷灯由灯座、预热盘、灯管、风门、酒精蒸气调节阀、酒精储罐、橡皮导管等部分组成。一般有挂式和座式两种，挂式的酒精储罐挂在上面，座式的酒精储罐在底座部位，如图 2-5 和图 2-6 所示。

② 使用方法：

（a）首先检查各部件是否正常，然后添加酒精。注意关好下口开关，酒精量不超过容积的 2/3。

（b）预热：预热盘中加满酒精（不能溢出！），点燃。酒精将燃完时，打开酒精储罐下面的开关。

（c）调节：灯管预热后，进入灯管的酒精开始汽化，并与来自气孔的空气相混合。用火柴在灯管口点燃。若预热不充分，有可能在点燃时产生“火雨”，应予以防止。用风门和酒精蒸气调节阀配合调节火焰的大小，可得到温度很高的火焰。若空气的进量过大，会产生“临空火焰”；若空气进量过小，会产生“侵入火焰”。酒精喷灯的火焰也明显分为外焰（氧化焰）、内焰（还原焰）和焰心三个锥形区域。焰心部分温度最低，约为 300℃；还原焰温度

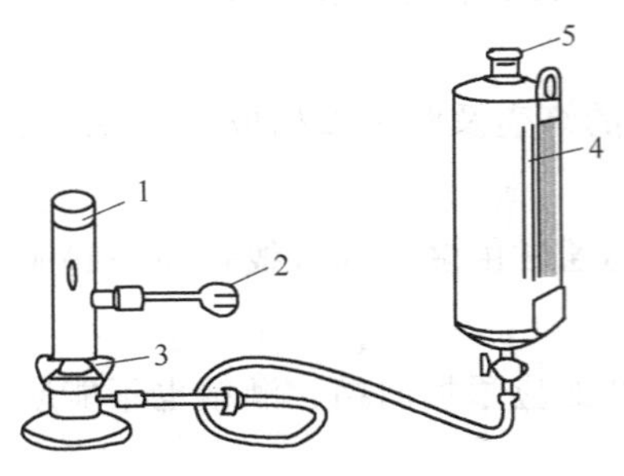

图 2-5 挂式酒精喷灯

1—灯管；2—空气调节器；3—预热盘；4—酒精储罐；5—盖子

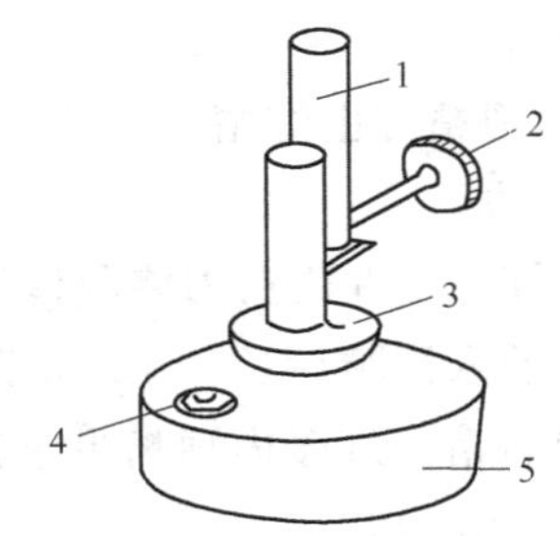

图 2-6 座式酒精喷灯

1—灯管；2—空气调节器；3—预热盘；4—铜帽；5—酒精储罐

较高，火焰呈淡蓝色；外部氧化焰温度最高，火焰呈淡紫色。

(d) 熄灭：先关闭酒精储罐下面的开关，然后关闭风门和酒精蒸气调节阀。熄灭时最好让橡皮管内的酒精烧完。若长时间不用，要把酒精储罐内的酒精倒出来。

2. 试剂的取用

取用试剂的原则：一是不弄脏试剂；二是要节约。

每一试剂瓶上都必须贴有标签，标明试剂的名称、浓度和配制日期，并在标签外面涂上一薄层蜡来保护它。

取用试剂、药品前，应看清标签。取用时，先打开瓶塞，将瓶塞反放在实验台上。如果瓶塞上端不是平顶而是扁平的，可用食指和中指将瓶塞夹住（或放在清洁的表面皿上），绝不可将它横置桌上以免沾污。不能用手接触化学试剂。应根据用量取用试剂，不必多取，这样既能节约药品，又能取得好的实验结果。取完试剂后，一定要把瓶塞盖严，绝不允许瓶盖张冠李戴。然后把试剂瓶放回原处，以保持实验台整齐干净。

(1) 固体试剂的取用

① 要用干燥洁净的药匙取用，专匙专用。用过的药匙必须洗净且擦干后才能再使用，以免沾污试剂。

② 注意不要超过指定用量取药，多取的药品不能倒回原瓶，可放在指定的容器中供他人使用。

③ 需称量一定质量的固体药品时，可把固体放在干燥的称量纸上称量，具有腐蚀性或易潮解的固体应放在表面皿或玻璃容器内称量。

④ 往试管（特别是湿试管）中加入固体试剂时，可用药匙或将取出的药品放在对折的纸片上，伸进试管约 2/3 处（图 2-7、图 2-8）。加入块状固体时，应将试管倾斜，使其沿管壁慢慢滑下（图 2-9），以免碰破管底。

⑤ 固体的颗粒较大时，可在洁净干燥的研钵中研碎。研钵中所盛固体的量不要超过研钵容量的 1/3。

⑥ 有毒的药品要在教师的指导下取用，并做好登记。

(2) 液体试剂的取用

① 从滴瓶中取液体试剂时，要用滴瓶中的滴管，专管专用，滴管绝不能伸入所用的容

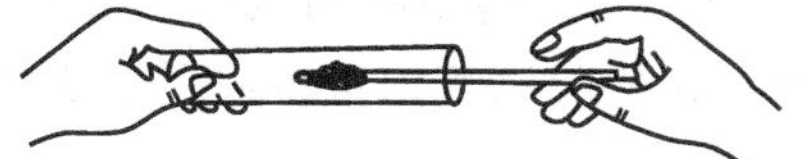

图 2-7　用药匙往试管里送入固体试剂

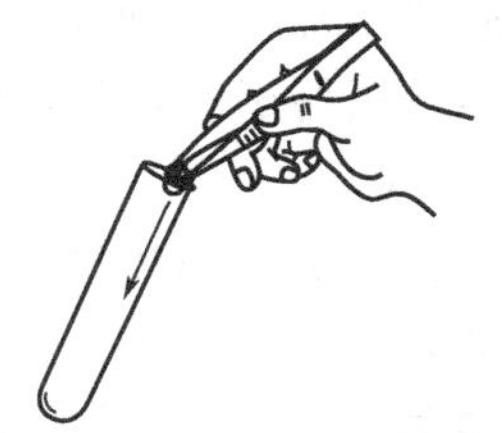

图 2-9　块状固体沿管壁慢慢滑下

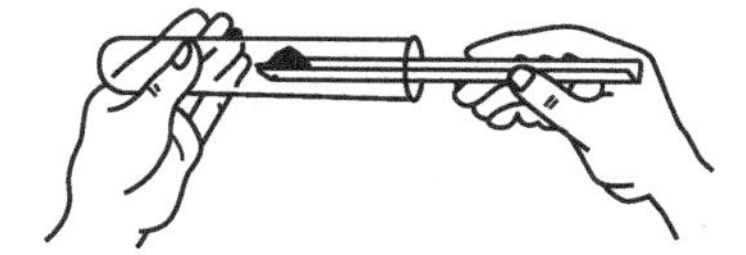

图 2-8　用纸槽往试管里送入固体试剂

器中，以免接触器壁而沾污药品（图 2-10）。装有药品的滴管不得横置或滴管口向上斜放，以免液体流入滴管的胶皮帽中。

② 从细口瓶中取出液体试剂时，用倾注法。先将瓶塞取下，反放在桌面上，手握住试剂瓶，贴标签的一面朝手心，逐渐倾斜瓶子，让试剂沿着洁净的试管壁流入试管或沿着洁净的玻璃棒注入烧杯中（图 2-11）。取出所需量后，将试剂瓶口在容器上靠一下，再逐渐竖起瓶子，以免遗留在瓶口的液滴流到瓶的外壁。

图 2-10　液滴滴入试管的方法　　图 2-11　倾注法

③ 在试管里进行某些不需要准确体积的实验时，可以估计取出液体的量。例如用滴管取用液体时，1mL 相当于多少滴，5mL 液体占试管容积的几分之几等。倒入试管里溶液的量一般不超过其容积的 1/3。

④ 定量取用液体时，常用量筒或移液管。量筒用于量取一定体积的液体，可根据需要选用不同量程的量筒。量取液体时，使视线与量筒内液体的凹液面最低处保持水平，偏高或偏低都会读不准而造成较大的误差。

3. 试管操作

（1）振荡试管

用拇指、食指和中指持住试管的中上部，试管略倾斜，手腕用力振动试管。这样试管中的液体就不会振荡出来。

（2）试管中液体试剂的加热

加热时，不要用手拿，应该用试管夹夹住试管的中上部，试管与桌面约成 60°倾斜

（图 2-12）。试管口不能对着别人或自己。先加热液体的中上部，慢慢移动试管，热及下部，然后不时地移动或振荡试管，从而使液体各部分受热均匀，避免试管内液体因局部沸腾而迸溅引起烫伤。

（3）试管中固体试剂的加热

将固体试剂装入试管底部，铺平，管口略微向下倾斜，以免管口冷凝的水珠倒流到试管的灼烧处而使试管炸裂。先用火焰来回加热试管，然后固定在有固体物质的部位加强热（图 2-13）。

图 2-12 试管中液体的加热

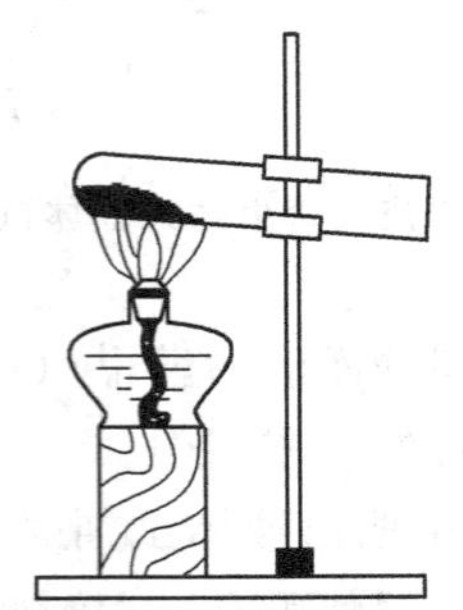

图 2-13 试管中固体的加热

三、实验用品

1. 仪器：试管、试管夹、平底烧瓶、研钵、量筒、蒸发皿、酒精灯、滴管、药匙、石棉网、表面皿、玻璃棒。

2. 试剂：碘、碘化钾、铝粉、氢氧化钠、硫酸铜、葡萄糖、四氯化碳、异戊醇、亚甲基蓝（1%）、硫酸镍（$1mol \cdot L^{-1}$）、乙二胺（10%）、丁二酮肟（1%）。

四、实验内容

1. 三色杯实验

取一支 10mL 的量筒（或量杯）沿杯壁注入 1mL 四氯化碳，再往里注入 2mL 水，再加入 1mL 异戊醇。用药匙取一小匙 KI 固体于洁净的表面皿上，再取一小匙在研钵中研细的碘置于表面皿上混合均匀。用一支用水润湿的玻璃棒蘸起表面皿上的混合物，插入装有上述溶液的量筒中，不断搅动，静置，观察量筒中溶液的三层颜色。

2. “蓝瓶子”实验

在 500mL 平底烧瓶中加入 250mL 水，加入 5g NaOH 和 5g 葡萄糖，再加入 5 滴 1%亚甲基蓝水溶液，摇匀后，塞住瓶口，溶液逐渐转为无色。然后，打开瓶塞摇动瓶子，溶液又很快变成蓝色，盖上瓶塞，放置又转为无色。可反复进行。亚甲基蓝不仅是氧化还原反应的指示剂，而且还是氧的输送者，起催化作用，其实验原理如图 2-14 所示。

氧化态亚甲基蓝（蓝色）

氧气或空气 ↑ ↓ 脱氧（输送给葡萄糖溶液）

还原态亚甲基蓝（无色）

图 2-14 “蓝瓶子”实验原理

3. $CuSO_4 \cdot 5H_2O$ 受热分解反应

在试管内放入几粒 $CuSO_4 \cdot 5H_2O$ 晶体，按前述固体试剂的加热方法加热，等所有晶体变为白色时，停止加热。当试管冷却至室温后加入 3～5 滴水，注意颜色的变化，用手摸一下试管有什么感觉？

4. 五色管实验

取 5 支试管，在每支试管里加入 8 滴 $1mol \cdot L^{-1}$ $NiSO_4$ 溶液，然后分别在第一支、第二支、第三支中加入 2 滴、4 滴、8 滴 10%乙二胺（en）溶液，在第四支试管中加入 8 滴 1%丁二酮肟（dmg）溶液。第五支试管中不加入其他试剂，作为对照实验。振荡试管后，观察并比较 5 支试管中配合物的不同颜色。

$$\underset{\text{绿}}{[Ni(H_2O)_6]^{2+}} + en \longrightarrow \underset{\text{浅蓝}}{[Ni(H_2O)_4(en)]^{2+}} + 2H_2O$$

$$[Ni(H_2O)_6]^{2+} + 2en \longrightarrow \underset{\text{蓝}}{[Ni(H_2O)_2(en)_2]^{2+}} + 4H_2O$$

$$[Ni(H_2O)_6]^{2+} + 3en \longrightarrow \underset{\text{紫}}{[Ni(en)_3]^{2+}} + 6H_2O$$

$$[Ni(H_2O)_6]^{2+} + 2dmg \longrightarrow \underset{\text{红}}{[Ni(dmg)_2]^{2+}} + 6H_2O$$

5. 滴水生烟

取一药匙碘粒置于研钵中研细，然后加一药匙铝粉，共同研磨，混合均匀。将混合物倒入干燥的蒸发皿中央，往混合物上滴 1～2 滴水，立即用烧杯盖住蒸发皿（注意所用仪器和药品必须是干燥的），观察实验现象并解释。

五、实验结果记录

实验结果记录于表 2-3。

表 2-3　实验结果记录

实验内容	实验现象	解释和反应
1. 三色杯实验 ① 1mL CCl_4 + 2mL H_2O + 1mL 异戊醇 $\longrightarrow$ 10mL 量筒 ② 玻璃棒蘸 KI + I_2 $\longrightarrow$ 量筒中搅拌	颜色： 上层： 中层： 下层：	
2."蓝瓶子"实验 ① 250mL H_2O + 5g NaOH + 5g 葡萄糖 + 5 滴 1%亚甲基蓝溶液 $\longrightarrow$ 500mL 烧瓶→摇匀→塞住 ② 打开瓶塞 $\longrightarrow$ 摇瓶子	颜色：	
3. $CuSO_4 \cdot 5H_2O$ 受热分解反应 ①加热； ②冷却后加入 3～5 滴水	颜色：	
4. 五色管实验 5 支试管：①8 滴 $NiSO_4$ + 2 滴乙二胺；②8 滴 $NiSO_4$ + 4 滴乙二胺；③8 滴 $NiSO_4$ + 8 滴乙二胺；④8 滴 $NiSO_4$ + 8 滴丁二酮肟；⑤8 滴 $NiSO_4$	颜色：	
5. 滴水生烟 1 匙 I_2 + 1 匙铝粉 $\xrightarrow[\text{②加 1～2 滴水}]{\text{①研磨}}$ 大烧杯盖住蒸发皿	现象：	

六、问题与讨论

1. 正常火焰哪一部位温度最高？哪一部位温度最低？各部位的温度为何不同？
2. 如何取用固体和液体试剂？
3. 如何加热试管中的液体和固体试剂？应注意哪几点？

相关知识

一、加热装置

加热装置除本实验介绍的酒精灯和酒精喷灯外，常见的还有电加热、微波加热等。电加热器材有电炉、电热套、管式炉、马弗炉等。常用的加热方法有直接加热和间接加热。间接加热又有水浴（100℃以下）、油浴（300℃以下）、沙浴（300℃以上）和电加热等。间接加热的特点是在加热的温度范围内，被加热物体受热均匀。电加热一般都可恒温操作，温度可高达1000℃以上。

（1）直接加热

当被加热的物体在较高温度下稳定而不分解，又无着火危险时，可以把盛有液体的器皿放在石棉网上用灯或电热板直接加热。少量液体或固体可以放在试管（硬质试管）中加热。

（2）用热浴间接加热

为了使反应物受热均匀，防止局部过热而发生分解，在实验中常采用热浴间接加热，热浴有水浴、油浴、沙浴等，如图2-15。

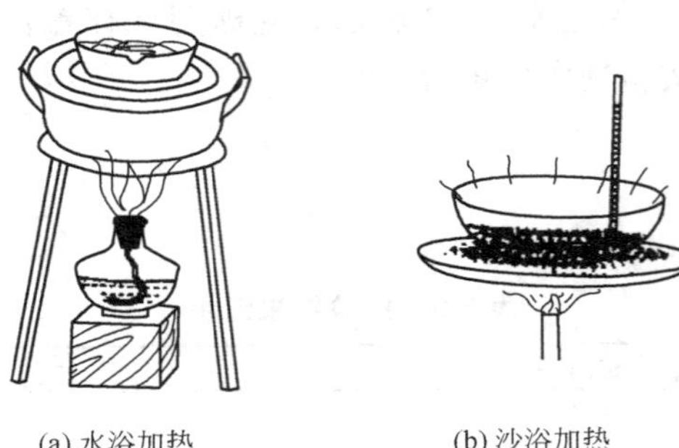

(a) 水浴加热　　(b) 沙浴加热

图2-15　热浴间接加热

① 水浴：用于加热不超过100℃的反应。水浴锅上附有环形圈，可根据容器大小来选择，容器应浸入水中，但容器不能接触锅底。反应中若使用金属钠或钾时，不可使用水浴加热，以免发生危险。

② 油浴：加热温度可达220℃。常用的油为植物油（如菜油、豆油等）、液体石蜡、硅油及硬化油（如氢化棉籽油）。使用油浴时，要特别小心，防止着火。操作时应注意以下几点：

(a) 油锅上面盖上两个半圆形的石棉板，中间留一个圆孔，恰好放入烧瓶，以防油浴燃烧或溅入水滴引起爆溅甚至着火。

(b) 油浴中悬挂一支温度计，以便控制油温，油温应比反应液的温度约高20℃。

(c) 油量不宜过多，一般约放入油锅容量的1/2。

(d) 停止加热时，将反应容器提离油浴液面，用铁夹把它悬空夹往，待烧瓶外壁黏附的油流尽后，再用布或纸将黏附瓶壁的油擦净。

(e) 油浴发生着火时，首先关闭火源，再用大块石棉布将火熄灭，切记勿用水或沙灭火，否则会造成火势蔓延。

③ 沙浴：加热温度可达 350～400℃。一般常用一个铁盘并装入干燥的细沙，将容器的一半埋在沙中。其中，底部沙层应较薄，以利于传热；四周的沙层应较厚，以利于保温。沙浴中应插入温度计，并且温度计的水银球要紧靠容器，以便控制容器的温度。使用沙浴时，铁盘下面的桌面要铺石棉板或湿抹布，以防将桌面烤焦。

④ 电热包：圆底烧瓶或三口烧瓶用大小相同的电热包加热十分方便和安全。用调压器来控制电热包，可任意调节加热的温度。电热包的电阻丝是用玻璃布包裹着的。加热过度会使玻璃布熔融变硬，容易碎裂。更不可让有机液体或酸、碱溶液流到电热包中，那样会造成电阻丝短路或腐蚀，使电热包损坏。

(3) 固体物质的灼烧

需要在高温下加热固体物质时，可以把固体放在坩埚中，将坩埚置于泥三角上，用氧化焰灼烧，不要让还原焰接触坩埚底部以防结上炭黑。灼烧开始时，先用小火烘烧坩埚，使坩埚受热均匀；然后加大火焰，根据实验要求控制温度和时间。停止加热时，首先关闭煤气开关或者熄灭酒精灯。要夹取高温下的坩埚时，必须用干净的坩埚钳。事先在火焰上预热坩埚钳的尖端，再去夹取。坩埚钳用后应平放在桌上或者石棉网上，尖端向上，保证坩埚钳尖端洁净。

实验室进行高温灼烧或反应时，常使用电炉、管式电炉、箱式高温炉（马弗炉）等（见图 2-16）。用电炉加热时，最高使用温度为 950℃左右。用硅碳棒加热时最高使用温度可达 1300℃左右。温度测量常采用热电偶和高温计，加热时可以通过自动调节电流来控制温度。

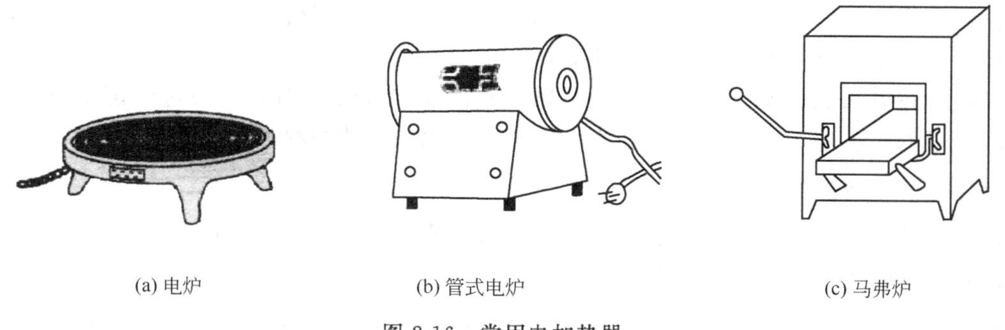

(a) 电炉　(b) 管式电炉　(c) 马弗炉

图 2-16　常用电加热器

二、试剂瓶的种类

1. 细口瓶

细口瓶用于保存液体试剂，通常有无色和棕色两种。遇光易分解的试剂（如硝酸银等）用棕色瓶。材料通常为玻璃和聚乙烯。玻璃瓶的磨口塞各自成套，注意不要混淆，聚乙烯瓶盛苛性碱较好。

2. 广口瓶

广口瓶用于装少量固体试剂，有无色和棕色两种。

3. 滴瓶

滴瓶用于盛逐滴滴加的试剂，如指示剂等。一般滴瓶有无色和棕色两种。使用时用中指和无名指夹住乳头和滴管的连接处，捏住（或松开）乳头，以吸取（或放出）试液。

4. 洗瓶

洗瓶内盛蒸馏水，无色。主要用于洗涤沉淀，原来是玻璃制品，目前几乎由聚乙烯瓶代替，只要用手捏一下瓶身即可出水。

三、塞子的性质及其分类

实验室常用的塞子有玻璃塞、橡皮塞、塑料塞、软木塞等。玻璃塞是磨口塞，与玻璃瓶配套使用，严密性好，耐强酸、耐有机物侵蚀，但可被强碱、氢氟酸腐蚀。装碱液的瓶子不能用玻璃塞，而要用橡皮塞或耐碱的塑料塞。橡皮塞有各种不同的型号，严密性较好，耐强碱侵蚀，易被强酸、有机物侵蚀而溶胀。软木塞质地松软，严密性较差，易被酸、碱损坏，但与有机物作用弱。因此，碱性试剂的贮存不能用玻璃塞，有机试剂的贮存不宜用橡皮塞和塑料塞。

四、试剂瓶塞子打开的方法

① 打开市售固体试剂瓶上的软木塞，可手持瓶子，使瓶斜放在实验台上，然后用锥子斜着插入软木塞中将塞取出。即使软木塞渣附在瓶口，因瓶是斜放的，渣不会落入瓶中，可用卫生纸擦掉。

② 盛盐酸、硫酸、硝酸等液体试剂的瓶子多用塑料塞或玻璃塞，可用手拧开或拔出塞子。塞子打不开时，可用热水浸过的布裹住塞子的头部，然后用力拧，一旦松动，就能打开。

③ 细口瓶上的玻璃塞若打不开，可在水平方向轻轻转动塞子或左右交替横向用力摇动塞子。若仍打不开，可紧握瓶的上部，用木柄或木槌从侧面轻轻敲打塞子，也可以在桌端轻轻叩敲，注意绝不能手握下部或用铁锤敲打。

当用上述方法还打不开塞子时，可用热水浸泡瓶的颈部（即塞子嵌进的那部分），也可用热水浸过的布裹着，玻璃受热后膨胀，再仿照前面的做法拧松塞子。

五、化学试剂一般知识

化学试剂是用以研究其他物质组成、性状及其质量优劣的纯度较高的化学物质。

1. 试剂的级别

化学试剂的规格是以其中所含杂质的多少来划分的，一般分为四个等级，我国化学试剂的规格与标志及某些国家化学试剂相应的规格与标志见表 2-4。

在一般分析中，通常使用 A. R. 级的试剂，必要时需进行提纯。

生物试剂是生物化学中使用的特殊试剂，其纯度表示方法与一般化学试剂不同。如蛋白质类试剂常以含量或杂质含量表示。

此外，还有些特殊用途的“高纯试剂”，如基准试剂、色谱纯试剂、光谱纯试剂等。基准试剂的纯度相当于或高于优级纯试剂，可作为滴定分析法的基准物质，也可用于直接配制标准溶液。色谱纯试剂指在高灵敏度下或 10^{-10} g 下无杂质峰。光谱纯试剂专门用于光谱分析，它以光谱分析时出现的干扰谱线的数目及强度来衡量。

应根据实验的不同要求选用不同级别的试剂。一般说来，在一般无机化学实验中，化学

表 2-4　化学试剂等级对照表

等级		1	2	3	4	5
我国化学试剂等级标志	级别	一级	二级	三级	四级	生物试剂
	中文标志	保证试剂	分析试剂	化学纯	化学用	
		优级纯	分析纯	化学纯	实验试剂	
	符号	G. R.	A. R.	C. R.	L. R.	B. R　C. R.
	标签颜色	绿色	红色	蓝色	棕色等	黄色等
美、英、德等国通用等级与符号		G. R.	A. R.	C. P.	—	—
应用范围		杂质含量低，适用于精密科研和分析	杂质含量低，适用于一般科研与分析	杂质含量较高，适用于一般工业分析及制备	杂质含量较高，适用于一般化学制备	适用于生物化学分析及化学制备

纯级别的试剂就已能符合实验要求。但在有些实验中要使用分析纯级别的试剂。所以选择试剂的原则是：在满足实验要求的前提下，就低不就高，节约使用。

2. 试剂的存放

化学试剂大多具有一定的毒性及危险性，其存放应根据试剂的毒性、易燃性、腐蚀性和潮解性等不同的特点，以不同的方式妥善保存。

① 液体试剂通常存放于细口瓶中，固体试剂则存放于广口瓶中；盛液体的瓶盖通常为磨口的，但碱性很强的试剂（如氢氧化钠、氢氧化钾、浓氨水等）应放在配有橡皮塞的瓶中。

② 见光会逐渐分解的试剂，如过氧化氢、硝酸银、高锰酸钾、草酸、硝酸钾等；与空气接触易被氧化的试剂，如氯化亚锡、硫酸亚铁等；以及易挥发的试剂，如氨水、甲醇、乙醇等，都应放在棕色瓶中，置于阴暗处。过氧化氢见光易分解，但不能装在棕色玻璃瓶中，因为玻璃中的微量金属会对其分解起催化作用，应将过氧化氢存放于不透明的塑料瓶中，必要时应用黑色纸或塑料袋包裹避光。

③ 容易侵蚀玻璃的试剂，如氢氟酸、含氟盐、氢氧化钠、氢氧化钾等，应保存在塑料瓶中。

④ 吸水性强的试剂，如无水碳酸钠、氢氧化钠、过氧化氢等，试剂瓶口应严格密封。

⑤ 相互作用的试剂，如有机试剂与氧化剂、氧化剂与还原剂、挥发性的酸与氨等，应分开存放，易燃易爆的试剂应分开存放于阴凉通风、不受阳光直射的地方。

⑥ 剧毒试剂，如氰化物、二氯化汞、三氧化二砷等，应由专人保管，取用时应严格记录，以免发生事故。

⑦ 此外，每个试剂瓶都要贴上标签，标明试剂的名称、规格、浓度、配制日期，标签纸外应贴上透明胶带或封上石蜡。

实验 3　分析天平的称量练习

一、实验目的

1. 了解台秤、电光天平、电子天平的基本构造及使用规则，掌握天平的使用方法。

2. 学会正确的称量方法，训练准确称取一定量的试样。

3. 正确运用有效数字作称量记录和计算。

二、实验原理

利用杠杆原理制成的天平可称取某一物质的质量，可根据实际精度需要选用合适精度的天平，如台秤、电光分析天平或电子天平等。对于不易吸湿、在空气中性质稳定的一些固体样品，如金属、矿物等，可采用直接称量法；对于易吸湿、在空气中不稳定的样品，宜用减量法进行称量，即两次称量之差就是被称物的质量。

三、实验用品

1. 仪器：台秤和砝码、0.01g 电子天平、0.1mg 电光天平或电子天平、称量瓶、烧杯、表面皿、药匙。

2. 试剂：固体粉末试样 NaCl。

四、实验内容

1. 天平的检查

检查天平是否保持水平，如不在水平状态，调节水平螺栓至水平。天平盘是否洁净，若不干净可用软毛刷刷净。对于 0.1mg 电子天平，接通电源预热 60min 后，轻按 ON 键，等出现“0.0000g”称量模式后即可称量。

2. 直接称量法称量练习

取两只洁净、干燥并编号的 50mL 小烧杯，在台秤或 0.01g 电子天平上分别粗称其质量，并正确记录质量 m_1、m_2。然后在 0.1mg 电子天平上准确称量，要求准确至±0.1mg，分别记录其质量 m_3、m_4，比较 m_1 和 m_3、m_2 和 m_4 的差别，明确有效数字在记录实验数据中的重要性。

3. 差减法（或递减法）称量练习

先将待称试样置于洗净并烘干的称量瓶中，保存在干燥器中。称量时，从干燥器中取一只装有固体粉末试样的称量瓶（切勿用手拿取，用干净的纸带套在称量瓶上，手拿取纸带），准确称量并记录其质量 m_5。

用干净的纸带套在称量瓶上，手拿取纸带，再用一小块纸包住瓶盖，在小烧杯上方打开称量瓶，用瓶盖轻轻敲击称量瓶，从称量瓶内转移 0.3～0.4g 试样于 1 号小烧杯中，然后准确称量称量瓶和剩余试样的质量 m_6。以同样的方法再转移 0.3～0.4g 试样于 2 号小烧杯中，再次准确称量称量瓶和剩余试样的质量 m_7。则 1 号小烧杯中试样的质量为（m_5-m_6），2 号小烧杯中试样的质量为（m_6-m_7）。

分别准确称量 1 号和 2 号小烧杯加入试样后的质量 m_8、m_9，则 1 号小烧杯中试样的质量为（m_8-m_3），2 号小烧杯中试样的质量为（m_9-m_4）。要求从称量瓶中转移的试样质量与转移至小烧杯中的试样质量之间的绝对差值≤0.4mg，即 $|(m_5-m_6)-(m_8-m_3)|\leqslant 0.4$mg，$|(m_6-m_7)-(m_9-m_4)|\leqslant 0.4$mg。若大于此值，则称量实验不符合要求。

4. 固定质量称量法称量练习

取一块洁净、干燥的表面皿，准确称量后按去皮键，等出现“0.0000g”称量模式后，将试样慢慢加到表面皿上，要求准确称取 0.5000g 试样（$-0.5\text{mg}<\Delta m<0.5\text{mg}$）。

5. 称量后检查天平

称量结束后应检查天平是否关闭；天平秤盘上的物品是否取走；天平箱内及桌面上有无残留物等，若有要及时清理干净；天平罩是否罩好；凳子是否归位。

检查完毕后，在“仪器使用登记本”上签名登记，并记录天平运行情况。

五、实验数据记录及处理

实验数据记录于表 2-5～表 2-7。

1. 直接称量法

表 2-5　直接称量法记录表

记录项目	1 号小烧杯	2 号小烧杯
粗称质量/g	m_1	m_2
准确称量质量/g	m_3	m_4
结论		

2. 差减称量法

表 2-6　差减称量法记录表

记录项目	1	2
(称量瓶＋试样)质量/g	m_5	m_6
(称量瓶＋剩余试样)质量/g	m_6	m_7
移出试样质量/g	m_5-m_6	m_6-m_7
(烧杯＋试样)质量/g	m_8	m_9
空烧杯质量/g	m_3	m_4
烧杯中试样质量/g	m_8-m_3	m_9-m_4
绝对差值/g	$\lvert(m_5-m_6)-(m_8-m_3)\rvert$	$\lvert(m_6-m_7)-(m_9-m_4)\rvert$
结论		

3. 固定质量称量法

表 2-7　固定质量称量法记录表

被称物	试样质量/g	与指定质量之差 Δm/g
试样		

六、注意事项

1. 空称量瓶须为洁净干燥的，表面皿也一样。

2. 表面皿应在台秤上粗称，记下质量。称量瓶加入试样后也在台秤上粗称，记下质量，再放到分析天平上称。

3. 称完后，试样倒入回收瓶。

4. 注意保持台秤和天平箱内清洁。

七、问题与讨论

1. 试样的称量方法有几种？分别如何操作？各有什么优缺点？各适宜于什么情况下选用？

2. 用减量法称量试样时，若称量瓶内的试样吸湿，对称量结果造成什么误差？若试样倾入烧杯后再吸湿，对称量结果是否有影响？为什么？(此问题基于一般的称量情况)

3. 称量时，能否徒手拿取小烧杯或称量瓶？为什么？

4. 使用天平时为什么要调整零点？是否每次都要调整？

5. 在称量的记录和计算中，如何正确运用有效数字？

6. 电子天平的使用规则有哪些？

相关知识

一、天平的称量原理

各类天平都是根据杠杆原理制造的。图 2-17 为等臂天平原理示意图。对于等臂天平，$L_1=L_2$，将质量为 m_Q 的物体和质量为 m_P 的砝码分别放在天平的左、右秤盘上，即在 A、B 两力点上；当达到平衡时，根据杠杆原理，支点"O"两边的力矩相等，即 $W_Q\times L_1=W_P\times L_2$ (W_Q 和 W_P 分别为物体和砝码的重量)。

由于 $W_Q=m_Q\times g$，$W_P=m_P\times g$ (g 为重力加速度)，则

$$m_Q\times g\times L_1=m_P\times g\times L_2$$

又 $L_1=L_2$，则

$$m_Q=m_P$$

由上可知，当等臂天平处于平衡状态时，砝码的质量等于被称物的质量。

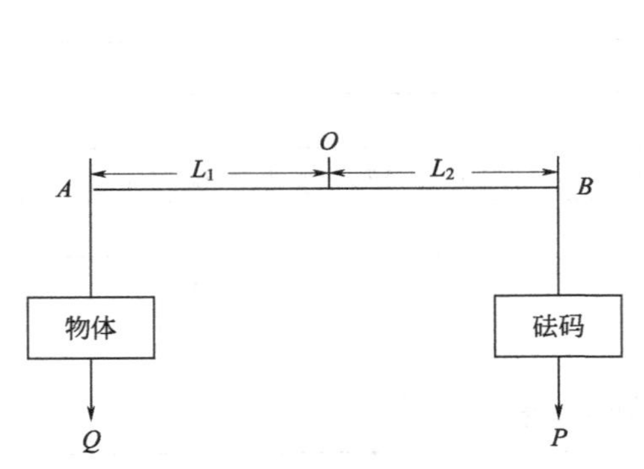

图 2-17　等臂天平原理

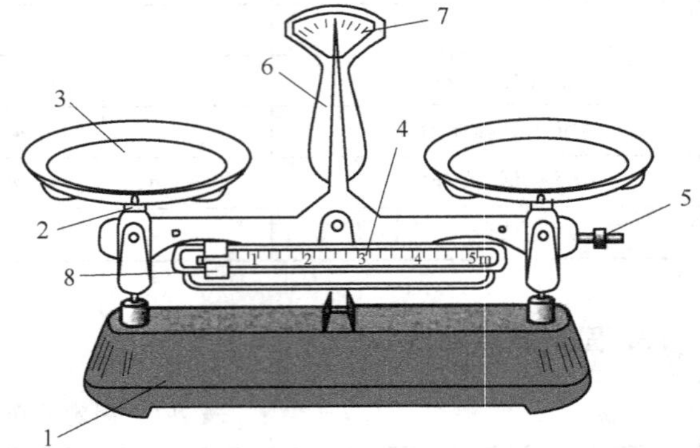

图 2-18　台秤示意图

1—底座；2—托盘架；3—托盘；4—游标尺；5—平衡螺母；6—指针；7—刻度盘；8—游码

二、台秤

台秤又称托盘天平，常用于一般称量。它能迅速地称量物体的质量，但精度不高。最大负载 200g 的台秤精度为±0.2g，最大负载 500g 的台秤精度为±0.5g。

1. 台秤的构造

台秤主要由横梁架、托盘、游码尺、指针及砝码等组成（见图 2-18 所示)。横梁架在台

秤架底座上，左右各有一个托盘，中部有指针和刻度盘，还有游标尺、游码，右边有平衡螺母。

2. 称量

（1）零点调整

在称量物体之前，要先调整台秤的零点。将游码拨到游码标尺的“0”位，检查台秤的指针是否停在刻度盘的中间位置。如果不在中间位置，可调节平衡螺母。当指针在刻度盘中间左右摆动大致相等时，台秤即处于平衡状态。

（2）称量

左盘放被称物，右盘放砝码。砝码用镊子夹取，10g 或 5g 以下质量的砝码，可移动标尺上的游码直到指针的位置与零点相符（偏差不超过 1 格），砝码的质量就是被称物的质量。

3. 注意事项

① 不能直接称热的物体。

② 化学试剂不能直接放在托盘上称量，应根据情况选择洁净的表面皿、烧杯或称量纸。

③ 称量完毕，应将砝码放回砝码盒中，将游码拨到“0”位，并将托盘放在一侧。

三、电光分析天平

分析天平是化学实验中最主要、最常用的仪器之一，是一种十分精确的称量仪器，它的感量有 0.1mg、0.01mg 或 0.001mg，用于比较精密的定量分析工作中，如药品的含量测定、对照品的称量、标准溶液的标定等。每一项定量分析测定都直接或间接地需要使用分析天平，在分析天平上进行称量的准确度对实验结果有重大影响，所以我们不仅要学会使用它，而且要对它的结构和性能有所了解，这样就可以避免因使用或保管不当影响称量的准确性，甚至损伤分析天平的某些部件。

常用的分析天平有阻尼天平、半自动电光天平、全自动电光天平、单盘电光天平、电子天平等，这些天平在构造和使用方法上虽有些不同，但其称量原理基本相同。

1. 电光分析天平的构造

分析天平的类型很多，但基本结构相似。摆动天平是最基本的分析天平，加上空气阻尼器称为阻尼天平；加上光学投影装置称为半机械加码电光天平；加上机械加码装置称为全机械加码电光天平。下面以上海分析仪器厂 TG-328A 型半机械加码电光天平为例，介绍电光天平的构造，如图 2-19 所示。

（1）天平横梁

天平横梁（3）是天平最重要的部件，采用质轻坚固、膨胀系数小的铝合金或铜制成，起平衡和承载物体的作用。

横梁的正中下方装有细长而垂直的指针（1），指针下端固定一透明的缩微标尺，称量时通过光学读数系统可从标尺上读出 10mg 以下的质量。梁的中间和等距离的两端装有三个棱形的玛瑙刀，中间的刀称为中刀或支点刀（5），刀口向下，相当于杠杆的支点“O”，两端的刀称为边刀或承重刀，刀口向上，相当于杠杆的 A、B 两力点（该悬挂系统见图 2-20）。三个刀口的棱边必须完全平行且位于同一水平面上，刀口的角度和锋利程度决定天平的灵敏度，故应十分注意保护刀口，不可受撞击或振动。梁的左右两端或对称孔内装有两个平衡螺栓（4），用以调整天平空载时的平衡位置。横梁背部设有由上、下两个半球形螺母组成的重心球，上下移动重心球可改变横梁的重心，起调整天平灵敏度的作用。

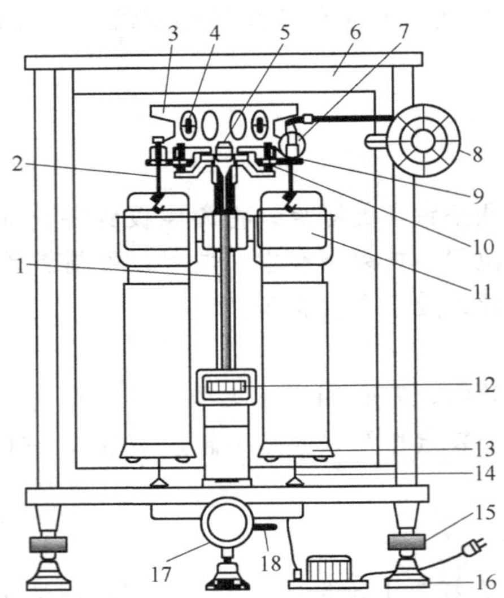

图 2-19　上海分析仪器厂 TG-328A 型半机械加码电光天平结构示意图

1—指针；2—吊耳；3—天平横梁；4—平衡螺栓；5—支点刀；6—前面门；7—圈码；8—指数盘；9—立柱；10—托叶（即托梁架）；11—阻尼筒；12—光屏；13—秤盘；14—盘托；15—螺旋足；16—垫足；17—升降枢纽；18—扳手

（2）立柱

立柱（9）是天平横梁的支柱，位于天平正中，是一个空心柱体，垂直地固定在底板上作为支撑横梁的基架，立柱上方嵌有玛瑙平板。称量时，玛瑙平板与横梁的中刀接触；天平关闭时，装在立柱上的托叶上升，托起天平横梁，使刀口与玛瑙平板脱离接触，减少刀口的磨损。立柱后方有一水准器，指示天平的水平状态，可通过调节螺旋足（15）来控制天平水平。天平使用前，应调节到水平位置。

（3）悬挂系统

天平悬挂系统包括吊耳、空气阻尼器、秤盘等部件，是天平载重及传递载荷的部件。

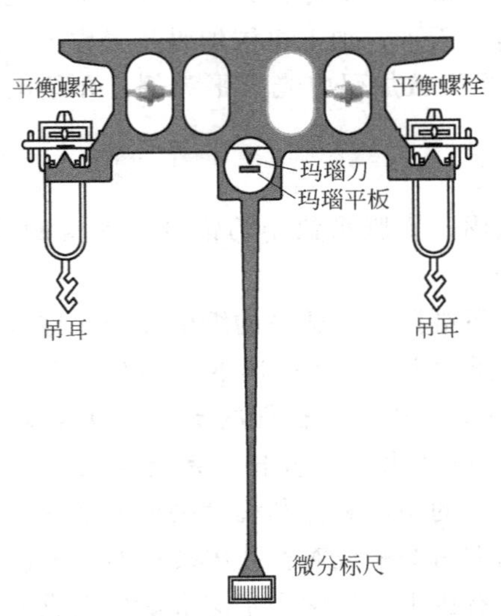

图 2-20　悬挂系统

① 吊耳　如图 2-20 所示，两把边刀通过吊耳承受秤盘和砝码或被称物。吊耳中心面向下，嵌有玛瑙平板，并与横梁两端的玛瑙刀口接触，使吊耳及秤盘能自由摆动。吊耳十分灵巧，不管被称物置于托盘上什么位置或横梁摆动时，吊耳背部都能平稳地保持水平状态，使荷载的重力均匀地分布在吊耳背底部的刀承上。在右吊耳上还设有一条圈码承受架，供加圈码用。

② 空气阻尼器　由两个特制的铝合金圆筒构成，外筒固定在支柱上，内筒比外筒略小，悬于吊耳钩下，两筒间隙均匀，没有摩擦，当启动天平时，内筒能自由地上、下移动，由于筒内空气阻力的作用，天平横梁能较快地停摆而达到平衡。

③ 秤盘　秤盘悬挂在吊耳钩上，供放置砝码和

被称物用。

吊耳、阻尼器、秤盘一般都有区分左右的标记，常见的标记为左边“1”、右边“2”，在组装时应按左右位置配套。

（4）读数系统

光学读数系统是为了提高天平的精度和称量速度，减缓操作人员视力疲劳。称量时打开升降旋钮接通电源，灯泡发出的光经聚光管聚光后，照在透明微分标尺上，经物镜放大10～20 倍，由反射镜反射到投影屏上。从屏上可以看到标尺的投影（见图 2-21）。投影屏中央有一条垂直标线，它与标尺投影重合即天平的平衡位置，可读出 0.1～10mg 以内的数值。天平箱下的调屏拉杆可将光屏在小范围内左右移动，用于细调天平的零点。拨动天平底板下的调屏拉杆可左右移动投影屏，微调天平的零点。

（5）制动系统

天平的升降旋钮在天平台下正中，是天平的制动系统，它连接托梁架、盘托和光源。使用天平时，开启升降旋钮，托梁即降下，横梁上的三个刀口与相应的玛瑙刀承接触，盘托下降，吊耳和天平盘自由摆动，天平进入工作状态，同时光源接通，可在投影屏上看到标尺的投影。停止称量时，关闭升降旋钮，则天平横梁与盘托被托住，刀口与玛瑙刀承离开，保护刀口，天平进入休止状态，光源切断，投影屏变黑。

（6）机械加码

天平箱右侧装有机械加码装置，由指数盘和圈码组成（见图 2-22），转动指数盘，可使天平梁右端吊耳上加 10～990mg 的圈码。指数盘上刻有圈码的质量值，内层为 10～90mg 组，外层为 100～900mg 组。转动指数盘加、减圈码时要轻、慢，以免圈码掉落。

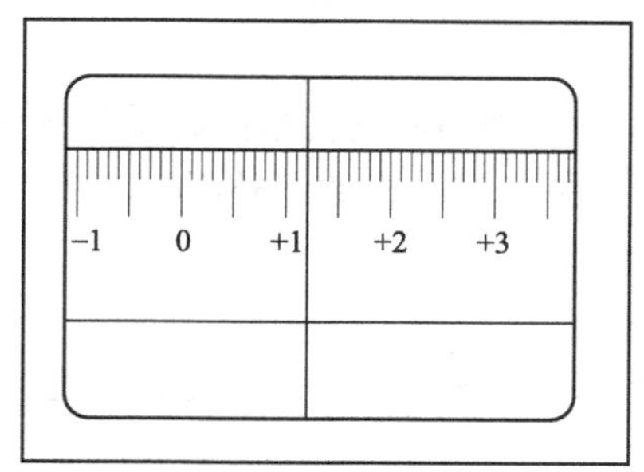

图 2-21　光屏上标尺投影读数

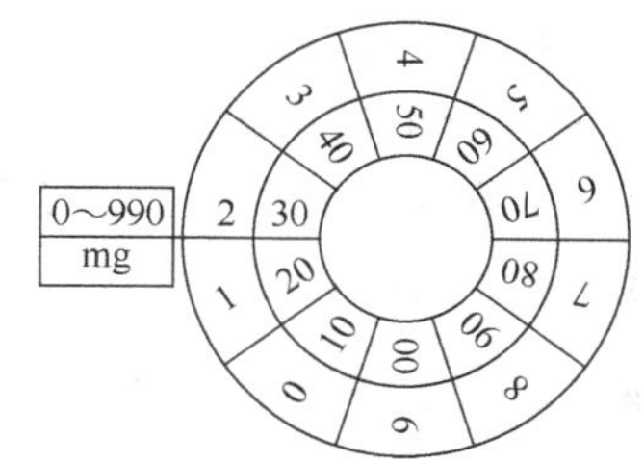

图 2-22　指数盘读数

（7）天平箱

为防止有害气体、水气、尘埃的侵蚀，并在称量时减少外界的影响，如气流的变化等，电光天平安装在一个装有玻璃门的木框罩（天平箱）内。天平箱前门可以向上开启，供安装、修理天平用，称量时不允许打开。天平箱的右侧有一个玻璃推门，供取放被称物用，但是在称量时，推门必须关好。

（8）砝码

每台天平都配有一盒砝码。为了便于称量，砝码的大小有一定的组合规律，一般有 5、2、2′、1 系统组合，即 100g、50g、20g、20′g、10g、5g、2g、2′g、1g 等。面值相同的两个砝码，质量有微小差别，因此在数值相同的砝码上均打有标记以示区别，为了减小称量误差，在同一个实验的称量中，应尽量使用同一砝码。取用砝码时，要用镊子，用完后及时放回盒内原来的位置并盖严。

2. 电光天平的使用方法

电光天平是一种精密仪器，称量时一定要仔细、认真。称量步骤如下：

（1）称量前

先检查天平是否处于水平状态，两盘是否洁净，圈码指数盘是否在“0”位置及砝码、圈码有无脱落等。

（2）零点调节

接通电源，缓慢开启升降旋钮，此时在屏幕上可以看到标尺的投影在移动，当标尺稳定后，如果屏幕中央刻线与标尺上的“0”刻度线不重合，可拨动升降旋钮下边的调屏拉杆，挪动屏幕的位置，直到刻线恰好与“0”刻度线重合，即为零点。如屏幕的位置已移动到尽头仍不能与“0”刻度线重合，则需关闭天平，通过调节天平横梁上的平衡螺栓调节零点(平衡螺栓的调节一般在教师指导下进行)。

（3）称量

将被称物（可预先在台秤上粗称，估计物体的质量）放在天平右盘中心，关闭边门，按照粗称质量转动圈码指数盘，缓慢开启升降旋钮，观察投影屏上缩微标尺移动情况，判断砝码与被称物轻重后，应立即关闭升降旋钮，加减砝码后再称量，这样反复加减砝码，使被称物比砝码轻 1g 以内，再转动圈码指数盘，按“由大到小，折半加入”的原则，调节圈码，直到投影屏的刻线与标尺上某一读数重合为止。

试加砝码后，应半开天平，观察指针的偏移和投影屏上标尺的移动情况。根据“微分标尺总是向重盘方向移动”的原则，判断所加砝码是否合适及如何调整。

（4）读数

待标尺停稳后，就可读出 10mg 以下的质量。被称物的质量就是砝码质量读数（小数点之前读数）、指数盘刻度指数（对半自动电光分析天平来说，指数盘外圈为小数点后第 1 位，指数盘内圈为小数点后第 2 位）和投影屏读数（投影屏大刻度为小数点后第 3 位，小刻度为小数点后第 4 位）之和，可准确读至小数点后第 4 位。

$$\text{被称物的质量}=\text{砝码质量}+\frac{\text{圈码指数盘读取的质量}}{1000}+\frac{\text{光标尺读取的质量}}{1000}$$

（5）记录

称量的数据应及时如实地记录在数据记录本上。

（6）关闭天平

关闭升降旋钮，将三个圈码指数盘拨回零位，切断电源，最后罩上天平罩，登记天平使用情况。

3. 电光天平质量的检查

衡量天平质量主要有三个指标：灵敏性、准确性和示值变动性。天平的稳定性与灵敏性、示值变动性密切相关，可以包括在示值变动性中。

（1）灵敏性

天平的灵敏性通常用灵敏度（E）或感量（S）来表示。

灵敏度 E 是指天平平衡后，在天平的一个秤盘上增加 1mg 质量时，指针在标尺上移动的距离以分度/mg 表示。E 值越大，灵敏性越好。

使用中常以感量 S 表示天平的灵敏性，感量是指天平横梁由原来的平衡位置移动一个分度所需要在秤盘中增加的质量（以 mg 表示），S 的单位是 mg/分度，又称分度值，它与灵敏度互为倒数关系。

天平的灵敏度主要取决于天平本身的结构。天平臂越长，天平梁越轻，天平的重心与支点的距离越小，那么天平的灵敏度越高。由于一台天平的臂长和横梁质量是固定的，因此只能通过改变重心与支点的距离（即调节重心螺栓的位置）来调整天平的灵敏度，天平的灵敏度一般保持在 2～3 分度为宜。太低，称量误差大；太高，则指针摆动不易静止而降低天平的稳定性。

灵敏度的测量方法：调节好天平零点，旋转圈码指数盘，加上 10mg 圈码，开启升降旋钮，标尺应移至 0～10mg 范围内。如不合要求，则在教师指导下，用重心螺栓调节灵敏度，灵敏度调节好后需重新调零。

（2）准确性

天平的准确性是指横梁两臂长度相等的程度，通常用不等臂性 Y 表示，Y 的单位是 mg。

用等臂天平称量时，由天平的不等臂引起的误差是难免的，属于系统误差，一般要求误差小于 0.4mg。在精密测量中可采用替代法称量，以抵消其误差。这种称量方法是在天平左盘放置一固定质量的物体，右盘加上砝码与它平衡，然后，在右盘放上被称物，再逐渐减少砝码，重新使之平衡，减少的砝码质量即为被称物的质量。称量只在同一盘中进行，而另一盘中的质量只为平衡用，抵消了由不等臂性而引起的误差。

（3）稳定性

天平的稳定性是指天平在其平衡状态被扰动后，经过若干次摆动，仍能自动恢复原来平衡状态的性能。

天平的稳定性主要与天平横梁的重心到支点的距离以及天平横梁上支点刀刃和两个承重刀刃在平面上的距离有关。在一般情况下，天平的稳定性可通过改变天平的重心（升、降重心螺栓）来调节，重心离支点越远，天平越稳定。由此可见，天平的稳定性和灵敏性是相互矛盾的，必须使两者都兼顾好，才能使天平处于最佳状态。因此，天平重心位置只能在一定范围内调整。

（4）示值变动性

示值变动性是指在不改变天平平衡状态的情况下多次开关天平，天平平衡位置的重复性，或者说，在同一载荷下比较多次平衡点的差异。示值变动性用 Δ 表示，Δ 的单位是分度，一般要求在 0.2mg 以内。

天平的示值变动性与天平的稳定性有密切关系，两者都以示值变动性来表示，但不是同一概念。天平稳定性主要与横梁的重心有关，而天平的示值变动性除了与稳定性有关外，还与天平的结构及称量时的环境条件等因素有关。

天平的示值变动性实际上表示了称量结果的可靠性。天平的精确度不单取决于感量，还与示值变动性有关，单纯提高灵敏度会使变动性增大。因此，单纯提高灵敏度或单独考虑天平的示值变动性是没有意义的，两者在数值上应保持一定的比例。天平质量检定规程规定示值变动性不得大于读数标尺的 1 分度，即变动性不得大于天平的感量，只有这样才可能按天平感量来考虑称量的相对误差（称量准确度）。

示值变动性的测量方法：称量前连续测定三次零点，称量结束后再测三次零点，六次零点数据中以最大值减去最小值的差，即为示值变动性。

TG-328A 型天平为国家三级天平，主要有三项技术指标：感量 $S=0.1\text{mg}$，不等臂性 $Y=0.3\text{mg}$，示值变动性 $\Delta=1$ 分度（0.1mg，最大称量 200g）。

4. 电光天平的使用规则

① 称量前，先将天平护罩取下叠好，放在天平箱上面，检查天平是否处于水平状态，用软刷清扫天平，并检查和调整天平的零点，检查砝码和圈码有无脱落现象。

② 天平的灵敏度主要取决于天平横梁上的三个玛瑙刀，特别是中间的支点刀。使用过程中要特别注意保护玛瑙刀口，开启升降旋钮应缓慢均匀地转动，过快会使刀刃损坏，同时剧烈晃动可造成计量误差。取放物体、加减砝码时，都必须关闭升降旋钮，将天平横梁托起，以免损坏刀口。

③ 称量时，应先用台秤粗称，按粗称值添加砝码，加砝码的原则是“由大到小，折半加入”，加减砝码时要轻缓，避免砝码跳落或互撞。先微微开启天平升降旋钮观察指针偏移方向，根据“微分标尺总是偏向重盘方向”的原则，判断是否加减砝码，直至指针的偏转在标尺范围内，方可完全开启天平升降旋钮。

④ 天平的前门不得随意打开，主要供装卸、调节和维修天平用。称量过程中取放物体或试样时只能打开天平的边门，被称物要放在天平盘的中央，以防盘摆动。化学试剂和试样不得直接放在盘上，必须盛在干净的容器中称量，具有腐蚀性气体或吸湿性的物质，必须放在称量瓶或其他适当密闭的容器中称量。

⑤ 被称物温度必须与天平箱内的温度一致，不得把热的或冷的物体放进天平箱称量，为了防潮，应在天平箱内放有干燥剂（如硅胶、无水氯化钙等）。

⑥ 天平的载重绝对不能超过天平的最大荷载。在同一次实验中，应使用同一台天平，以减少称量误差。

⑦ 读数时应关闭天平门，避免气流的影响。称量的数据应及时记录在数据记录本上，不能记在纸片上或其他地方。

⑧ 称量完毕后，关闭天平升降旋钮，取出物体，关好天平门，将圈码指数盘还原至“0”位，切断电源，罩上天平罩，填写使用登记表，坐凳放回原位，再行离开。

四、电子天平

电子天平是天平中最新发展的一种，是一般实验室配备的最常用的仪器，具有称量准确、灵敏度高、性能稳定、操作简便快速、使用寿命长等优点。电子天平称量时不需要砝码，放上被称物后，在几秒钟内即达到平衡，显示被称物质量，称量速度快，精度高。此外，电子天平还具有自动检测、自动调零、自动校准、自动去皮、自动显示称量结果、超载保护等功能。由于电子天平具有电光天平无法比拟的优点，因此电子天平的应用越来越广泛，并逐渐取代电光天平。

1. 电子天平的基本结构和称量原理

随着现代科学技术的不断发展，电子天平产品的结构设计一直在不断改进和提高，向着功能多、平衡快、体积小、质量轻和操作简便的趋势发展。但就其基本结构和称量原理而言，各种型号的电子天平都是大同小异。其基本原理是利用电子装置完成电磁力补偿的调节，使被称物在重力场中实现力的平衡，或通过电磁力矩的调节，使物体在重力场中实现力矩的平衡。其结构是机电结合式，由荷载接受与传递装置、测量与补偿装置等部件组成。常见电子天平的基本结构及称量原理如图2-23所示。

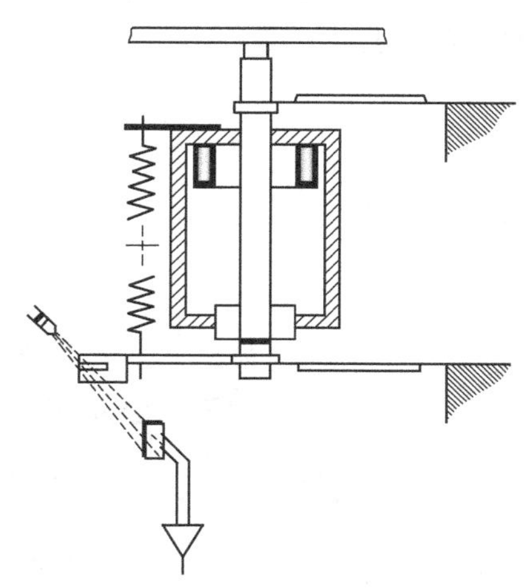

图2-23 电子天平的基本结构及称量原理示意图

载荷接受与传递装置由称量盘、盘支撑、平行导杆等部件组成，是接受被称物和传递载荷的机械部件。平行导杆是由上、下两个三角形导向杆形成一个空间的平行四边形结构（从侧面看），以维持称量盘在载荷改变时进行垂直运动，并可避免称量盘倾倒。

载荷测量及补偿控制装置是对载荷进行测量，并通过传感器、转换器及相应的电路进行补偿和控制的部件单元。该装置是机电结合式的，既有机械部分，又有电子部分，包括示位器（接受二极管、发光二极管、光闸）、补偿线圈、永久磁铁以及控制电路等部分。

电子装置能记忆加载前示位器的平衡位置。当称量盘加载后，示位器发生位移并导致补偿线圈接通电流，线圈内产生垂直的力，这种作用于称量盘上的外力使示位器准确地回到原来的平衡位置。载荷越大，线圈中通过电流的时间越长。通过电流的时间间隔是由通过平衡位置扫描的可变增益放大器来调节的，而且这种时间间隔与称量盘上所加载荷成正比。整个称量过程均由微处理器进行计算和调控。当称量盘加载后，即接通了补偿线圈的电流，计算器就开始计算冲击脉冲，达到平衡后，就自动显示出载荷的质量值。

2. 电子天平的分类和使用方法

按电子天平的精度其可分为超微量电子天平（最大称量2～5g，其标尺分度值小于（最大）称量的10^{-6}）、微量天平（最大称量一般在3～50g，其标尺分度值小于（最大）称量的10^{-5}）、半微量天平（最大称量一般在20～100g，其标尺分度值小于（最大）称量的10^{-5}）、常量电子天平（最大称量一般在100～200g，其标尺分度值小于（最大）称量的10^{-4}）。按电子天平的结构其可分为顶部承载式（下皿式）和底部承载式（上皿式）两类，目前常见的是上皿式电子天平，下面以0.01g电子天平（见图2-24）和0.1mg电子天平（见图2-25）为例简单介绍电子天平的使用方法。

（1）0.01g电子天平的使用方法

① 调水平。电子天平在使用前必须调整水平，使水平仪内气泡至圆环中央。

② 预热。电子天平在初次接通电源或长时间断电后，至少需要预热60min。为提高测量准确度，天平应保持待机状态。

③ 开机。接通电源，轻按“ON/OFF”键，电子天平进行自检。

④ 校正。首次使用电子天平必须校正，轻按校正键“CAL”，当显示器出现“CAL-”时，立即松手，显示器就出现“CAL-100”，其中“100”为闪烁码，表示校准砝码需用100g的标准砝码。此时就把准备好的100g校准砝码放在秤盘上，显示器即出现“…”等待状态，经较长时间后显示器出现“100.00”g。拿去校准砝码，显示器应出现“0.00”g，

若不是零，则再清零，再重复以上校准操作（注意：为了得到准确的校准结果，最好重复以上校准操作）。

图 2-24 0.01g 电子天平外形图

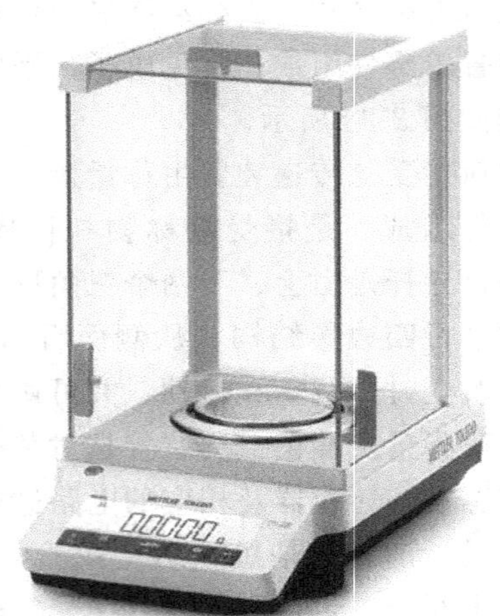

图 2-25 0.1mg 电子天平外形图

⑤ 称量。按去皮键“TARE”，显示为零后，置容器于秤盘上，这时显示器上数字不断变化，待数字稳定，即显示器左边的“0”标志熄灭后，显示值为容器质量。再按去皮键“TARE”，显示零，即去皮重，置被称物于容器中，这时显示的是被称物的净质量。

⑥ 关机。轻按“ON/OFF”键，关机。

（2）0.1mg 电子天平的使用方法

与 0.01g 电子天平的使用方法相类似。

① 检查并调整天平至水平位置。

② 按仪器要求通电预热至所需时间。

③ 打开天平开关，天平则自动进行灵敏度及零点调节。待稳定标志显示后，可进行称量。

④ 采用直接称量法称量时，将干燥洁净的容器或称量纸置于秤盘上，关上侧门，轻按一下去皮键“TARE”，显示“0.0000”后，打开天平门，缓慢加入试样，能快速得到连续读数值，当达到所需质量，关上天平门，显示器最左边“0”熄灭，这时显示的质量即为所需被称物的质量。当加入混合物时，可用去皮重法，对每种物质计净重。天平将自动校对零点，然后逐渐加入被称物，直到所需质量为止。

⑤ 采用递减法称量时，将洁净称量瓶置于秤盘上，关上侧门，轻按一下去皮键“TARE”，天平将自动校对零点，显示“0.0000”后，打开天平门，取出称量瓶向容器中敲出一定量的试样（见图 2-27），再将称量瓶置于秤盘上，如果显示质量（是“—”号）符合要求，即可记录，再按去皮键“TARE”，称取第二份试样。

⑥ 称量结束后应及时取走称量瓶（纸），关上侧门，切断电源，并做好使用情况登记。

3. 电子天平的维护与保养

① 将电子天平置于牢固平稳的工作台上，避免振动、气流及阳光照射，要求室内清洁、干燥及温度较恒定。

② 经常查看水平仪，在使用前调整水平仪气泡至中间位置。电子天平应按说明书的要求进行预热。

③ 称量时应从侧门取放物质，读数时应关闭箱门以免空气流动引起天平摆动。前门仅在检修或清除残留物质时开启。

④ 称量易挥发和具有腐蚀性的物品时，要盛放在密闭的容器中，以免腐蚀和损坏电子天平。

⑤ 电子天平必须小心使用，动作要轻、缓，经常对电子天平进行自校或定期外校，保证其处于最佳状态。

⑥ 如果电子天平出现故障应及时检修，不可带“病”工作。电子天平不可过载使用，以免损坏天平。

⑦ 电子分析天平若长时间不使用，应定时通电预热，每周一次，每次预热 2h，以确保仪器始终处于良好使用状态。

⑧ 秤盘与外壳须经常用软布和牙膏轻轻擦洗，切不可用强溶剂擦洗。

⑨ 天平箱内应放置吸潮剂（如硅胶）。若吸潮剂吸水变色，应立即高温烘烤更换，以确保其吸湿性能。

五、试样的称量方法

1. 直接称量法

不易吸湿、在空气中性质稳定的一些固体试样如金属、矿物等可采用直接称量法。具体操作方法是：先准确称出容器或称量纸的质量 m_1，然后用药匙将一定量的试样置于容器或称量纸上，再准确称量出总质量 m_2，(m_2-m_1) 即为试样的质量。称量完毕，将试样全部转移到准备好的容器中。

如为电子天平，置容器或称量纸于秤盘上，待示值稳定后，按去皮键“TARE”，显示零，即去皮重，再用药匙慢慢加试样，天平即显示所加试样的质量，直至天平显示所需试样的质量为止。

2. 递减称量法

易吸湿、在空气中不稳定的样品宜用递减法进行称量。具体操作方法是：先将待称试样置于洗净并烘干的称量瓶中，保存在干燥器中。称量时，用干净的纸带套在称量瓶上（见图 2-26），从干燥器中取出称量瓶，准确称量，装有样品的称量瓶质量为 m_3，然后将称量瓶置于洗净的盛放试样的容器上方，用一小块纸包住瓶盖，右手将瓶盖轻轻打开，将称量瓶倾斜，用瓶盖轻敲瓶口上方，使试样慢慢落入容器中（见图 2-27）。当倾出的试样已接近所需要的质量时，慢慢将瓶竖起，再用称量瓶瓶盖轻敲瓶口上部，使沾在瓶口和内壁的试样落在称量瓶或容器中，然后盖好瓶盖（上述操作都应在容器上方进行，防止试样丢失），将称量瓶再放回天平盘，准确称量，记下质量 m_4，(m_3-m_4) 即为样品的质量。如此继续进行，可称

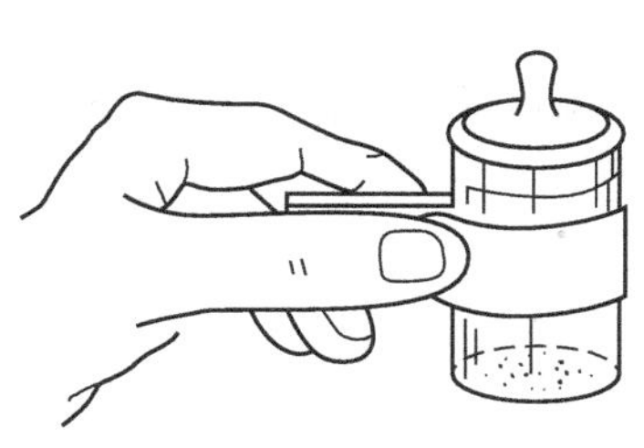

图 2-26　取放称量瓶的方法

图 2-27　倾倒试样的方法

取多份试样。如果倾出的试样量太少，则按上述方法再倒一些。如果倾出的试样质量超出所需称量范围，决不可将试样再倒回称量瓶中，只能弃之重新称量。

3. 固定质量称量法

此法可用于称量不易吸湿且在空气中性质稳定的试样。具体操作方法是：先准确称出容器或称量纸的质量，然后根据所需试样的质量，先放好砝码，再用药匙慢慢加试样，直至天平平衡。

实验 4 五水合硫酸铜结晶水的测定——分析天平的使用与灼烧恒重

一、实验目的

1. 了解结晶水合物中结晶水含量的测定原理与方法。
2. 进一步熟悉分析天平的使用与维护。
3. 学习研钵、干燥器等仪器的使用和沙浴加热、恒重等基本操作。

二、实验原理

多数离子型的盐类从水溶液中析出时，常含有一定量的结晶水（或称结合水）。结晶水与盐类结合得比较牢固，但受热到一定温度时，可以脱去结晶水的一部分或全部。晶体在不同温度下逐步脱水。利用结晶水受热到一定温度时可以脱去一部分或全部结晶水的原理，根据加热前后的质量变化，可求得晶体中结晶水的含量。

$CuSO_4 \cdot 5H_2O$ 晶体在不同温度下逐步脱水：

$$CuSO_4 \cdot 5H_2O \xrightarrow{102℃} CuSO_4 \cdot 3H_2O + 2H_2O$$

$$CuSO_4 \cdot 3H_2O \xrightarrow{113℃} CuSO_4 \cdot H_2O + 2H_2O$$

$$CuSO_4 \cdot H_2O \xrightarrow{258℃} CuSO_4 + H_2O$$

对于经过加热脱去结晶水又不会发生分解的结晶水合物中结晶水的测定，通常是把一定量的结晶水合物（不含吸附水）置于已灼烧至恒重的坩埚中，加热至较高温度（以不超过被测定物质的分解温度为限）脱水，然后把坩埚移入干燥器中，冷却至室温，再取出用分析天平称量。由结晶水合物经高温加热后的失重值可算出该结晶水合物所含结晶水的质量分数，以及单位物质的量的该结晶水合物所含结晶水的物质的量，从而确定结晶水合物的化学式。

三、实验用品

1. 仪器：坩埚、坩埚钳、干燥器、沙浴盘、温度计（300℃）、分析天平（0.1mg）。
2. 试剂：$CuSO_4 \cdot 5H_2O(s)$。
3. 材料：滤纸、沙子。

四、实验内容

1. 恒重坩埚

① 将坩埚洗净，置于沙浴盘中加热数小时，冷却至略高于室温。

② 移入干燥器中，冷却至室温。

③ 取出，用分析天平称量。重复加热至脱水温度以上、冷却、称量，直至恒重。

2. 水合硫酸铜脱水

① 在已恒重的坩埚中加入 1.0～1.2g 研细的水合硫酸铜晶体，铺均匀，再用分析天平准确称量。

② 将已称量的、内装有水合硫酸铜晶体的坩埚置于沙浴盘中，将其体积的四分之三埋入沙中。

③ 在靠近坩埚的沙浴中插入一支温度计（300℃），其末端应与坩埚底部处于同一水平。

④ 加热沙浴至约 210℃，再慢慢升温至 280℃左右，控制沙浴温度在 260～280℃之间。

⑤ 当粉末由蓝色全部变为白色时停止加热（约需 30min）。

⑥ 取出，移入干燥器，冷却至室温，再在分析天平上准确称量。记下数据。

⑦ 重复以上操作，直到“恒重”（本实验要求两次称量之差≤0.001g）。实验后将无水硫酸铜倒入回收瓶中。

五、实验数据记录与处理

实验数据记录于表 2-8。

表 2-8　数据记录

空坩埚质量/g	（空坩埚质量＋水合硫酸铜的质量）/g	（加热后坩埚＋无水硫酸铜的质量）/g		
		第一次称量	第二次称量	平均值

$CuSO_4 \cdot 5H_2O$ 的质量 m_1＝________g；

$CuSO_4 \cdot 5H_2O$ 的物质的量 $n_1 = m_1/249.7 g \cdot mol^{-1}$＝________mol；

无水硫酸铜的质量 m_2＝________g；

$CuSO_4$ 的物质的量 $n_2 = m_2/159.6 g \cdot mol^{-1}$＝________mol；

结晶水的质量 m_3＝________g；

结晶水的物质的量 $n_3 = m_3/18.0 g \cdot mol^{-1}$＝________mol；

单位物质的量的 $CuSO_4$ 的结合水为________；

水合硫酸铜的化学式为________。

六、注意事项

1. 称取的 $CuSO_4 \cdot 5H_2O$ 的质量不要超过 1.2g，否则粉末层太厚，脱水不均匀，会大大延长脱水时间。

2. 加热脱水一定要完全，晶体完全变为灰白色，不能是浅蓝色。

3. 注意恒重，注意控制脱水温度。

4. 本实验中沙浴的温度控制在 260～280℃之间，在测沙浴的温度时，水银温度计的底部水银球切莫碰到沙浴的底部（温度计与坩埚底尽量在同一水平线上）。

5. 坩埚使用前要擦干净，从沙浴中拿出来也要擦干净。

6. 坩埚必须冷却至室温才能从干燥器中取出称量，否则坩埚吸湿变重。

7. 热坩埚必须稍冷后再放入干燥器中冷却。热坩埚放入干燥器后，一定要在短时间内将干燥器盖子打开 1～2 次，以免内部压力降低，难以打开。

8. 坩埚以及硫酸铜在上分析天平称量前要预先粗称。

七、问题与讨论

1. 在水合硫酸铜结晶水的测定中，为什么用沙浴加热并控制温度在 280℃左右？
2. 加热后的热坩埚为什么要放在干燥器内冷却？
3. 为什么要对坩埚进行重复的灼烧操作？
4. 本实验中水合硫酸铜的用量为什么不要超过 1.2g？

相关知识

干燥器的使用

由于空气中总含有一定量的水汽，因此灼烧后的坩埚和沉淀等，不能置于空气中，必须放在干燥器中冷却以防吸收空气中的水分。

干燥器是一种具有宽边磨砂盖的密封容器。底座下半截为缩细的腰，在束腰的内壁有一宽边，用以搁放瓷板。瓷板具有大小不同的孔洞，瓷板上面存放被干燥的物质，瓷板下部底座用以存放干燥剂。盖子为拱圆状，盖顶上有一只圆玻璃滴，作为手柄移动盖子用。盖子的宽边磨平，与底座相吻合，达到密闭的目的，见图 2-28。

使用方法：准备干燥器时要用干的抹布将内壁和瓷板擦抹干净，一般不用水洗，以免不能很快干燥。放入干燥剂（一般用变色硅胶或无水氯化钙等，不要放得太满，装干燥器下室的一半就够了，太多容易沾污坩埚），然后放上瓷板，将待干燥的物质放在瓷板上，再在干燥器宽边处涂一层凡士林油脂，将盖子盖好沿水平方向摩擦几次使油脂均匀，即可进行干燥。

开启干燥器时，应左手按住干燥器的下部右手握住盖的圆顶，向前小心地推开器盖，见图 2-28。取下盖子，将盖子倒置在安全处。放入物体后，应及时加盖。加盖时也应该拿住盖上圆顶，平推盖严。当放入温热的坩埚时，应将盖子留一缝隙，稍等几分钟再盖严；也可以前后推动器盖稍稍打开 2～3 次。搬动干燥器时，应用两手的拇指按住盖子，以防盖子滑落打碎。

图 2-28 干燥器的使用

使用干燥器时应注意：

① 干燥器应注意保持清洁，不得存放潮湿的物品。

② 干燥器只在存放或取出物品时打开，物品取出或放入后，应立即盖上盖子。

③ 放在底部的干燥剂，不能高于下室高度的1/2，以防沾污存放的物品。干燥剂失效后，应及时更换。

实验5 容量器皿的校准

一、实验目的

1. 学习移液管（吸量管）及容量瓶的使用方法。

2. 学习移液管及容量瓶的校准方法，了解容量器皿校准的意义。

二、实验原理

移液管和容量瓶是分析实验中常用的玻璃量器，都具有刻度和标称容量。目前国内生产的玻璃容量器皿，其准确度可以满足一般分析工作的需要，可无须校准而直接使用。但玻璃容量器皿在生产过程中因材质等多种原因，其容积和标称体积有时不能完全准确相符，因此，在准确度要求较高的分析工作中，必须对以上量器进行校正。

容量器皿常采用两种校准方法：绝对校准和相对校准。

(1) 绝对校准

绝对校准是测定容量器皿的实际容积，其原理是用天平称量容量器皿中所容纳或放出的水的质量，根据水在当时室温下的密度，计算出该量器在20℃时的容积。

(2) 相对校准

许多定量分析实验要用容量瓶配制相关试剂的溶液，再用移液管移取一定体积的试液供测试用。为保证移出样品的体积准确，就必须进行容量瓶和移液管的相对校正。经互相校准后，移液管与容量瓶可配套使用。

三、实验用品

移液管（25mL）、吸量管（5mL）、干燥容量瓶（250mL）、干燥锥形瓶或碘量瓶（50mL）、0.01g电子天平等。

四、实验内容

1. 练习移液管和容量瓶的使用操作

见本实验后“相关知识”。

2. 移液管的校准

称量洁净且干燥的50mL小锥形瓶或碘量瓶，记录质量。用洁净的25mL移液管准确移取25.00mL去离子水，放入已称量的小锥形瓶或碘量瓶中再称量，根据水的质量计算该温度时的实际体积。同一支移液管校准两次，两次的称量差值不得超过20mg，否则重新做校准。测定数据记录于表2-9中。

3. 移液管和容量瓶的相对校准

用 25mL 移液管与 250mL 容量瓶做相对校正时，事先应将容量瓶洗净且晾干，然后用 25mL 移液管准确移取 10 次 25.00mL 水放入 250mL 容量瓶中，观察容量瓶液面相切的位置。如与标线一致，则合乎要求；否则应另做一记号。

五、实验数据记录与处理

移液管的校准数据请记录于表 2-9 中。

表 2-9　移液管的校准数据记录

水温＝________℃；$\rho(H_2O)$＝________$g\cdot mL^{-1}$

测定次数	移液管容积/mL	空瓶的质量/g	瓶与水的质量/g	水的质量/g	实际容积/mL	校准值/mL
1						
2						

六、问题与讨论

1. 容量器皿校准的主要影响因素有哪些？

2. 用容量瓶配制溶液前，洗涤干净后，容量瓶中的少量蒸馏水是否要除去？使用移液管移取溶液前，是否要用待取溶液润洗移液管？为什么？

3. 容量瓶校准时为什么要晾干？在用容量瓶配制标准溶液时是否也要晾干容量瓶？

4. 对于 100mL 容量瓶，如果液面与标线相差 0.4mL，此体积的相对误差为多少？分析试样时，称取试样 0.5000g，溶解后定量转入容量瓶中，移取 25.00mL 测定，则体积误差为多少？

相关知识

一、移液管、吸量管及其使用方法

移液管是用来准确移取一定体积的量出式玻璃量器。它是一根细长而中间膨大的玻璃管，管颈处刻有一条标线，膨大部分标有它的容积和标定时的温度。在标定温度下，吸取溶液至弯月面与管颈的标线相切，再让溶液自由流出，则流出溶液的体积就等于管上所标示的容积。常用的移液管有 5mL、10mL、25mL 和 50mL 等各种规格。液体自然放出时，最后因毛细作用总有一滴液体留在管口不能流出，这时不必用外力使之流出，因为校正移液管的容积时，就没有考虑这一滴液体。放出该液体时把移液管的尖嘴靠在容器壁上，稍停片刻就可拿开。也有少数移液管，上面标有“吹”字，则放出液体时就要把管口的液体吹出。吸量管是有分刻度的直型玻璃管（见图 2-29），管的上端标有指定温度下的总容积。吸量管的容积有 1mL、2mL、5mL 和 10mL 等，可用来吸取不同容积的液体，一般只量取小体积的液体，其准确度比“胖肚”移液管稍差。量取液体时从上端 0.00 刻度开始，放至所需要的体积刻度为止。管上标有“吹”“快”等字样，在使用它的全量程时，应将管尖残留的液滴立即吹入接收容器中并移开吸量管。

移液管（或吸量管）在使用前，依次用洗液、自来水、去离子水洗至内壁不挂水珠为止。最后用少量待量取的液体润洗三遍。吸取液体时，左手拿洗耳球，右手拇指及中指拿住移液管（或吸量管）上端标线以上的部位，使管下端伸入液面下约 1cm，不应伸入太深，以免外壁沾有过多液体；也不应伸入太浅，以免液面下降时吸入空气。左手用洗耳球轻轻吸取液体，眼睛注意观察管中液面上升情况，移液管（或吸量管）则随容器中液体下降而往下伸（图 2-30）。当液体上升到标线以上时，迅速用食指按住管口。将移液管（或吸量管）从液体内取出，靠在容器壁上，然后稍微放松食指，同时轻轻转动移液管（或吸量管），使标线以上的液体流回去。当液面的弯月面最低点与标线相切时，按紧管口，使液体不再流出。取出移液管（或吸量管）移入接收容器中，仍使其出口尖端接触器壁，让接收容器倾斜而移液管保持直立。抬起食指，使液体自由地顺壁流下（图 2-31）。待液体全部流尽后，约等 15s，取出移液管（或吸量管）。

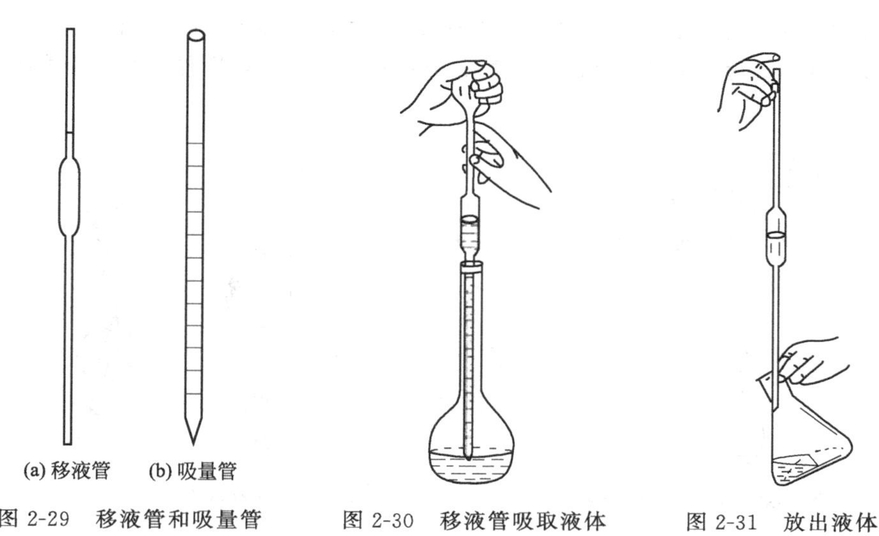

图 2-29　移液管和吸量管　　图 2-30　移液管吸取液体　　图 2-31　放出液体

注意事项：

① 移液管（吸量管）不应在烘箱中烘干或烤干。

② 同一实验中尽可能使用同一支移液管。

③ 移液管在使用完毕后，应立即用自来水及蒸馏水冲洗干净，再置于移液管架上。

二、容量瓶及其使用方法

容量瓶是常用的准确测量、容纳液体体积的量入式量器。它是一种细颈梨形的平底玻璃瓶，带有磨口玻璃塞或塑料塞（见图 2-32）。颈上有标线，在指定温度下（一般为 20℃），当液体充满到弯月面下缘与标线相切时，所容纳的溶液体积恰好与瓶上所注明的体积相等。其主要用途是配制准确浓度的标准溶液或定量地稀释溶液。常和移液管配合使用，以把某种物质分为若干等份。常用的容量瓶有 10mL、25mL、50mL、100mL、250mL、500mL、1000mL 等各种规格，此外还有 1mL、2mL、5mL 的小容量瓶。

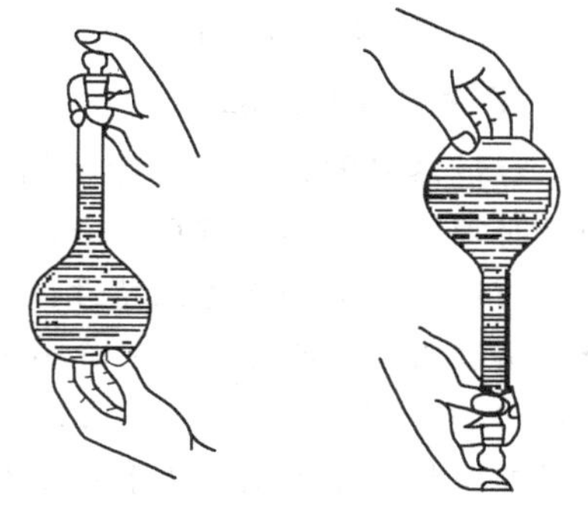

图 2-32　检查容量瓶是否漏水的方法

容量瓶检漏方法：容量瓶中加入自来水，加到标线附近，塞好瓶塞，右手按住瓶塞，左手把持住瓶底边缘（图 2-32），将容量瓶倒立片刻，观察瓶塞处有无漏水现象。不漏水的容量瓶才能使用。按常规操作把容量瓶洗净。为避免打破瓶塞，应该用一根线绳把瓶塞系在瓶颈上。

容量瓶的使用：用容量瓶配制标准溶液时，先将准确称量的试样放在小烧杯中，加入少量去离子水，搅拌使其溶解，一手拿着玻璃棒，并将它伸入瓶中，一手拿小烧杯，让小烧杯嘴贴紧玻璃棒，慢慢倾斜烧杯，使溶液沿着玻璃棒流下。倾完溶液后，将烧杯沿玻璃棒轻轻上提 1～2cm，同时将烧杯直立，使附在玻璃棒和烧杯嘴之间的液滴回流到烧杯中，再用洗瓶以少量去离子水冲洗烧杯和玻璃棒 3～4 次，涮洗液按同样操作转移至容量瓶中（这个操作叫定量转移，见图 2-33），以保证溶质全部转移。缓慢地加入去离子水，加到接近标线 1cm 处。等待 1～2min，使附在瓶颈上的水流下。然后用洗瓶或滴管加入去离子水至标线（小心操作，勿过标线）。加水时，视线平视标线。水加满到标线后，盖好瓶塞。将容量瓶倒转，等气泡上升后，轻轻振荡，再倒转过来，如图 2-34。重复操作多次，就能使容量瓶中溶液混合均匀。

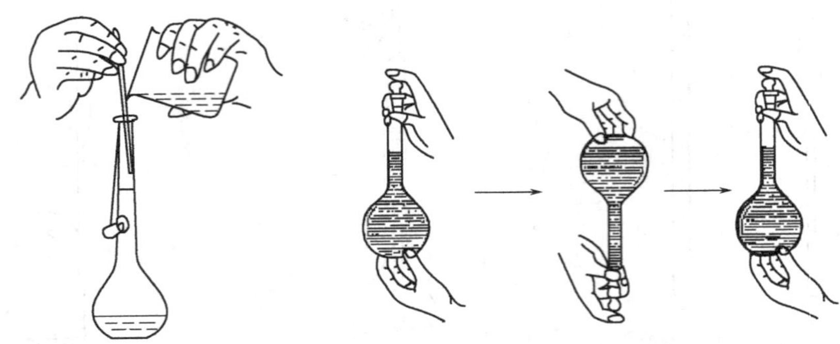

图 2-33 定量转移溶液　　图 2-34 溶液摇匀

假如要将一种已知准确浓度的浓溶液稀释为另一准确浓度的稀溶液，则用移液管或吸量管吸取一定体积的浓溶液，放入适当的容量瓶中，然后按上述方法稀释至标线。

注意事项：

① 容量瓶不能加热，也不能装热溶液，冷却至室温时才可转移入容量瓶。

② 容量瓶不可长期存放溶液，应转移至试剂瓶中保存。试剂瓶要先用配好的溶液润洗 2～3 次。

③ 长期不用容量瓶，磨口应洗净擦干，并用纸片将磨口隔开。

④ 容量瓶使用完毕后及时洗净、晾干，不可烘干、烤干。

三、容量器皿的校准

容量器皿的容积与其标示的容积并非完全符合。因此，在准确度要求较高的分析工作中，必须对容量器皿进行校准。

玻璃具有热胀冷缩的特性，在不同的温度下容量器皿的体积也有所不同。因此，校准玻璃容量器皿时，必须规定一个共同的温度值，这一规定温度为标准温度。国际上规定玻璃容量器皿的标准温度为 20℃，即在校准时都将玻璃容量器皿的容积校准到 20℃时的实际容积。容量器皿常采用绝对校准和相对校准两种校准方法。

1. 绝对校准

容量瓶、移液管的实际容积往往采用称量校准方法，其原理如下：称取量器中所放出或

所容纳 H_2O 的质量，并根据该温度下 H_2O 的密度，计算出该量器在 20℃（玻璃量器的标准温度）时的容积。但是，由质量换算成容积时必须考虑 H_2O 的密度、空气浮力、玻璃的膨胀系数三个方面的影响。为了方便计算，将上述三种因素综合考虑，得到一个总校准值。经总校准后的纯水密度列于表 2-10。

表 2-10　不同温度下纯水的密度

温度/℃	密度/g·mL⁻¹	温度/℃	密度/g·mL⁻¹	温度/℃	密度/g·mL⁻¹
0	0.9982	14	0.9980	28	0.9954
1	0.9983	15	0.9979	29	0.9951
2	0.9984	16	0.9978	30	0.9948
3	0.9984	17	0.9976	31	0.9947
4	0.9985	18	0.9975	32	0.9943
5	0.9985	19	0.9973	33	0.9941
6	0.9985	20	0.9972	34	0.9938
7	0.9985	21	0.9970	35	0.9934
8	0.9985	22	0.9968	36	0.9931
9	0.9984	23	0.9966	37	0.9928
10	0.9984	24	0.9964	38	0.9925
11	0.9983	25	0.9961	39	0.9921
12	0.9982	26	0.9959	40	0.9918
13	0.9981	27	0.9956	—	—

注：空气密度为 $0.0012g \cdot mL^{-1}$，钙钠玻璃体膨胀系数为 $2.6 \times 10^{-5}℃^{-1}$。

实际应用时，只要称出被校准的容量器皿容纳和放出纯水的质量，再除以该温度时纯水的密度，便是该容量器皿在 20℃时的实际容积。

【例 2-1】 在 18℃，某一 25mL 移液管量出纯水质量为 24.93g，计算该移液管在 20℃时量出的实际体积。

解： 查表 2-10 得 18℃时水的密度为 $0.9975g \cdot mL^{-1}$，所以在 20℃时移液管量出的实际体积 V_{20} 为

$$V_{20}=\frac{24.93g}{0.9975g \cdot mL^{-1}}=24.99mL$$

容量器皿是以 20℃为标准温度来校准的，但使用时的温度不一定在 20℃，因此容量器皿的容积以及溶液的体积都会发生变化，需要对温度进行校正。由于玻璃的膨胀系数很小，在温度相差不大时，容量器皿的容积改变可以忽略。溶液的体积改变与溶液密度有关，可以通过溶液密度来校准温度对溶液体积的影响，稀溶液的密度一般可用相应的纯水的密度来代替。

【例 2-2】 在 10℃时，滴定用去 25.00mL 浓度为 $0.1000mol \cdot L^{-1}$ 的标准溶液，问 20℃时其实际体积应为多少毫升？

解： $0.1000mol \cdot L^{-1}$ 稀溶液的相对密度可用纯水的相对密度代替，查表 2-10 得水在 10℃时相对密度为 $0.9984g \cdot mL^{-1}$，在 20℃时相对密度为 $0.9972g \cdot mL^{-1}$，则 20℃溶液的体积为

$$V_{20}=\frac{25.00\text{mL}\times 0.9984\text{g}\cdot\text{mL}^{-1}}{0.9972\text{g}\cdot\text{mL}^{-1}}=25.03\text{mL}$$

在化学实验室中一般需要进行滴定管的绝对校正。滴定管的绝对校正是在一只已称量的碘量瓶中用被校正滴定管每次放入约 10mL（不一定为 10.00mL，但必须准确读数）纯水，准确称出水的质量，按表 2-10 中纯水的密度计算出该段滴定管的准确体积，然后绘制一系列校正曲线作为以后实验的参考值。

2. 相对校准

在实际工作中，容量瓶和移液管常常是配合使用的。例如，要用 25mL 移液管从 250mL 容量瓶中取 1/10 容积的液体，则移液管与容量瓶的容积比只要 1∶10 就行了。此时，可采用相对校准的方法。其步骤如下：使用移液管准确移取 25.00mL 去离子水，放入已洗净、干燥的 250mL 容量瓶中。重复移取 10 次后，观察溶液的弯月面是否与容量瓶的标线正好相切；否则，应另做一标线。相对校准后的容量瓶和移液管应贴上标签，以便以后配套使用。

实验 6 溶液的配制

一、实验目的

1. 掌握实验室常用溶液的配制方法和基本操作。
2. 复习巩固容量瓶的使用方法。

二、实验原理

无机与分析化学实验中所使用的试剂品种繁多，正确地配制和保存试剂溶液，是做好无机与分析化学实验的关键。实验室常常需要配制各种溶液来满足不同实验的要求。如果实验对溶液浓度的准确性要求不高，一般利用台秤、量筒、带刻度烧杯等低准确度的仪器配制就能满足需要。如果实验对溶液浓度的准确性要求较高，如定量分析实验，这就须使用分析天平、移液管、容量瓶等高准确度的仪器配制溶液。对于易水解的物质，先以相应的酸溶解，再加水稀释。

一般溶液配制时，首先根据所配制试剂纯度的要求，合理选用不同等级试剂，再根据配制溶液的浓度和体积，计算出试剂用量。称取一定量的试样或移取一定体积的液体试剂置于烧杯中，加入适量的溶剂，搅拌溶解，必要时可加热促使其溶解，再加蒸馏水至所需的体积，摇匀，保存在试剂瓶或滴瓶中，贴上标签，标明溶液名称、浓度、配制日期和配制人姓名。

标准溶液（已知准确浓度并用于滴定分析的溶液）配制方法可分为直接法和间接法。基准物质或纯度相当高（纯度 99.9%）且化学性质稳定的物质可采用直接法配制标准溶液。具体配制方法：准确称取一定量的基准物质或纯度相当高（纯度 99.9%）且稳定的物质于小烧杯中，溶解、冷却后将溶液定量转移到预先洗净的容量瓶中，稀释至刻度，摇匀，根据基准物质的物质的量和容量瓶的容积，计算标准溶液的准确浓度。

纯度小于 99.9%或易挥发、易吸湿、化学性质不稳定的物质可采用间接法配制标准溶液。具体配制方法：先根据计算称取一定量的试剂，配制近似浓度的溶液，再用基准物质或其他标准溶液标定该溶液，根据化学计量关系计算其准确浓度。

三、实验用品

1. 仪器：烧杯（50mL、100mL）、容量瓶（100mL）、量筒（5mL）、试剂瓶、药匙、称量瓶、台秤、电子天平（0.1mg）等。

2. 试剂：浓盐酸（密度 $1.19g \cdot mL^{-1}$）、氢氧化钠（分析纯）、二水合草酸（基准试剂或分析纯）。

四、实验内容

1. 配制 250mL 0.1mol·L⁻¹ HCl 溶液

通过计算求出配制 250mL $0.1mol \cdot L^{-1}$ HCl 溶液所需要的浓盐酸的体积，用洁净量筒量取浓盐酸，倒入洁净的试剂瓶中，用去离子水稀释至 250mL，盖上玻璃塞，充分摇匀，贴上标签，备用。

2. 配制 250mL $0.1mol \cdot L^{-1}$ NaOH 溶液

通过计算求出配制 250mL $0.1mol \cdot L^{-1}$ NaOH 溶液所需要的固体 NaOH 的质量，在台秤上用小烧杯称取 NaOH，加去离子水搅拌溶解，将溶液倒入洁净的试剂瓶中，用去离子水稀释至 250mL，以橡皮塞塞紧（为什么使用橡皮塞而不使用玻璃塞?），充分摇匀，贴上标签，备用。

3. 配制 100mL $0.05mol \cdot L^{-1}$ 草酸标准溶液（计算结果用 4 位有效数字表示）

通过计算求出配制 $0.05mol \cdot L^{-1}$ 草酸溶液所需要的固体 $H_2C_2O_4 \cdot 2H_2O$ 的质量，用差减法在电子天平上称取二水合草酸晶体于 50mL 烧杯中，加适量蒸馏水使其全部溶解后，定量转移至 100mL 的容量瓶中，再用少量水冲洗烧杯及玻璃棒 3～4 次，并将每次洗涤用的水全部转移至容量瓶中，最后用水稀释至刻度定容，摇匀。计算其标准浓度。

五、实验数据记录及处理

1. $0.1mol \cdot L^{-1}$ HCl 溶液的配制

量取浓盐酸________mL，稀释至 250mL。

2. $0.1mol \cdot L^{-1}$ NaOH 溶液的配制

称取 NaOH________g，溶解稀释至 250mL。

请将实验数据记录于表 2-11。

表 2-11 数据记录

记录项目	1
(称量瓶＋草酸)质量/g	
(称量瓶＋剩余草酸)质量/g	
草酸质量/g	
草酸溶液的准确浓度/$mol \cdot L^{-1}$	

六、注意事项

1. 每瓶试剂溶液必须在标签上标明名称、浓度和配制日期，标准溶液的标签还应标明标定日期、标定者。

2. 配制硫酸、磷酸、硝酸、盐酸等溶液时，都应把酸倒入水中。对于溶解时放热较多的试剂，不可在试剂瓶中配制，以免炸裂。

七、问题与讨论

1. 配制标准溶液的方法有哪些？各种配制方法所使用的仪器（量器）各是什么？为什么？

2. 为什么 NaOH、HCl 溶液只能用间接法配制，而草酸溶液可以用直接法配制？

3. 配制酸碱标准溶液时，为什么用量筒量取浓盐酸、用台秤称取固体 NaOH，而不用移液管和 0.1mg 电子天平？配制的溶液浓度应取几位有效数字？为什么？

4. 什么叫基准物质？满足基准物质的条件有哪些？

相关知识

一、溶液浓度的表示方法及其配制原则

实验中的溶液可分为两类：一类是只知道大概浓度的溶液，称为一般溶液，如常规的酸溶液、碱溶液、盐溶液、缓冲溶液、指示剂溶液、沉淀剂、配位剂、显色剂和洗涤剂等；另一类是具有准确浓度的溶液，称为标准溶液。

1. 溶液浓度的表示方法

（1）物质的量浓度

物质的量浓度是物质 B 的物质的量 n_B除以溶液的体积 V，以符号 c_B表示，即 $c_B=n_B/V$，单位为 $mol \cdot L^{-1}$。

（2）质量浓度

质量浓度是物质 B 的质量 m_B除以溶液的体积 V，以符号 ρ_B表示，即 $\rho_B=m_B/V$，单位为$g \cdot L^{-1}$、$mg \cdot L^{-1}$、$\mu g \cdot L^{-1}$、$g \cdot mL^{-1}$、$mg \cdot mL^{-1}$、$\mu g \cdot mL^{-1}$等。

（3）质量分数

质量分数是溶液中溶质质量与溶液质量之比，符号为 w_B，以%表示。各种商品化的浓酸或浓氨水以及元素分析结果常以此形式表示，如 98%的浓硫酸。

（4）体积分数

体积分数是物质 B 的体积除以混合物的总体积，符号为 φ，以%表示。如 30%的乙醇溶液，表示 100mL 乙醇溶液中含有 30mL 乙醇。

（5）体积比浓度

体积比浓度指 A 体积的液体试剂（溶质）与 B 体积的溶剂混合后所得溶液的浓度，以（A∶B）或（A+B）表示，如 1∶3 盐酸，表示 1 体积的浓盐酸与 3 体积的蒸馏水混合后所得的溶液。

2. 溶液配制需注意的问题

① 配制溶液时，要合理选择试剂级别，不许超规格使用试剂，以免造成浪费。

② 配制溶液时，要牢固树立“量”的概念，应根据溶液浓度准确度的要求，合理选择称量方法、量器以及记录数据应保留的有效数字位数。

③ 配制饱和溶液时，所用试剂量应稍多于计算量，加热使之完全溶解，冷却待结晶析出后再使用。

④ 易被氧化或还原的试剂溶液常在使用前新鲜配制，或采取措施防止氧化或还原。例如，配制 $SnCl_2$、$FeCl_2$ 溶液时，不仅需要酸化溶液，还需加入相应的纯金属如金属锡、金属铁，使溶液稳定。

⑤ 配制易水解的盐溶液时，需加入适量的酸溶液或碱溶液，再用水或稀酸、稀碱溶液稀释，以抑制其水解。例如，配制 $SbCl_3$、$Bi(NO_3)_3$ 等溶液时先用相应的酸如盐酸、硝酸溶解；配制 Na_2S 溶液时先用相应的碱溶液如 NaOH 溶液溶解。

⑥ 易侵蚀或腐蚀玻璃的溶液应保存在聚乙烯瓶中，如含氟的盐类及苛性碱等。

无机与分析化学实验中常用试剂溶液、常用指示剂溶液、缓冲溶液及某些特殊试剂等溶液的配制方法可参见书后附录。

二、基准物质和标准溶液配制时的注意事项

可用于直接配制标准溶液或标定溶液浓度的物质，称为基准物质，该试剂也称为基准试剂。同时满足下列要求的物质才可作为基准物质：①试剂的纯度足够高，杂质含量低于0.1%；②试剂的组成与化学式完全相符；③化学性质稳定，且在反应时按反应式定量进行，没有副反应；④最好有较大的摩尔质量，以减少称量误差。表 2-12 列出了部分常用基准物质的干燥条件和应用对象。

表 2-12　常用基准物质的干燥条件和应用对象

基准物质		干燥后的组成	干燥条件/℃	应用对象
名称	化学式			
十水合碳酸钠	$Na_2CO_3 \cdot 10H_2O$	Na_2CO_3	270～300	酸溶液
碳酸氢钠	$NaHCO_3$	Na_2CO_3	270～300	酸溶液
硼砂	$Na_2B_4O_7 \cdot 10H_2O$	$Na_2B_4O_7 \cdot 10H_2O$	放在装有 NaCl 和蔗糖饱和溶液的密闭器皿中	酸溶液
碳酸氢钾	$KHCO_3$	K_2CO_3	270～300	酸溶液
邻苯二甲酸氢钾	$KHC_8H_4O_4$	$KHC_8H_4O_4$	110～120	碱溶液
二水合草酸	$H_2C_2O_4 \cdot 2H_2O$	$H_2C_2O_4 \cdot 2H_2O$	室温空气中干燥	碱或 $KMnO_4$
碳酸钙	$CaCO_3$	$CaCO_3$	110	EDTA
锌	Zn	Zn	室温干燥器中保存	EDTA
氧化锌	ZnO	ZnO	900～1000	EDTA
重铬酸钾	$K_2Cr_2O_7$	$K_2Cr_2O_7$	100～110	还原剂
溴酸钾	$KBrO_3$	$KBrO_3$	130	还原剂
碘酸钾	KIO_3	KIO_3	120～140	还原剂
铜	Cu	Cu	室温干燥器中保存	还原剂
三氧化二砷	As_2O_3	As_2O_3	室温干燥器中保存	氧化剂
草酸钠	$Na_2C_2O_4$	$Na_2C_2O_4$	105～110	氧化剂
氯化钠	NaCl	NaCl	500～650	$AgNO_3$
氯化钾	KCl	KCl	500～600	$AgNO_3$
硝酸银	$AgNO_3$	$AgNO_3$	220～250	氯化物

标准溶液配制时应注意以下事项：

① 要选用符合实验要求的纯水，如配制 NaOH、$Na_2S_2O_3$ 等标准溶液时要用新鲜煮沸并冷却的纯水。

② 基准物质要预先按规定方法进行干燥和贮存。

③ 当某溶液可用多种标准物质及指示剂进行标定时，应使标定实验条件与测定试样时的实验条件相同或相近，以减小系统误差。例如，EDTA 标准溶液可用 Zn、Fe、Cu、Ni 等金属或 ZnO、MgO、$CaCO_3$ 等金属氧化物及其盐标定；若测定水样中钙、镁的含量时，宜选用 $CaCO_3$ 为基准物质，以钙指示剂作指示剂。

④ 标准溶液应密闭贮存在试剂瓶中，有些还需避光。

⑤ 在实验结果的精度要求不高时，可用优级纯或分析纯试剂代替同种基准试剂进行标定，以降低成本。

实验 7 滴定分析基本操作练习

一、实验目的

1. 巩固移液管和容量瓶的使用。
2. 学习并掌握酸式、碱式滴定管的洗涤、准备和使用方法。
3. 通过练习滴定操作，初步掌握酸碱滴定原理和正确判断滴定终点的方法。

二、实验原理

滴定分析是将滴定剂（一种已知浓度的标准溶液）滴加到含有被测组分的试液中，直到化学反应完全为止，然后根据滴定剂的浓度和消耗的体积计算被测组分含量的一种方法。因此，在滴定分析实验中，必须学会滴定管的正确使用和滴定终点的正确判断。

0.10mol·L^{-1} NaOH 溶液滴定等浓度的 HCl 溶液，滴定的突跃范围约为 4.3～9.7，可选用甲基橙（变色范围为 3.1～4.4）和酚酞（变色范围为 8.0～9.6）作指示剂来指示终点。甲基橙和酚酞变色的可逆性好，当浓度一定的 NaOH 与 HCl 相互滴定时，所消耗的体积比（V_{HCl}/V_{NaOH}）基本不变，借此，可训练学生的滴定分析基本操作技术和正确判断终点的能力。

三、实验用品

1. 仪器：酸式滴定管、碱式滴定管、锥形瓶、洗瓶。

2. 试剂：盐酸（0.1mol·L^{-1}）、NaOH 溶液（0.1mol·L^{-1}）、酚酞（2g·L^{-1}）、乙醇溶液、甲基橙（1g·L^{-1}）水溶液。

四、实验内容

1. 滴定操作练习

（1）准备好酸式和碱式滴定管各一支

分别用 5～10mL 0.1mol·L^{-1} HCl 和 NaOH 溶液润洗酸式和碱式滴定管 2～3 次。再分别装入 HCl 和 NaOH 溶液，排出气泡，滴定管液面调节至 0.00 刻度或稍下一点的位置，静止 1min 后，记下初读数。

(2) 以酚酞作指示剂用 NaOH 溶液滴定 HCl 溶液

由酸式滴定管放出约 10mL HCl 溶液于 250mL 锥形瓶中（放出速度约为 $10mL \cdot min^{-1}$，即每秒钟滴入 3～4 滴溶液），加 10mL 蒸馏水，再加 1～2 滴酚酞，在不断摇动下，用 NaOH 溶液滴定，当滴加的 NaOH 溶液落点处周围红色褪去较慢时，表明临近终点，用洗瓶洗涤锥形瓶内壁，控制 NaOH 溶液一滴一滴或半滴半滴地滴出。直至溶液呈微红色，且半分钟不褪色即为终点，记下读数。又由酸式滴定管滴入 1～2mL HCl 溶液，再用 NaOH 溶液滴至终点。如此反复练习滴定、终点判断及读数若干次。

(3) 以甲基橙作指示剂用 HCl 溶液滴定 NaOH 溶液

由碱式滴定管放出约 10mL NaOH 溶液于 250mL 锥形瓶中（放出速度约为 $10mL \cdot min^{-1}$，即每秒钟滴入 3～4 滴溶液），加 10mL 蒸馏水，再加 1～2 滴甲基橙，在不断摇动下，用 HCl 溶液滴定至溶液由黄色恰变为橙色为终点，记下读数。又由碱式滴定管滴入 1～2mL NaOH 溶液，继续用 HCl 溶液滴至终点。如此反复练习滴定、终点判断及读数若干次。

2. HCl 和 NaOH 溶液体积比（V_{HCl}/V_{NaOH}）的测定

用 25mL 移液管准确移取 25.00mL $0.1mol \cdot L^{-1}$ HCl 溶液于 250mL 锥形瓶中，加 1～2 滴酚酞，用 NaOH 溶液滴定至溶液呈微红色，且半分钟不褪色即为终点，记下读数。如此平行测定三次。计算 V_{HCl}/V_{NaOH}，要求相对平均偏差不大于 0.3%。

五、实验数据记录与处理

实验数据记录于表 2-13。

表 2-13　HCl 和 NaOH 溶液体积比（V_{HCl}/V_{NaOH}）的测定

项目		1	2	3
V_{HCl}/mL		25.00	25.00	25.00
用 NaOH 溶液滴定	V_{NaOH}终读数			
	V_{NaOH}初读数			
	V_{NaOH}/mL			
数据处理	V_{HCl}/V_{NaOH}			
	V_{HCl}/V_{NaOH}平均值			
	相对平均偏差/%			

平均值　$$\bar{x}=\frac{x_1+x_2+x_3}{3}$$

绝对偏差　$$d_1=x_1-\bar{x}$$
$$d_2=x_2-\bar{x}$$
$$d_3=x_3-\bar{x}$$

平均偏差　$$\bar{d}=\frac{|d_1|+|d_2|+|d_3|}{3}$$

相对平均偏差　$$\bar{d}_r=\frac{\text{平均偏差}(\bar{d})}{\text{平均值}(\bar{x})}\times 100\%$$

六、注意事项

1. 先润洗，后装操作溶液；先排气泡，再调零。

2. 每次滴定前都必须将酸、碱溶液重新装至滴定管的零刻度线或稍下一点的位置。

3. 滴定时，要观察滴落点周围溶液颜色的变化，不要去看滴定管上的刻度变化。

4. 控制适当的滴定速度，一般每分钟 10mL 左右，接近终点时要一滴一滴加入，即加一滴摇几下，最后以每次半滴的滴加速度滴加至终点。滴定最大速度：快速一滴滴地滴落但不要连成流水线。

5. 指示剂本身为弱酸或弱碱，用量过多会产生误差，且高浓度的指示剂变色也不灵敏，不要多用。每次滴定时指示剂用量和终点颜色的判断都要相同。

6. 做好数据记录、结果表示、有效数字、相对平均偏差的计算。

7. 注意桌面整洁，实验结束后将仪器放好。

七、问题与讨论

1. 在滴定分析实验中，为何滴定管和移液管需用滴定剂和待移取的溶液润洗几次？锥形瓶是否也要用滴定剂润洗或烘干，为什么？

2. 在滴定前，往盛有待滴定溶液的锥形瓶中加入一些蒸馏水，对滴定有无影响？

3. 滴定管装入溶液后没有将下端尖管的气泡赶尽就读取液面读数，对实验结果有何影响？

4. 滴定过程中如何避免：a. 碱式滴定管的橡皮管内形成气泡？b. 酸式滴定管活塞漏液？

5. 滴定管读数的起点为何每次要调到 0.00 刻度处或稍下一点的位置？

6. 滴定至临近终点时加入半滴的操作要领是什么？

7. 滴定结束后发现：a. 滴定管末端液滴悬而不落；b. 溅在锥形瓶壁上的液滴没有用蒸馏水冲洗下；c. 滴定管未洗净，管壁内挂有液滴。它们对实验结果各有何影响？

相关知识

一、滴定管及其使用方法

滴定管是滴定时用来准确测量流出溶液体积的量出式量器。它的主要部分管身是由细长且内径均匀的玻璃管制成的，上面刻有均匀的分度线（线宽不超过 0.3mm），下端的流液口为一尖嘴，中间通过玻璃旋塞或乳胶管（管内装有玻璃珠）连接以控制滴定速度。常量分析用的滴定管标称容积为 50mL 和 25mL，最小刻度为 0.1mL，读数可估计到 0.01mL。

滴定管一般分为两种：一种是酸式滴定管；另一种是碱式滴定管。

酸式滴定管下端有玻璃旋塞开关，用于装酸性溶液或氧化性溶液，不能盛碱性溶液（避免腐蚀磨口和旋塞）。

碱式滴定管下端连接一段乳胶管，管内有玻璃珠以控制溶液的流出，乳胶管下端再连一尖嘴玻璃管，用于装碱性溶液，不能盛放氧化性溶液（能与乳胶管反应）。

滴定管的使用方法如下：

1. 检查

酸式滴定管使用前应检查：①玻璃活塞转动是否灵活；②是否漏水。

为了使玻璃活塞转动灵活，必须在塞子与塞槽内壁涂少许凡士林（起密封和润滑作用）。涂凡士林的方法：将滴定管中的水倒掉，平放在实验台上，抽出旋塞，用滤纸将旋塞及旋塞槽内的水擦干净，用手指蘸少许凡士林在旋塞的两端涂上薄薄一层，在旋塞孔的两旁少涂一些，以免凡士林堵住塞孔，如图 2-35。将旋塞直接插入旋塞套中，按紧，插时旋塞孔应与滴定管平行，此时旋塞不要转动，这样可以避免将凡士林挤到旋塞孔中，如图 2-36。然后向同一方向转动旋塞，直至旋塞中油膜均匀透明。转动旋塞时，应有一定的向活塞小头部分方向挤的力，以免来回移动活塞，使孔受堵。最后将橡皮圈（乳胶管上剪下一小段）套在活塞的小头沟槽上。套橡皮圈时，要抵住旋塞柄，防止其松动。

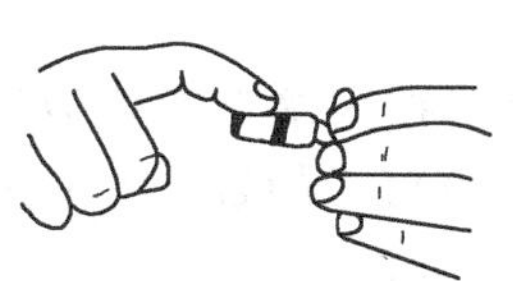

图 2-35　活塞涂凡士林

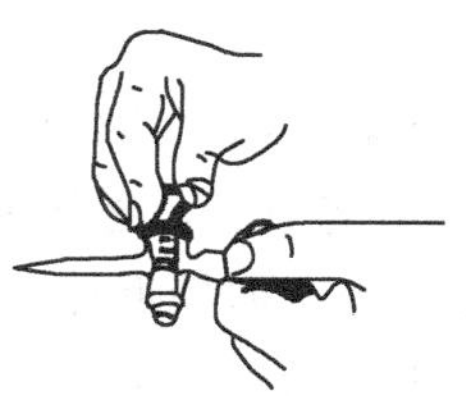

图 2-36　活塞安装

试漏的方法是先将旋塞关闭，在滴定管内充满水，将滴定管夹在滴定管夹上。放置 2min，观察管口及旋塞两端是否有水渗出；将旋塞转动 180°，再放置 2min，看是否有水渗出。若前后两次均无水渗出，旋塞转动也灵活，即可使用。否则，应将旋塞取出，重新涂凡士林后再试漏。

碱式滴定管使用前应检查橡皮管是否老化，玻璃珠是否适当。玻璃珠过大，则不便操作；过小，则会漏水或上下滑动。如不符合要求，应及时更换。

2. 滴定管的洗涤

滴定管使用前先用自来水冲洗，然后用少量蒸馏水在管内转动淋洗 2～3 次。洗净的滴定管内壁应不挂水珠，如挂水珠，则说明有沾污，需要用洗涤剂洗，或用洗液浸洗（注意：不可刷洗，以免划伤内壁，影响体积的准确测量）。

若有沾污不易洗净，可采用铬酸洗液洗涤。酸式滴定管可倒入铬酸洗液 10mL 左右，将滴定管逐渐向管口倾斜，用两手转动滴定管，使洗液布满全管，直立，打开旋塞，让洗液从管尖放回原洗液瓶中；碱式滴定管则需将下端的橡皮管取下，套上旧橡皮乳头，再倒入铬酸洗液，然后按洗酸管的方法洗涤。铬酸洗液用后仍倒回原瓶内，可继续使用。用铬酸洗液洗过的滴定管先用自来水充分洗净后，再用适量蒸馏水淋洗 3 次，管内壁如不挂水珠，则可使用。

3. 润洗、装标准（操作）溶液、排气泡、调节液面

为了避免装入后的标准溶液被稀释，应用该标准溶液荡洗滴定管 2～3 次（每次 5～10mL）。操作时，两手平端滴定管，慢慢转动，使标准溶液流遍全管，然后使溶液从滴定管下端放出，以除去管内残留水分。

将标准溶液装入滴定管之前，应将其摇匀，使凝结在瓶壁上的水珠混入溶液。混匀后的标准溶液应直接倒入滴定管中，不得借用其他器皿（如烧杯、漏斗等），以免标准溶液浓度改变或造成污染。

装好标准溶液后，应检查滴定管尖嘴内有无气泡；否则在滴定过程中，气泡逸出，影响

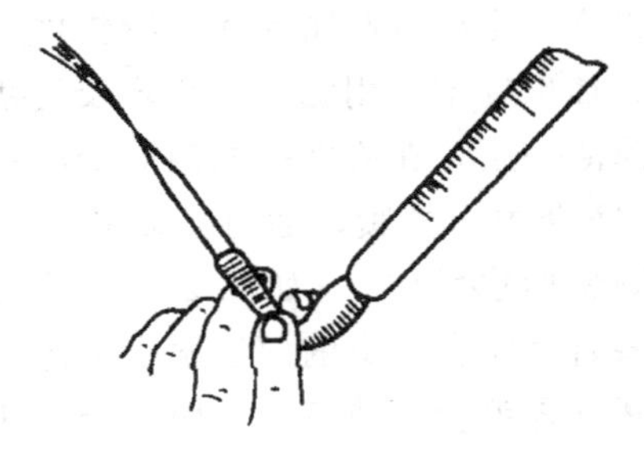

图 2-37 排气泡方法

溶液体积的准确测量。对于酸式滴定管，可迅速转动活塞，使溶液很快冲出，将气泡带走；对于碱式滴定管，可将乳胶管向上弯曲并在稍高于玻璃珠处用拇指和食指挤压玻璃珠，使溶液从尖嘴处喷出，即可排出气泡，如图 2-37，再缓慢松开两手指，否则出口管仍会有气泡。最后，将滴定管的外壁擦干。排出气泡后，调节液面在 0.00 刻度，或在 0.00 刻度以下处，并记下初读数。

4. 滴定管的读数

滴定管的读数不准确，通常是滴定分析误差的主要来源之一。为了使读数准确，应遵守以下原则：

① 在装满或放出溶液后，必须静置 1～2min，使附在内壁上的溶液流下来以后才能读数。如果放出液体较慢（如接近计量点时就是如此），也可以静置 0.5～1min 即读数。每次读数前要检查一下管壁是否挂水珠，管的出口尖端处是否悬有液滴，管尖是否有气泡。

② 读数时应将滴定管从滴定管架上取下，用右手拇指和食指捏住滴定管上部无刻度处，使滴定管保持垂直，然后再读数。

③ 由于液体的表面张力作用，滴定管内液面呈弯月形。对无色或浅色溶液，弯月面清晰，读数时，应读取视线与溶液弯月面下缘最低点相切处的刻度；对于有色溶液，如 $KMnO_4$ 溶液，弯月面不够清晰，读数时，应读取视线与液面两侧的最高点呈水平处的刻度。使用“蓝线”滴定管时，溶液体积的读数与上述方法不同，在这种滴定管中，液面呈现三角交叉点，在交叉点与刻度相切之处读数。

④ 每次滴定前将液面调节在 0.00 刻度或稍下的位置，这样可固定在某一段体积范围内滴定，以减小体积测量误差。

⑤ 读数时，必须读至小数点后第二位，即要求准确到 0.01mL。

5. 滴定操作

滴定时，应将滴定管垂直夹在滴定管架上，滴定台为白色或放一块白纸作背景，以便观察滴定过程溶液颜色的变化。

使用酸式滴定管滴定时，旋塞柄在右方，左手控制旋塞，大拇指在前，食指和中指在后，无名指和小指向掌心弯曲，轻贴于嘴管，如图 2-38。旋转旋塞时要轻轻向内扣，注意手心不要顶住活塞，以免旋塞松动造成漏液。滴定时，左手不能离开活塞任其自流。

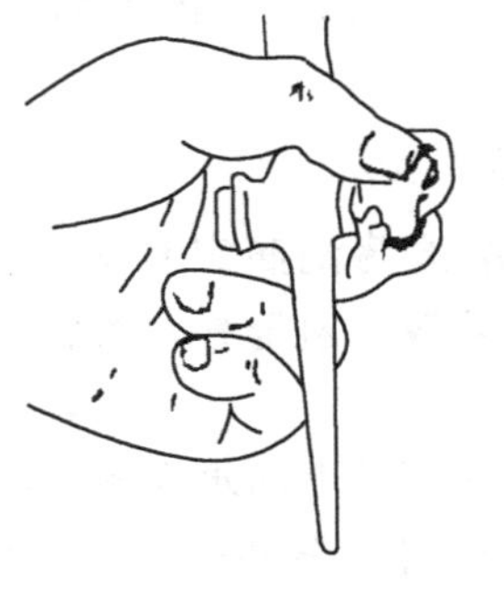

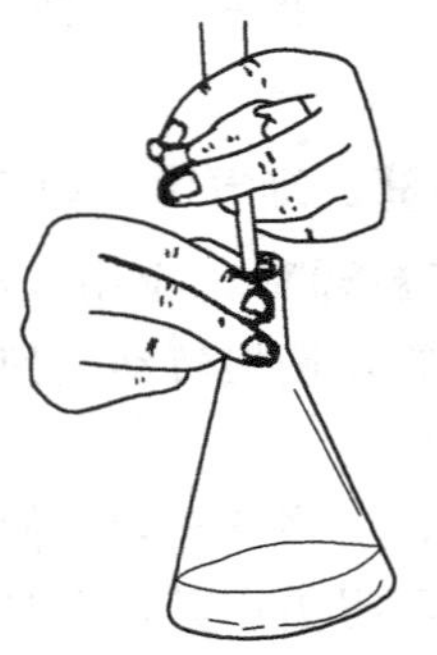

图 2-38 滴定操作示意图

使用碱式滴定管时，左手拇指在前，食指在后，其余三个手指辅助夹住出口管。用拇指与食指的指尖在玻璃珠的右边稍上处挤压乳胶管，使乳胶管和玻璃珠之间形成一条缝隙，溶液即可流出，如图2-38所示。但注意不能捏挤玻璃珠下方的乳胶管，否则空气会进入形成气泡。停止滴加时，应先松开拇指和食指，然后才松开其余三指。

滴定操作通常在锥形瓶内进行。滴定时，用右手拇指、食指和中指拿住锥形瓶颈部，其余两指辅助在下侧，使瓶底离滴定台高2～3cm，滴定管下端伸入瓶口内约1cm，左手按上述方法操作滴定管，边滴边摇（图2-38），使滴下去的溶液混合均匀，反应及时、完全。摇瓶时，应微动腕关节，使溶液向同一方向做圆周运动。

滴定过程中，要注意观察滴落点周围溶液颜色的变化，以便控制滴定速度。一般刚开始滴定时，滴定液滴出速度可稍快，但不能使滴出液呈线状。临近终点时，滴定速度应十分缓慢，应一滴或半滴地加入，滴一滴，摇几下，并用洗瓶吹入少量蒸馏水洗锥形瓶内壁，使溅起附着在锥形瓶内壁的溶液洗下，以使反应完全，直至溶液颜色发生明显变化，迅速停止滴加，即为滴定终点。半滴的滴法是将（酸式）滴定管旋塞稍稍转动或轻轻挤压（碱式）滴定管乳胶管，使半滴溶液悬于滴定管口（悬而不落），将锥形瓶内壁与管口接触，使溶液靠入锥形瓶中并用蒸馏水冲下。

无论用哪种滴定管，都必须熟练掌握三种加液方法：①逐滴加入；②加一滴；③加半滴。

6. 滴定结束后滴定管的处理

滴定结束后，倒出滴定管内剩余溶液，用自来水冲洗干净，再用去离子水荡洗三次，然后倒置，备用。长期不用，应倒尽水。酸式滴定管的旋塞和塞槽之间夹一纸片，再用橡皮圈捆好，然后收在仪器柜中。

二、酸碱指示剂

酸碱指示剂一般是有机弱酸或有机弱碱。当溶液的pH改变时，质子转移引起酸碱指示剂的分子或离子结构发生变化，使其在可见光范围内的吸收光谱发生改变，因而呈现不同的颜色。例如，酚酞是一种三苯甲烷类染料，当pH小于8.0时为无色，pH大于9.6时为粉红色，因此酚酞变色的pH范围为8.0～9.6。又如甲基橙和甲基红是典型的偶氮类指示剂，它们在pH小于7的范围内变色。甲基橙的酸色是红色，碱色是黄色，变色的pH范围是3.1～4.4。若在甲基橙磺酸基的位置上，以羧基取代后即为甲基红，甲基红变色的pH范围是4.4～6.2。

由于各种酸碱指示剂的酸解离常数各不相同，因此指示剂的变色范围不同，变色范围的大小一般不超过2个pH单位，不小于1个pH单位。

常用的酸碱指示剂及其配制方法、变色范围见附录4。

实验8　粗盐的提纯

一、实验目的

1. 学习提纯粗盐的原理、方法及有关离子的鉴定。
2. 巩固台秤、电子天平的使用。
3. 练习溶解、过滤、蒸发、浓缩、结晶、干燥等基本操作。

二、实验原理

氯化钠试剂或氯碱工业用的食盐都是以粗盐为原料进行提纯的，粗盐中除含有泥沙、草木屑等不溶性杂质外，还含有SO_4^{2-}、CO_3^{2-}、Ca^{2+}、Mg^{2+}、Fe^{3+}和K^+等可溶性杂质。氯化钠的溶解度随温度的变化很小，不能用重结晶的方法纯化，故需用化学法处理，使可溶性杂质都转化成难溶物过滤除去。

粗盐中的SO_4^{2-}，可加入稍微过量的$BaCl_2$溶液除去，反应式如下：

$$Ba^{2+} + SO_4^{2-} = BaSO_4 \downarrow$$

过滤，除去不溶性杂质和$BaSO_4$沉淀。

在滤液中加入过量的NaOH和Na_2CO_3溶液，除去Ca^{2+}、Mg^{2+}、Fe^{3+}和过量Ba^{2+}：

$$Ca^{2+} + CO_3^{2-} = CaCO_3 \downarrow$$

$$Ba^{2+} + CO_3^{2-} = BaCO_3 \downarrow$$

$$Fe^{3+} + 3OH^- = Fe(OH)_3 \downarrow$$

$$2Fe^{3+} + 3CO_3^{2-} + 3H_2O = 2Fe(OH)_3 \downarrow + 3CO_2 \uparrow$$

$$Mg^{2+} + 2OH^- = Mg(OH)_2 \downarrow$$

$$4Mg^{2+} + 4CO_3^{2-} + H_2O = Mg(OH)_2 \cdot 3MgCO_3 \downarrow + CO_2 \uparrow$$

过滤除去沉淀。

在滤液中加入HCl溶液中和过量的OH^-、CO_3^{2-}，加热使生成的碳酸分解为CO_2逸出：

$$H^+ + OH^- = H_2O$$

$$2H^+ + CO_3^{2-} = H_2O + CO_2 \uparrow$$

粗盐溶液中的K^+与上述的沉淀剂都不发生反应，但由于KCl的溶解度大于NaCl的溶解度，且含量较少，因此在蒸发、浓缩和冷却过程中，NaCl先结晶析出，而KCl则留在母液中被除去。少量多余的盐酸在干燥NaCl时以氯化氢形式逸出，从而达到提纯NaCl的目的。

三、实验用品

1. 仪器：台秤或电子天平（精度0.01g或0.1g）、循环水式真空泵、酒精灯、石棉网、布氏漏斗、吸滤瓶、玻璃棒、量筒、烧杯、试管、长颈漏斗、蒸发皿、铁架台、铁圈、药匙等。

2. 试剂：粗盐、$BaCl_2(1mol \cdot L^{-1})$、$NaOH(2mol \cdot L^{-1})$、$Na_2CO_3(1mol \cdot L^{-1})$、$HCl(2mol \cdot L^{-1})$、钙指示剂（或$6mol \cdot L^{-1}$ HAc和饱和草酸铵）、镁试剂。

3. 材料：滤纸、pH试纸、火柴等。

四、实验内容

1. 溶解

称取4.0g研细的粗盐于100mL烧杯中，加15mL水，加热搅拌使其溶解，溶液中的少量不溶性杂质留待下步过滤时一并滤去。

2. 化学处理

(1) 除去SO_4^{2-}

加热溶液至近沸，在不断搅拌下往热溶液中滴加$1mol \cdot L^{-1}$ $BaCl_2$溶液至沉淀完全。为了检验沉淀是否完全，可将烧杯从热源上取下，待沉淀沉降后，沿烧杯壁在上层清液中加入2～3滴$BaCl_2$溶液，观察澄清液中是否还有混浊现象，如果无混浊现象，说明SO_4^{2-}已完全沉淀，如果仍有混浊现象，则需继续滴加$BaCl_2$溶液，直至上层清液在加入1滴$BaCl_2$溶液后，不再产生混浊现象为止。沉淀完全后，继续加热煮沸使$BaSO_4$颗粒长大易于沉淀和过滤，常压过滤除去$BaSO_4$及泥沙等不溶物质，滤液转移至干净的烧杯中。

（2）除去Ca^{2+}、Mg^{2+}、Ba^{2+}

将所得滤液加热近沸，在搅拌条件下先加入适量2mol·L^{-1} NaOH溶液，再边搅拌边滴加1mol·L^{-1} Na_2CO_3溶液至沉淀完全为止，加热至沸，使沉淀颗粒长大易于沉降。减压过滤，除去$Mg(OH)_2$、$CaCO_3$等沉淀，滤液移至干净的蒸发皿中。

（3）除去多余的CO_3^{2-}、OH^-

往滤液中滴加2mol·L^{-1} HCl溶液并搅拌，调节其pH为5～6，经加热煮沸后溶液中CO_3^{2-}转化为CO_2逸出。

3. 蒸发、干燥

（1）蒸发浓缩，析出纯NaCl

加热上述溶液，当液面出现晶膜时，改用小火并不断搅拌，以免溶液溅出。当溶液蒸发至稀糊状时（切勿蒸干！），停止加热，冷却后减压过滤，即得NaCl晶体。

（2）干燥

将NaCl晶体倒入蒸发皿中，小火烘炒，并不停地用玻璃棒翻动，以防结块。待无水蒸气逸出后，大火烘炒数分钟，冷却后称量，计算回收率。

4. 产品纯度的检验

取少量提纯前和提纯后的食盐分别用适量去离子水溶解，将粗盐溶液过滤，各盛于六支试管中，分成三组，对照检验它们的纯度。

（1）SO_4^{2-}的检验

在第一组溶液中加入2～3滴2mol·L^{-1} HCl溶液，使溶液呈酸性，再加入2～3滴1mol·L^{-1} $BaCl_2$溶液，如有白色沉淀生成，证明存在SO_4^{2-}。

（2）Ca^{2+}的检验

Ca^{2+}的检验有两种方法：

① 在第二组溶液中，加入5滴6mol·L^{-1} HAc溶液，再加入2～3滴饱和$(NH_4)_2C_2O_4$溶液，稍等片刻，观察现象。若有白色CaC_2O_4沉淀生成，表示有Ca^{2+}存在。

② 在第二组溶液中，加入2～3滴2mol·L^{-1} NaOH溶液，再加入少量钙指示剂，如溶液呈红色，证明Ca^{2+}存在。

（3）Mg^{2+}的检验

在第三组溶液中，加入2～3滴2mol·L^{-1} NaOH溶液，再加入2～3滴镁试剂[1]，若有天蓝色沉淀生成，证明Mg^{2+}存在。

---

[1] 镁试剂是一种有机染料，在酸性溶液中呈黄色，在碱性溶液中呈红色或紫色，但被$Mg(OH)_2$沉淀吸附后呈天蓝色，因此可以用来检验Mg^{2+}的存在。

五、实验数据记录与处理

实验数据记录于表 2-14。

产品外观：________；产品质量（g）：________；回收率（%）：________。

表 2-14 产品纯度的检验

检验项目	检验方法	实验现象	
		粗盐	纯 NaCl
SO_4^{2-}	加入 $2mol \cdot L^{-1}$ HCl 溶液和 $1mol \cdot L^{-1}$ $BaCl_2$ 溶液		
Ca^{2+}	加入 $2mol \cdot L^{-1}$ NaOH 溶液和少量钙指示剂		
Mg^{2+}	加入 $2mol \cdot L^{-1}$ NaOH 溶液和镁试剂		
结论			

六、注意事项

1. 粗盐颗粒要尽量研细。

2. 溶解粗盐时，加水不能太多，将其溶解即可。

3. 加入沉淀剂后还要继续加热煮沸，使沉淀颗粒长大，以便于沉降和过滤，但煮沸时间不宜过长，以免水分蒸发而使晶体析出。

4. 蒸发浓缩至稠粥状即可，不能蒸干，否则带入 K^+（KCl 溶解度较大且浓度低，留在母液中）。

5. 纯度检验实验中，要注意比较产品和样品溶液在加入试剂后的浑浊程度和颜色深浅。

七、问题与讨论

1. 溶盐的水量过多或过少对实验结果有什么影响？

2. 能否用 $CaCl_2$ 溶液代替毒性较大的 $BaCl_2$ 溶液来除去食盐中的 SO_4^{2-}？

3. 为什么要分两步过滤？能否先加 NaOH、Na_2CO_3 除去 Mg^{2+}、Ca^{2+}，再加 $BaCl_2$ 除去 SO_4^{2-}？

4. 为什么要用 HCl 溶液将 pH 调至 5～6？调至恰为中性如何？

5. 提纯后的食盐溶液浓缩时为什么不能蒸干？

6. 分析本实验回收率过高或过低的原因。

相关知识

一、固体的溶解

溶解即将溶质以一定分散程度均匀地分散于溶剂（如水等物质）中的过程。溶质按聚集状态不同可分为液态、固态和气态，如硫酸溶液和盐酸溶液分别是将液态溶质浓硫酸和 HCl 气体溶解于水的产物。此处介绍固态溶质的溶解技术。

固体溶解操作的一般步骤：先称取一定量的固体（必要时可先经研钵研细，以帮助溶解），倒入烧杯，加入适量的水（根据实验具体要求决定），然后用玻璃棒搅拌至全溶。搅拌时手持玻璃棒并转动手腕，用微力使玻璃棒在容器的液体中均匀转动，促使溶质与溶剂充分接触而逐渐溶解。在搅拌过程中，玻璃棒不要触及容器底部及器壁，不能溅出溶液。在试管中溶解固体时，可用振荡试管的方法加速溶解，不能上下振荡，也不能用手指堵住管口来回振荡。

为了加速固体溶解，必要时加热助溶。根据被溶解物质的热稳定性可选择直接加热（适用于热分解温度高于 100℃者）或者水浴间接加热（适用于热分解温度低于 100℃者）。加热时要盖上表面皿，要防止溶液剧烈沸腾和喷溅。加热后要用蒸馏水冲洗表面皿和烧杯内壁，冲洗时也应使水顺烧杯壁流下。加热溶解时，应同时搅拌，使液体受热均匀并使固体更快溶解。

二、固液分离

1. 倾析法

倾析法用于分离比重较大或结晶颗粒较大的沉淀，因为它们静止后能很快沉降至容器的底部，便于进行分离和洗涤。

倾析法的操作和转移溶液的操作是相同的，将沉淀上部的溶液倾入另一容器中即实现了沉淀与溶液的分离。如需洗涤沉淀，只要向盛沉淀的容器中加入少量洗涤液，将沉淀和洗涤液充分搅动均匀。待沉淀降到容器底部后，再用倾析法，倾去溶液。如此反复操作 2～3 遍，即能将沉淀洗净，如图 2-39。

图 2-39 倾析法

2. 过滤

过滤是最常用的固液分离方法。过滤时沉淀留在过滤器上，溶液通过过滤器而进入容器中，所得溶液叫滤液。常用过滤方法共有 3 种：常压过滤、减压过滤和热过滤。

（1）常压过滤

常压过滤最为常用和简便，其所用的仪器主要是过滤器（漏斗和滤纸组成）和漏斗架（也可用带有铁圈的铁架台代替）。过滤前，按固溶体物料的量选择合适的漏斗，并根据漏斗的大小选择合适的滤纸（滤纸的边缘比漏斗边缘应低 0.1～1cm，为什么?）。圆形滤纸两次对折，拨开一层即折成圆锥形，放于漏斗内。为保证滤纸和漏斗密合，第二次对折时不要折死，先把圆锥形滤纸拨开，放入洁净且干燥的漏斗中，如果上边缘不十分密合，可以稍稍改变滤纸的折叠角度，直到与漏斗密合为止，此时才把第二次的折边折死，如图 2-40。

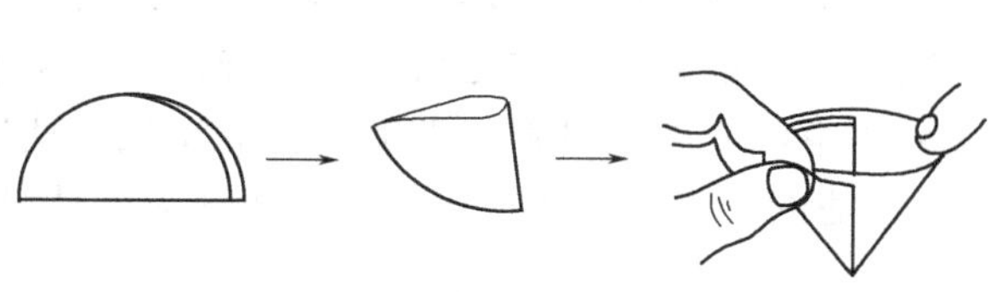

图 2-40 滤纸的折叠方法

为了使滤纸和漏斗内壁紧贴而无气泡（为什么?），可将滤纸圆锥形三层处的外两层撕去一小角，然后用食指把滤纸按在漏斗内壁上，用少量蒸馏水润湿滤纸，再用玻璃棒轻压滤纸，赶去滤纸与漏斗壁之间的气泡，使滤纸紧贴在漏斗壁上。

过滤时漏斗要放在漏斗架上，并调整好高度，使漏斗颈末端紧靠接收器内壁（为什么?）。先倾倒溶液，后转移沉淀，转移时应用玻璃棒。倾倒溶液时，应使玻璃棒接触三层滤纸处（为什么?），漏斗中的液面高度应略低于滤纸边缘（为什么?）。

如沉淀需洗涤，应先转移溶液，后用少量洗涤剂洗沉淀。充分搅拌并静置一段时间，沉淀完成后，将上方清液倒入漏斗（如图 2-41）。如此重复洗涤 2～3 遍，最后再将沉淀转移到滤纸上。同时，检查流下的滤液可判断沉淀是否已经洗净。

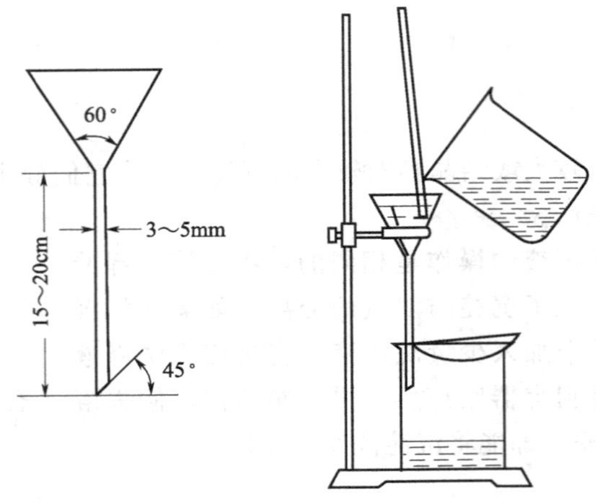

图 2-41 常压过滤操作

（2）减压过滤

减压过滤（或称抽滤）可以加快过滤速度，并把沉淀抽吸得比较干燥，但不宜用于过滤胶状沉淀和颗粒太小的沉淀。因为胶状沉淀在快速过滤时易透过滤纸；颗粒太小的沉淀易在滤纸上形成一层密实的沉淀，滤液不易透过。

减压过滤的装置如图 2-42，抽气泵借助水的射流作用带走装置内的空气，致使吸滤瓶内压力减小，布氏漏斗液面上下方产生压力差，从而加快过滤速度。安全瓶可防止自来水倒吸至吸滤瓶内。安装时应注意安全瓶长管和短管的连接顺序，不要连错。当停止吸滤时，也应先拆开连接抽气泵和吸滤瓶的橡胶管，然后关闭自来水龙头，以防倒吸。布氏漏斗通过单孔塞与吸滤瓶连接。应注意橡皮塞插入吸滤瓶的部分不超过整个塞子高度的 1/2（为什么?），同时还应注意漏斗管管尖远离吸滤瓶的吸气口（为什么?）。

布氏漏斗的圆柱底是带有许多小孔的瓷底，抽滤时此瓷底支撑着滤纸和截流在滤纸上的固体。滤纸直径应比布氏漏斗内径略小而又能将所有小孔全部遮盖（为什么?）。放入滤纸后，先用少量溶剂（如蒸馏水）将滤纸润湿，然后稍微抽气使之贴紧，接着便可转移溶液。转移溶液时，沉淀与溶液沿着玻璃棒倒入漏斗中，玻璃棒对着下面无小孔的滤纸。抽滤时，漏斗中的内容物不要超过漏斗容积的 2/3。抽滤的其他操作同常压过滤。滤液只能从吸滤瓶的瓶口倒出，不能从抽气支管倒出（为什么?）。

（3）热过滤

如果溶液的溶质在温度降低时易结晶析出，而我们又不希望它在过滤过程中留在滤纸上，这就需要用热滤漏斗。热过滤的特点在于：一是采用了保温的铜质热滤漏斗套（如图 2-43），漏斗套的夹层中装有热水以维持溶液的温度，必要时可用灯具加热。使用时注意夹套内水不要加得太满，以免沸腾后溢出。二是采用短颈漏斗，避免滤液在漏斗颈中冷却析出晶体造成堵塞。使用时，短颈漏斗按普通过滤要求装好滤纸，然后放在铁三脚架上的热滤漏斗套中即可。

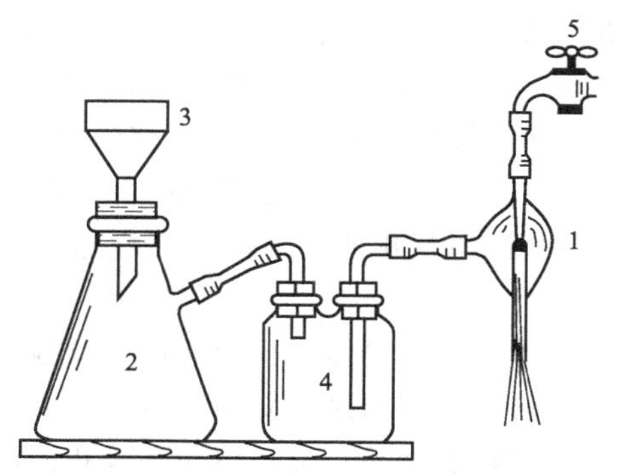

图 2-42　减压过滤的装置

1—抽气泵；2—吸滤瓶；3—布氏漏斗；4—安全瓶；5—自来水龙头

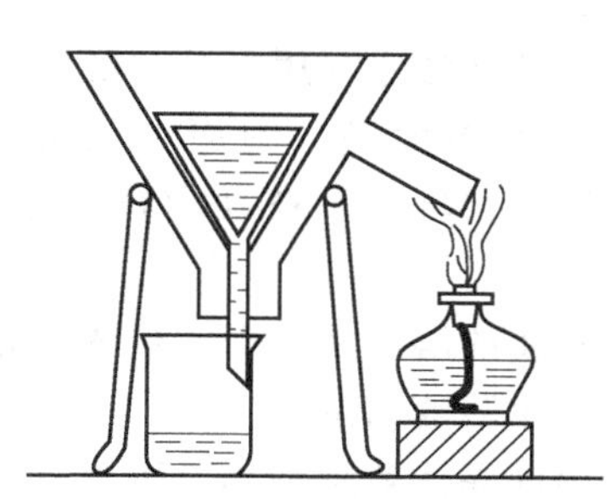

图 2-43　热过滤

3. 离心分离法

离心分离法适用于沉淀极细、难于沉降以及沉淀量很少的固液分离。当被分离的沉淀量很少时，使用一般方法过滤后，沉淀会黏附在滤纸上难以取下，这时就应采用离心分离法。

操作时，将含有沉淀的溶液倒入离心试管中，对称放入离心机的试管套内，放置时，不仅要注意位置对称，而且相对位置上试管中物料的质量也应相等（用等体积的水代替也可以），这样才可保持平衡，离心机转动起来平稳而不摇晃。在任何情况下启动离心机都不能用力过猛，也不能用外力强行停止，否则会使离心机损坏，且易发生危险。

由于离心作用，沉淀紧密地聚集于离心管的尖端，上方的溶液是澄清的。可用吸管小心地吸出上方清液（先捏紧其橡皮头，然后插入试管中，插入的深度以尖端不接触沉淀为限，然后慢慢地放松捏紧的橡皮头），也可将其倾出。如果沉淀需要洗涤，可以加入少量的洗涤液，用玻璃棒充分搅动，再进行离心分离，重复两三遍操作即可。

三、蒸发与结晶

1. 蒸发与浓缩

蒸发、浓缩是借助加热的方法来减少或去除溶液中的溶剂，使溶液浓度增大或使溶液从不饱和过渡到饱和或过饱和，从而析出晶体的过程。溶液的蒸发、浓缩可以在蒸发皿中进行（其受热面积较大，有利于加快蒸发的速度），条件较温和的蒸发也可以在烧杯中进行。用蒸发皿蒸发、浓缩溶液时溶液的量不要添加过多，一般以蒸发皿容积的 2/3 为宜，多余的溶液可逐步添加。注意不要使瓷蒸发皿骤冷，以免炸裂。蒸发、浓缩可视溶质的热稳定性选用直接加热或水浴间接加热。溶液浓缩的程度视蒸发的目的或最终溶液的浓度而定，也取决于晶体的析出和物料的性质。在无机盐的制备中，对于溶解度随温度变化不大的溶质，想要析出晶体，必须蒸发、浓缩到溶液表面出现结晶膜或析出一定量的晶体为止（若仅为一种溶质也可蒸发至接近蒸干）；对于溶解度随温度降低而下降幅度较大的溶质，则可凝缩到一定浓度时即停止蒸发，让其冷却析晶。

2. 结晶与重结晶

结晶是提纯固态物质的重要方法之一，它是在一定条件下，将溶质从溶液中析出的过程。通常有两种方法：一种是蒸发法，即通过蒸发或汽化，减少一部分溶剂而使溶液达到过饱和而析出晶体。此法主要用于溶解度随温度改变而变化不大的物质（如氯化钠），沿海地区“晒盐”就是利用这种方法。另一种是冷却法，即通过降低温度使溶液冷却达到过饱和而析出晶体，这种方法主要用于溶解度随温度下降而明显减小的物质（如硝酸钾）。如北方地区的盐湖，夏天温度高，湖面上无晶体出现；每到冬季，气温降低，纯碱（$Na_2CO_3 \cdot 10H_2O$）、芒硝（$Na_2SO_4 \cdot 10H_2O$）等物质就从盐湖里析出来。有时则需将这两种方法结合使用。

大多数物质的溶液蒸发到一定浓度时冷却，就会析出晶体。析出晶体的颗粒大小与结晶条件有关。如果溶液的浓度较高，溶质在水中的溶解度随温度下降而显著减小时，冷却得越快，那么析出的晶体就越细小，否则就得到较大颗粒的结晶。搅拌溶液和静止溶液，可以得到不同的效果，前者有利于细小晶体的生成，后者有利于大晶体的生成。如溶液容易发生过饱和现象，可以用摩擦器壁或投入几粒晶体（晶核）等办法，使其形成结晶中心，过量的溶质便会全部析出。

重结晶是提高结晶物质纯度的重要方法。在无机制备中，为了提高结晶物的纯度常要求制得较小的晶体。相反，为了研究晶体的形态，则希望得到足够大的晶体。

假如第一次得到的晶体纯度不合乎要求，可将所得晶体溶于少量溶剂中，然后进行蒸发或冷却、结晶、分离，如此反复的操作过程称为重结晶。重结晶提纯法的原理是利用混合物中各组分在某种溶剂中的溶解度不同，将被提纯物质溶解在热的溶剂中达到饱和（被提纯物质溶解度一般随温度升高而增大），趁热过滤除去不溶性杂质，冷却时由于溶解度降低，溶液过饱和而使被提纯物质从溶液中析出，杂质全部或大部分仍留在溶液中，从而达到提纯目的。重结晶提纯法的一般过程如下：

① 选择适宜的溶剂。

② 将样品溶于适宜的热溶剂中制成饱和溶液。

③ 趁热过滤除去不溶性杂质。如溶液的颜色深，则应先脱色，再进行热过滤。

④ 冷却溶液，或蒸发溶剂，使之慢慢析出结晶而杂质留在母液中。

⑤ 减压过滤，分出结晶。

⑥ 洗涤结晶，除去附着的母液。

⑦ 干燥结晶。

一般重结晶法只适用于提纯杂质含量在5%以下的晶体化合物，如果杂质含量大于5%时，必须先采用其他方法进行初步提纯，然后再用重结晶法提纯。

重结晶得到的产品纯度可明显提高，当然产量和产率会受到影响。

四、固体的干燥

固体的干燥方法很多，可根据重结晶所用的溶剂及结晶的性质来选择。常用的方法有如下几种。

1. 空气晾干

适用于低沸点溶液。将抽干的固体物质转移到表面皿上铺成薄薄的一层，再用一张滤纸覆盖以免灰尘沾污，然后在室温下放置，一般要经过几天后才能彻底干燥。

2. 烘干

一些对热稳定的化合物可以在低于该化合物熔点 15～20℃的温度下进行烘干。实验室中常用红外线灯、烘箱或蒸气浴进行干燥。必须注意，由于溶剂的存在，晶体可能在较其熔点低很多的温度下就开始熔融了，因此必须注意控制温度并经常翻动晶体。

3. 用滤纸吸干

有时晶体吸附的溶剂在过滤时很难抽干，这时可将晶体放在二层或三层滤纸上，上面再用滤纸挤压以吸出溶剂。此法的缺点是晶体上易沾污一些滤纸纤维。

4. 干燥器干燥

适用于易吸水或吸水分解的产品。将产品置于表面皿上，储存于盛有干燥剂的干燥器里，常用的干燥剂有浓硫酸、无水氯化钙、硅胶、生石灰和五氧化二磷等。选用何种干燥剂应视被干燥物质的性质而定。

实验 9　CO_2 分子量的测定

一、实验目的

1. 掌握利用理想气体状态方程和阿伏伽德罗定律测定气体分子量的原理和方法。
2. 了解启普发生器的构造和原理，掌握其使用方法。
3. 熟悉气体发生、净化和干燥的方法。

二、实验原理

根据阿伏伽德罗定律，在同温同压下，相同体积的任何气体含有相同数目的分子。对于 p、V、T 相同的两种气体 A 和 B，m_A、m_B分别代表两种气体的质量，M_A、M_B分别代表 A、B 两种气体的分子量。它们的理想气体状态方程分别为

$$pV=n_ART=(m_A/M_A)RT \quad 和 \quad pV=n_BRT=(m_B/M_B)RT$$

相同 T、p 下，V 相同的 A、B 两种气体物质的量相等，即

$$n_A=n_B$$

$$m_A/M_A=m_B/M_B$$

变换得

$$m_A/m_B=M_A/M_B$$

于是可以得出结论：在同温同压下，同体积的两种气体质量之比等于它们的分子量之比。

若 A、B 分别为 CO_2 和空气，已知空气的平均分子量为 29.0，在同温同压下，将相同体积的 CO_2 和空气的质量进行比较可计算出 CO_2 的分子量：

$$m_{CO_2}/m_{空气}=M_{CO_2}/M_{空气}$$

$$M_{CO_2}=(m_{CO_2}/m_{空气})\times M_{空气}=(m_{CO_2}/m_{空气})\times 29.0$$

CO_2 的质量 m_{CO_2} 直接从分析天平称出；空气质量 $m_{空气}$ 根据实验测得的大气压（p）和温度（T），利用理想气体状态方程计算得到。

三、实验用品

1. 仪器：分析天平（电子天平）、启普气体发生器、台秤、洗气瓶、干燥管、集气瓶、

升降台等。

2. 试剂：石灰石（s）、无水氯化钙（s）、盐酸（$6mol \cdot L^{-1}$）、$NaHCO_3$（$1mol \cdot L^{-1}$）、$CuSO_4$（$1mol \cdot L^{-1}$）。

3. 材料：玻璃棉、玻璃导管、橡皮管、橡皮塞、火柴等。

四、实验内容

1. CO_2 的制备

按图 2-44 搭好制取 CO_2 的实验装置，检查气密性，加入试剂。石灰石通常含硫，CO_2 气体中会混杂有 H_2S、酸雾和水汽等，分别通过 $CuSO_4$ 溶液、$NaHCO_3$ 溶液和无水 $CaCl_2$ 来除去。

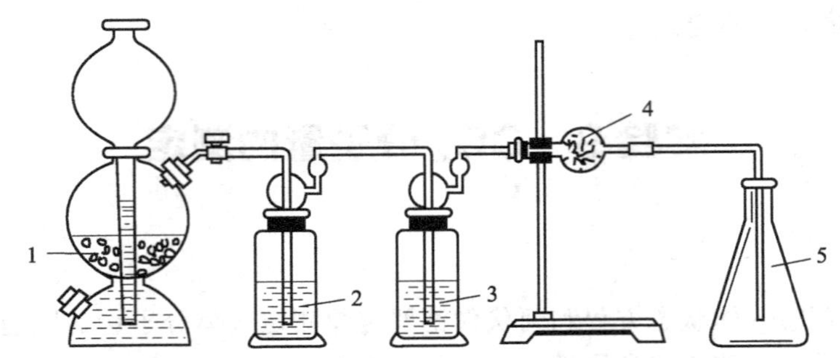

图 2-44 制取、净化、干燥和收集 CO_2 装置图

1—石灰石＋稀盐酸；2—$CuSO_4$ 溶液；3—$NaHCO_3$ 溶液；4—无水 $CaCl_2$；5—集气瓶

2. 称量

(1) 取一只干燥的 250mL 集气瓶，称量［集气瓶＋玻璃片(或橡皮塞)＋空气］的质量(使用橡皮塞时，要用笔在橡皮塞塞入的位置做记号，收集 CO_2 时塞子塞入位置要一致)。先用台秤粗称，再在分析天平上准确称量，记为 m_A。

(2) 按图 2-44 所示，装好试剂，检查装置的气密性，制备 CO_2 气体。打开连接启普发生器的导管旋塞，制备 CO_2 气体并用向上排气法收集，4～5min 后检验是否收满，如已收集满，取出导管，用玻璃片盖紧瓶口。

(3) 收集 CO_2 并称量（集气瓶＋玻璃片＋CO_2）的质量。先用台秤粗称，再用分析天平准确称量，重复收集 CO_2 和称量两次以上，直到称量的质量前后两次相符（可相差 1～2mg），取平均值记为 m_B。

(4) 将集气瓶装满水，盖上玻璃片（玻璃片下面不留有气泡），称量（集气瓶＋玻璃片＋H_2O）的质量。台秤称准至 0.1g，记为 m_C。

五、实验数据记录与处理

1. 数据记录与处理

室温 T＝________℃，T＝________K；气压 p＝________Pa。

（空气＋集气瓶＋玻璃片）的质量 m_A＝________g（准确至 0.1mg）。

第一次称量（二氧化碳气体＋集气瓶＋玻璃片）的质量________g（准确至 0.1mg）。

第二次称量（二氧化碳气体＋集气瓶＋玻璃片）的质量________g（准确至 0.1mg）。

两次称量（二氧化碳气体＋集气瓶＋玻璃片）质量的平均值 m_B＝________g（准确至 0.1mg）。

（水＋集气瓶＋玻璃片）的质量 m_C＝________g（准确至 0.1g）。

集气瓶的体积 $V=(m_C-m_A)/1.00$＝________mL＝________m^3。

集气瓶内空气的质量 $m_{空气}$＝________g（用理想气体状态方程计算，准确至 0.1mg）。

（集气瓶＋玻璃片）的质量 $m_D=m_A-m_{空气}$＝________g（准确至 0.1mg）。

二氧化碳气体的质量 $m_{CO_2}=m_B-m_D$＝________g（准确至 0.1mg）。

二氧化碳的分子量 $M_{CO_2}=(m_{CO_2}/m_{空气})\times 29.0$＝________（保留 3 位有效数字）。

2. 计算误差

相对误差＝________%。

$$（绝对误差 E_a=测量值 \bar{x}-真实值 T；相对误差 E_r=\frac{E_a}{T}\times 100\%）$$

误差越小（大），准确度越高（低）；结果偏高（低），正（负）误差。

六、注意事项

1. 温度计和气压计要正确读数，温度计读数读至 0.1℃，气压计读数读至 0.1hPa。

2. 正确使用电子天平。先调水平、调零，再关门称量。

3. 制气装置装配好后，在装试剂之前和之后（开始反应前）均要检漏，确保气密性良好。

4. 启普气体发生器中的石灰石（碳酸钙）以及盐酸不要加太多，以防酸过多把导气管口淹没。盐酸最后加入，一般加至中间球体容积的 1/3 即可。

5. 洗气液不宜装太多，太多了液压过大，不利于气体导出。一般以进气管口插入洗气瓶液面以下 1cm 为宜。

6. 收集 CO_2 气体的锥形瓶必须干燥，收集 CO_2 气体的导管要插入瓶底，每一次操作都要保持塞子塞入瓶中的体积相同，并多次称量（不要用手直接接触锥形瓶）直至恒量。确保 CO_2 集满。检验气体是否充满，火柴应放在管口处。最后称量（水＋集气瓶＋玻璃片）的质量，擦干外面的水滴，在台秤上称量即可。

7. 准确称量时用同一台分析天平称量。

七、问题与讨论

1. 在实验室用大理石制备 CO_2 气体时，为何不用 H_2SO_4 和浓盐酸，而用稀盐酸？

2. 为什么（CO_2＋集气瓶＋玻璃片）的质量要在分析天平上称量，而（水＋集气瓶＋玻璃片）的质量可以在台秤上称量？

3. 为什么在计算集气瓶的容量时不考虑空气的质量，而在计算 CO_2 的质量时，却要考虑空气的质量？

4. 为什么要重复称量（CO_2 气体＋集气瓶＋玻璃片）的质量？为什么恒重时即认为瓶中充满了 CO_2 气体？如果称量结果忽高忽低，这又是什么原因？

5. 分析正、负误差产生的原因。

相关知识

一、气体的发生

实验中需用少量气体时，可在实验室中制备，如需大量和经常使用气体时，可从压缩气体钢瓶中直接获得气体。

1. 气体的发生

气体发生的方法及注意事项见表 2-15。

表 2-15 气体发生的方法和注意事项

气体发生的方法	实验装置图	适用气体	注意事项
通过加热试管中的固体制备气体		氧气、氨气、氮气等	①试管口向下倾斜，以免可能凝结在管口的水流到灼热处炸裂试管 ②先用小火焰均匀预热试管，然后再在有固体物质的部位加热 ③装置不能漏气
固体和液体试剂反应制备气体，不需加热可利用启普气体发生器		氢气、二氧化碳、硫化氢等	见本实验相关知识中“启普气体发生器的构造与使用”
固体和液体试剂反应制备气体，如需加热可利用蒸馏烧瓶和分液漏斗		一氧化碳、二氧化硫、氯气、氯化氢等	①分液漏斗颈应插入液体试剂中，或插入一支小试管中，以保持漏斗的液面高度 ②必要时可加热，也可加回流装置
从钢瓶直接获得气体	氧气瓶	氮气、氧气、氢气、氨、二氧化碳、氯气、乙炔、空气等	参见下述“钢瓶及其使用”相关内容

2. 钢瓶及其使用

(1) 钢瓶常识

在实验室中，常由气体钢瓶直接获得各种气体（表 2-16）。气体钢瓶是贮存压缩气体和液化气的高压容器，容积一般为 40～60L，最高工作压力为 15MPa，最低的也在 0.6MPa 以上。标准高压气体钢瓶是按国家标准制造的，在钢瓶肩部用钢印打出下述标记：制造厂，制造日期，气瓶型号、编号，气瓶质量，气体容积，工作压力，水压试验压力，水压试验日期及下次送检日期。

表 2-16　各种气体钢瓶的标志

气体类别	瓶身颜色	标字颜色	字样	腰带颜色
氮	黑	黄	氮	棕
氧	天蓝	黑	氧	—
氢	深绿	红	氢	红
压缩空气	黑	白	压缩空气	—
二氧化碳	黑	黄	二氧化碳	—
氨	黄	黑	氨	—
氯	草绿	白	氯	绿
石油气	灰	红	石油气	—
乙炔气	白	红	乙炔	绿
粗氩气	黑	白	粗氩	白
纯氩气	灰	绿	纯氩	—
氦气	棕	白	氦气	—

气体钢瓶压力很高，某些气体有毒或易燃、易爆，为了确保安全，避免各种钢瓶相互混淆，按规定在钢瓶外面涂上特定的颜色，写明瓶内气体的名称。

(2) 钢瓶使用注意事项

① 各种高压气体钢瓶必须定期送有关部门检验，合格者才能充气。充一般气体的钢瓶至少三年必须送检一次，充腐蚀性气体的钢瓶至少每两年送检一次。

② 搬运钢瓶时，要戴好钢瓶帽和橡皮腰圈，轻拿轻放。不可在地上滚动钢瓶，要避免撞击、摔倒和激烈振动，以防发生爆炸。放置和使用时，必须用架子或铁丝固定牢靠。

③ 钢瓶应存放在阴凉、干燥、远离热源的地方，避免明火和阳光曝晒。钢瓶受热后，气体膨胀，瓶内压力增大，易造成漏气，甚至爆炸。可燃性气体钢瓶与氧气钢瓶必须分开存放。氢气钢瓶最好放置在实验大楼外专用的小屋内，以确保完全。

④ 使用气体钢瓶，除 CO_2、NH_3 外，一般要用减压阀。各种减压阀中，除了 N_2 和 O_2 的减压阀可相互通用外，其他的只能用于规定的气体，以防爆炸。

⑤ 可燃性气体如 H_2、C_2H_2 等钢瓶的阀门是“反扣”（左旋）螺纹，即逆时针方向拧紧；非可燃性或助燃性气体如 N_2、O_2 等钢瓶的阀门是“正扣”（右旋）螺纹，即顺时针拧紧。

⑥ 绝对不可将油或其他易燃物、有机物粘在钢瓶上，特别是阀门嘴和减压阀处，也不得用棉、麻等物堵漏，以防燃烧引起事故。

⑦ 要注意保护好钢瓶阀门。开关阀门时，首先弄清方向，再缓慢旋转，否则会使螺纹受损。开启阀门时，人应站在减压阀的另一侧，以防减压阀被冲出受到击伤。

⑧ 可燃性气体要有防回火装置。有的减压阀已附有此装置；也可在气体导管中填装细铁丝网防止回火；还可在导气管路中加接液封装置，可有效地起到保护作用。

⑨ 不可将钢瓶内的气体全部用完，一定要保留 0.05MPa 以上的残留压力（减压阀表压）。可燃性气体如 C_2H_2 应保留 0.2～0.3MPa，H_2 应保留 2MPa，以防重新充气时发生危险。

二、气体的收集

收集气体时，应根据气体的性质选择合适的方法。收集气体常用的方法有排水集气法和排气集气法，其中排气集气法可分为向上排空气法和向下排空气法。向上排空气法适用于收集比空气重的气体，向下排空气法适用于收集比空气轻的气体。有关实验装置和注意事项见表 2-17。

表 2-17 收集气体的实验装置和注意事项

收集方法	实验装置	适用范围	注意事项
排水集气法	气体 →	难溶于水的气体，如氢气、氧气、氮气、一氧化碳、甲烷、乙炔、乙烯等	①应先将集气瓶装满水，不留气泡 ②停止收集气体时，应先拔出导管
排气集气法	气体 →	比空气轻的气体，如氢气、氨气等	①气体导管应尽量接近瓶底 ②气体密度与空气相差较小的气体，不宜用排气法 ③在空气中易氧化的气体（如 NO），不宜用排气法
	← 气体	比空气重的气体，如二氧化碳、氯化氢、二氧化硫、氯气等	

三、气体的净化和干燥

1. 气体的净化

实验室常常利用酸与其他物质在水溶液中反应制备气体，所得到的气体往往带有酸雾和水蒸气。为了得到比较纯净的气体，必须除去酸雾和水蒸气，酸雾可用水或玻璃棉除去，水蒸气可用浓硫酸、无水氯化钙或硅胶吸收。一般情况下使用洗气瓶（图 2-45）、干燥塔（图 2-46）、U 形管（图 2-47）或干燥管（图 2-48）等仪器对气体进行净化和干燥。液体（如水、浓硫酸等）装在洗气瓶内，无水氯化钙和硅胶装在干燥塔或 U 形管内，玻璃棉装在 U 形管或干燥管内。

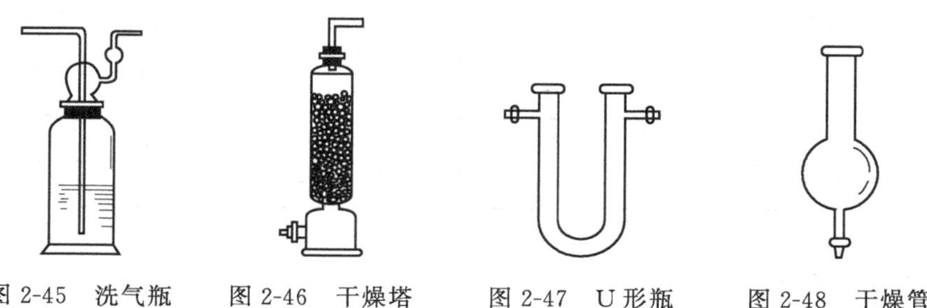

图 2-45　洗气瓶　　图 2-46　干燥塔　　图 2-47　U 形瓶　　图 2-48　干燥管

实验室制备的气体，除了含水蒸气和酸雾外，还可能含有其他气体，应根据杂质气体的性质将其除去。不同性质的气体应根据具体情况，采用不同的洗涤液和干燥剂进行处理。

2. 气体干燥剂的选择

表 2-18 列出了无机化学实验中可能制备的气体及可选择的干燥剂，供参考。

表 2-18　一些气体可选择的干燥剂

气体	干燥剂	气体	干燥剂
H_2	$CaCl_2$、P_2O_5、H_2SO_4(浓)	H_2S	$CaCl_2$
O_2	$CaCl_2$、P_2O_5、H_2SO_4(浓)	NH_3	CaO、CaO+KOH 混合物
Cl_2	$CaCl_2$	NO	$Ca(NO_3)_2$
N_2	$CaCl_2$、P_2O_5、H_2SO_4(浓)	HCl	$CaCl_2$
O_3	$CaCl_2$	HBr	$CaBr_2$
CO	$CaCl_2$、P_2O_5、H_2SO_4(浓)	HI	$CaCl_2$
CO_2	$CaCl_2$、P_2O_5、H_2SO_4(浓)	SO_2	$CaCl_2$、P_2O_5、H_2SO_4(浓)

四、可燃性气体的爆炸极限

当可燃性气体与氧化剂（如氧气、空气等）以适当的比例混合后，就有发生爆炸的危险性。当混合物中可燃性气体的含量太低或太高时，无论供给的能量再大也不会发生爆炸，只有在一定浓度范围内，可燃性气体混合物才能发生爆炸。可燃性气体发生爆炸的最低浓度（通常用体积分数表示）称为爆炸下限，可燃性气体发生爆炸的最高浓度称为爆炸上限。爆炸下限和爆炸上限称为爆炸极限，一起构成爆炸范围。任何可燃性气体都有一个爆炸范围，爆炸范围越宽，危险性越大。例如，乙炔的爆炸下限为 2.5%、爆炸上限为 80%，爆炸范围为 2.5%～80%；乙烷的爆炸下限为 3.2%，爆炸上限为 12.5%，爆炸范围为 3.2%～

12.5%。乙炔的爆炸范围是乙烷爆炸范围的 8.2 倍，这意味着乙炔发生爆炸的危险性比乙烷大 8.2 倍。

实验室经常使用溶剂，由于溶剂的蒸发，蒸气与空气混合仍然可形成爆炸混合物，因而同样存在着发生爆炸的危险性。表 2-19 列出了实验室可能遇到的一些气体和蒸气的爆炸极限。

表 2-19 一些气体和蒸气在空气中的爆炸极限（体积分数/%）

化合物	爆炸下限	爆炸上限	化合物	爆炸下限	爆炸上限
CO	12.5	75	乙炔	2.5	80
H_2	4.1	75	甲醇	6.7	36.5
H_2S	4.3	45.4	乙醇	3.3	19.0
NH_3	15.7	27.4	乙醚	1.8	36.5
CH_4	5.0	15	乙酸	5.4	—
乙烷	3.2	12.5	丙酮	2.5	12.8
乙烯	2.7	27.6	乙酸乙酯	2.1	11.4

五、实验装置气密性的检查

实验装置的密封性可根据气体热胀冷缩的原理进行检查。例如，要检查图 2-49(a) 的装置是否漏气，可把导管的一端浸入水中，用手掌紧贴烧瓶的外壁数分钟，使烧瓶内的气体受热膨胀，如果装置不漏气，导管口就有气泡冒出。把手移开后，烧瓶内的气体逐渐冷却，水就会沿玻璃管上升，形成一段水柱，见图 2-49(b)。天气较冷时，这种现象不明显，可改用热水浸湿的毛巾包覆在烧瓶的外壁，检验实验装置的密封性。

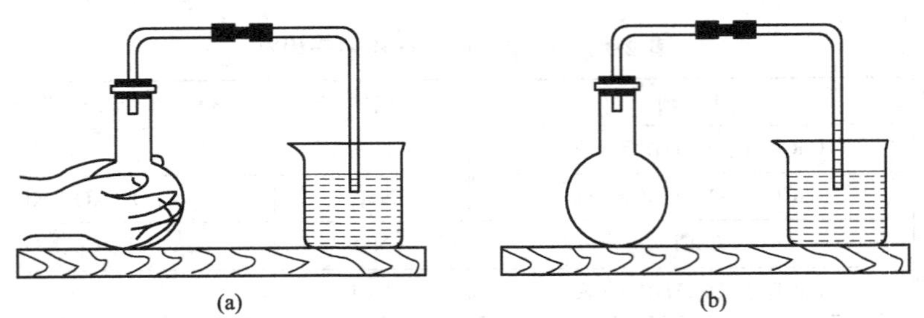

图 2-49 装置气密性的检查

六、启普气体发生器的构造与使用

1. 构造

启普气体发生器由一个葫芦状容器、球形漏斗、旋塞导管、塞子等组成（图 2-50）。葫芦状的容器（由球体和半球体构成）底部有一液体出口，平常用玻璃塞（有的用橡皮塞）塞紧。球体的上部有一气体出口，与带有玻璃旋塞的导气管相连（图 2-51）。

2. 使用

实验室中常常利用启普气体发生器制备 H_2、CO_2、H_2S 等气体。启普气体发生器不能受热，适用于块状固体（或颗粒较大固体）与液体不需加热的反应。移动时，应用两手握住球体下部，切勿只握住球形漏斗，以免葫芦状容器落下而打碎。

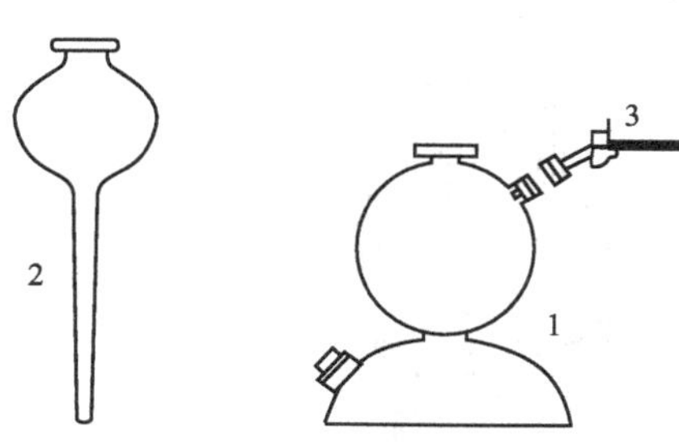

图 2-50　启普气体发生器分部图

1—葫芦状容器；2—球形漏斗；3—旋塞导管

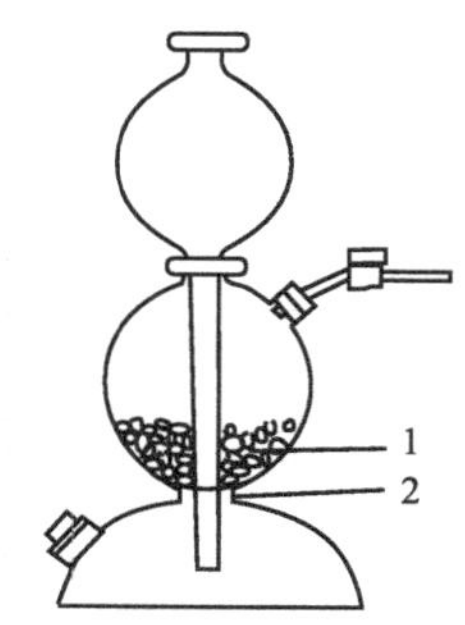

图 2-51　启普气体发生器装置

1—固体药品；2—玻璃棉（或橡皮垫圈）

使用启普气体发生器时，应按以下步骤进行：

① 装配：在球形漏斗颈和玻璃旋塞磨口处涂一薄层凡士林，插好球形漏斗和玻璃旋塞转动几次，使装配严密。

② 检查气密性：开启旋塞，从球形漏斗口注水至充满半球体时，关闭旋塞。继续加水，待水从漏斗管上升到漏斗球体内，停止加水。在水面处做一记号，静置片刻，如水面不下降，证明不漏气，可以使用。

③ 加试剂：在葫芦状容器的球体下部先放些玻璃棉（或橡皮垫圈），然后由气体出口加入固体药品。玻璃棉（或橡皮垫圈）的作用是避免固体掉入半球体底部。加入固体的量不宜过多，以不超过中间球体容积的 1/3 为宜，否则固液反应激烈，酸液很容易被气体从导管冲出。最后，从球形漏斗加入适量稀酸。

④ 发生气体：使用时，打开旋塞，由于中间球体内压力降低，酸液即从底部通过狭缝进入中间球体与固体接触而产生气体。停止使用时，关闭旋塞，由于中间球体内产生气体增大压力，就会将酸液压回到球形漏斗中，使固体与酸液不再接触而停止反应。下次再用时，只要打开旋塞即可。使用非常方便，还可通过调节旋塞来控制气体的流速。

⑤ 添加或更换试剂：发生器中的酸液会随着使用逐渐变稀，当酸变得较稀、反应缓慢时应换酸。换酸液时，可先用塞子将球形漏斗上口塞紧，然后把液体出口的塞子拔下，让废酸缓缓流出，再塞紧塞子，向球形漏斗中加入新的酸液。需要更换或添加固体时，可先把导气管旋塞关好，将酸液压入半球体后，用塞子将球形漏斗上口塞紧，再把装有玻璃旋塞的橡皮塞取下，更换或添加固体。

⑥ 发生器的保管：实验结束后，将废酸倒入废液缸或回收，剩余固体（如锌粒、碳酸钙等）倒出洗净、回收。仪器洗涤后，在球形漏斗与球形容器连接处以及液体出口和玻璃塞之间夹一纸条，以免时间过久，磨口黏结在一起而拔不出来。

七、大气压力计的使用方法

1. 福廷式水银气压计

福廷式水银气压计的结构见图 2-52。其使用方法如下：

① 首先观察附属温度计，记录温度。

② 调节水银槽中的水银面。旋转调节螺栓使槽内水银面升高，这时利用水银槽后面白磁片的反光，可以看到水银面与象牙针的间隙，再旋转调节螺栓至间隙恰好消失为止（象牙

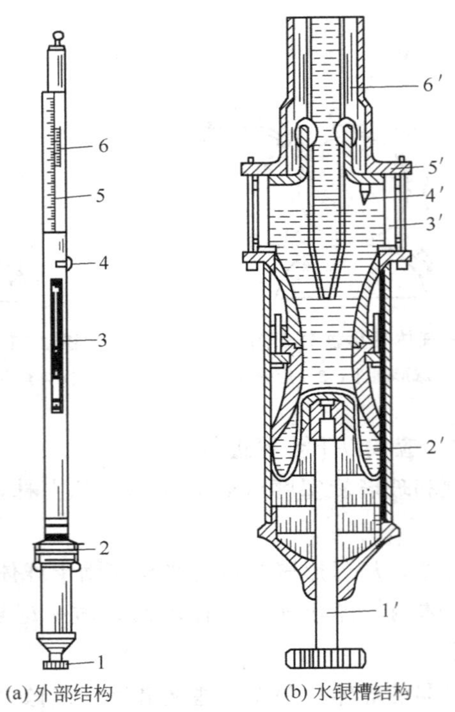

(a) 外部结构 (b) 水银槽结构

图 2-52 福廷式水银气压计的结构图

1,1′—调节螺栓；2—水银储槽；3—温度计；4—游标调节螺栓；5—刻度尺；6—游标尺；2′—羚羊皮水银储囊；3′—玻璃筒；4′—象牙针；5′—套管；6′—细玻璃管

尖与水银槽中凸液面相切)。

③ 调节游标。转动控制游标的调节螺栓，使游标的底部恰与水银柱凸面顶端相切。

④ 读数方法。读数标尺上的刻度单位为 hPa。整数部分的读法：先看游标的零线在刻度标尺上的位置，如恰与标尺上某一刻度相吻合，则该刻度即为气压计读数。例如，游标零线与标尺上 1161 相吻合，气压读数即为 1161.0hPa，如果游标零线在 1161 与 1162 之间，则气压计读数的整数部分即为 1161，再由游标确定小数部分。小数部分的读法：从游标上找出一根与标尺上某一刻度相吻合的刻度线，如游标上 5 与大标尺某一刻度相对，此游标读数即为小数部分，读数即为 1161.5hPa。

⑤ 读数后转动气压计底部的调节螺栓，使水银面下降到与象牙针完全脱离。

⑥ 对大气压要求较高时，应做仪器误差、温度、海拔高度和纬度等校正。

2. 气压计

福廷式水银气压计操作相对较复杂，为了便于测量气压、降低汞的污染，目前较多采用数字式压力计，如 APM-2C/2D 型数字式气压表、DPC-2B/2C 型数字式低真空测压仪。此类气压计均可以取代水银 U 形管气压计和福廷式水银气压计，只要打开电源，预热稳定后，即能直接读数。使用条件：220～240V(50Hz) 电源、环境温度－20～＋40℃、量程 101.3Pa～20.0kPa、最小测量单位为 1Pa。

八、温度计、温控头等的使用

实验室或工业生产中常用温度计或温控头等测量体系的温度。温度计或温控头有各种不同的规格，常见的有：水银温度计、贝克曼温度计、热电偶温度计、金属电阻温度计、气体温度计、接点温度计等。使用时要轻拿轻放，不能骤冷或骤热，更不能把温度计当作搅拌棒使用。用过以后要及时清洗并擦拭干净，妥善保存。

关于不同仪器的构造、原理、操作方法及注意事项详见有关仪器的使用说明书。

实验 10　乙酸电离度和电离平衡常数的测定

一、实验目的

1. 练习和巩固滴定管等仪器的基本操作，进一步掌握滴定原理和操作。
2. 学习乙酸的电离度和电离平衡常数的测定方法。
3. 学会 pH 计的使用方法。

二、实验原理

乙酸 CH_3COOH（简写为 HAc）是一元弱酸，在溶液中存在以下电离平衡：

$$HAc \rightleftharpoons H^+ + Ac^-$$

忽略水的电离，乙酸的电离平衡关系为

$$K_i = \frac{[H^+][Ac^-]}{[HAc]}$$

c 为 HAc 初始浓度，$[H^+]$、$[Ac^-]$、$[HAc]$ 分别为 H^+、Ac^-、HAc 的平衡浓度，α 为电离度，K_i为电离平衡常数。

在 HAc 溶液中，$[H^+]=[Ac^-]=c\alpha$，$[HAc]=c(1-\alpha)$

则 $\alpha=\dfrac{[H^+]}{c}\times 100\%$，$K_i=\dfrac{[H^+][Ac^-]}{[HAc]}=\dfrac{[H^+]^2}{c-[H^+]}$

当 $\alpha<5\%$时，$c-[H^+]\approx c$，即 $K_i=\dfrac{[H^+]^2}{c}$

根据以上关系，通过测定已知浓度的 HAc 溶液的 pH，就可知道其 $[H^+]$，从而可计算该乙酸溶液的电离度 α 和电离平衡常数 K_i。

三、实验用品

1. 仪器：移液管（25mL）、吸量管（10mL）、容量瓶（50mL）、碱式滴定管（50mL）、锥形瓶（250mL）、烧杯（50mL）、量筒、pH 酸度计（含电极）。

2. 试剂：乙酸（$0.1mol\cdot L^{-1}$）、NaOH 标准溶液（$0.1mol\cdot L^{-1}$）、pH＝4.00 和 pH＝6.86 标准缓冲溶液、酚酞指示剂（1%）、吸水纸。

四、实验内容

1. HAc 溶液浓度测定

用移液管移取 25.00mL $0.1mol\cdot L^{-1}$ HAc 溶液于 250mL 锥形瓶中，加 1 滴酚酞，用已知准确浓度的 NaOH 溶液标定 HAc 的准确浓度，重复滴定 3 次，把结果填入表 2-20 中。

2. 配制不同浓度的 HAc 溶液

用吸量管和移液管分别移取 5.00mL、10.00mL、25.00mL、50.00mL 已知浓度的

HAc 溶液，分别加入四个 50mL 容量瓶中，用去离子水稀释至刻度，摇匀。计算 HAc 溶液准确浓度。

3. 测定 HAc 溶液的 pH，计算其电离度和电离平衡常数

将以上四种不同浓度的 HAc 溶液分别加入四个干净的 50mL 烧杯中，按由稀到浓的顺序用 pH 计测定它们的 pH，记录数据与室温于表 2-21 中。根据表 2-21 中数据，计算电离度和电离平衡常数。

五、实验数据记录与处理

表 2-20 HAc 溶液浓度的标定

滴定序号		Ⅰ	Ⅱ	Ⅲ
NaOH 溶液浓度/mol·L^{-1}				
HAc 溶液的用量/mL			25.00	
NaOH 滴定	NaOH 溶液终读数/mL			
	NaOH 溶液初读数/mL			
	NaOH 溶液净体积/mL			
HAc 溶液浓度/mol·L^{-1}	测定值			
	平均值			

表 2-21 标准乙酸溶液相关参数 室温_____℃

编号	HAc 标准溶液的体积/mL	去离子水的体积/mL	配制的 HAc 溶液的浓度/mol·L^{-1}	pH	[H$^+$]/mol·L^{-1}	电离度 α	电离平衡常数 K_i	
							测定值	平均值
1	5.00	45.00						
2	10.00	40.00						
3	25.00	25.00						
4	50.00	0.00						

注：实验测定的 K_i 在 1.0×10^{-5}～2.0×10^{-5} 范围内合格（25℃的文献值为 1.76×10^{-5}）。

六、注意事项

1. 理论上通过测量四个不同浓度 HAc 溶液的 pH 而计算出的 K_i 值应相同，但因实验总是存在一定的误差，要求四个 K_i 的相对误差不得超过 10%，否则需重新配制溶液或重测数据。

2. 取下电极保护套后，应避免电极的敏感玻璃泡与硬物接触，以防破损或摩擦使电极失效。清洗过的电极用滤纸吸干，不可擦拭。因为擦拭过后会产生静电，影响电极的稳定性。

3. 利用酸度计测多个 pH 时，应按照氢离子浓度从小到大进行，即 pH 依次减小的顺序。

4. 当酸度计进行了高浓度溶液的 pH 测量后，又需对低浓度溶液进行测量时，须对电极进行正确处理后方可继续使用。具体方法是将电极放入纯水中浸泡一段时间（如果不断搅拌溶液，可缩短浸泡时间），再用标准 pH 溶液重新标定，才可进行溶液 pH 的测量。

七、问题与讨论

1. 本实验的关键是 HAc 溶液的浓度要测定准确，pH 要读准，为什么？

2. 改变所测乙酸的浓度和温度，电离度、电离平衡常数有无变化？若有变化，会有怎样的变化？

3. 实验所用烧杯、移液管（或吸量管）各用哪种 HAc 溶液润洗？为什么？测定 pH 时，烧杯是否必须烘干？还可以怎么处理？

4. 用 pH 计测定溶液的 pH 时，各用什么标准溶液定位？

相关知识

酸度计的使用

1. 基本原理

酸度计测 pH 的方法是电位测定法，除了测量溶液的酸度外，还可以测量电池电动势。酸度计主要由参比电极（饱和甘汞电极）、测量电极（玻璃电极）和精密电位计三部分组成，而现在常使用的是将参比电极和测量电极组合在一起的复合电极。

（1）饱和甘汞电极

它由金属汞、氯化亚汞和饱和氯化钾溶液组成，它的电极反应如下：

$$Hg_2Cl_2 + 2e^- \longrightarrow 2Hg + 2Cl^-$$

饱和甘汞电极的电极电势不随溶液 pH 的变化而变化，在一定的温度和浓度下是一定值，在 25℃时为 0.245V。

（2）玻璃电极

$$E_{玻璃} = K + 0.059\lg\alpha_{H^+} = K - 0.059\text{pH}$$

玻璃电极的电极电势随溶液 pH 的变化而变化。它的主要部分是头部的玻璃球泡，由特殊的敏感玻璃膜制成。薄玻璃膜对氢离子敏感，当它浸入被测溶液内，被测溶液的氢离子与电极玻璃球泡表面水化层进行离子交换，玻璃球泡内层也同样产生电极电势。由于内层氢离子浓度不变，而外层氢离子浓度在变化，所以内外层的电势差也在变化。因此，该电极电势随待测溶液的 pH 不同而改变。

将玻璃电极和饱和甘汞电极一起浸在被测溶液中组成电池，并连接精密电位计，即可测定电池电动势 E。在 25℃时，

$$E_{池} = E_{甘汞} - E_{玻璃} = 0.245 - (K - 0.059\text{pH})$$

整理上式得

$$\text{pH} = \frac{E_{池} + K - 0.245}{0.059}$$

K 可以用一个已知 pH 的缓冲溶液代替待测溶液而求得。

由上所述可知，酸度计的主体是精密电位计，可用来测量电池的电动势，为了便于计算，酸度计把测得的电池电动势直接用 pH 表示出来，因而从酸度计上可以直接读出溶液的 pH。

2. 注意事项

① 仪器的输入端（即复合电极插口）必须保持清洁，不使用时应将短路插头插入，使仪器输入处于短路状态，这样能防止灰尘进入，并能保护仪器不受静电影响。

② 仪器可长时间连续使用，当仪器不用时，拔出电极插头，关掉电源开关。

③ 甘汞电极不用时要用橡皮套将下端套住，并用橡皮塞将上端小孔塞住，以防饱和KCl溶液流失。当饱和KCl溶液流失较多时，则通过电极上端小孔进行补加。玻璃电极不用时，应长期浸在去离子（或蒸馏）水中。

④ 玻璃电极球泡切勿接触污物，如有污物可用医用棉花轻擦球泡部分或用 $0.1mol \cdot L^{-1}$ HCl溶液清洗。

⑤ 玻璃电极球泡若有裂缝或发生老化，应更换电极。新玻璃电极或放置不用的玻璃电极在使用前应在去离子（或蒸馏）水中浸泡24～48h。

⑥ 复合电极的测量端保护挡不要拧下，以免损坏电极。复合电极前端的敏感玻璃球泡不能与硬物接触，任何破损和擦毛都会使电极失效。因此测量前和测量后都应用纯净水洗净。

⑦ 复合电极使用后要用纯水清洗，放在装有保护液（饱和KCl溶液）的塑料套管中拧紧。

实验11 $I_3^- \rightleftharpoons I^- + I_2$ 平衡常数的测定

一、实验目的

1. 测定 $I_3^- \rightleftharpoons I^- + I_2$ 的平衡常数，进一步理解化学平衡的原理。
2. 加强对化学平衡、平衡常数的理解并了解平衡移动的原理。
3. 巩固滴定管、移液管的使用和滴定操作。

二、实验原理

碘溶于碘化钾溶液中形成离子 I_3^-，并建立下列平衡：

$$I_3^- \rightleftharpoons I^- + I_2$$

在一定温度条件下，其平衡常数为：

$$K = \frac{a_{I^-} a_{I_2}}{a_{I_3^-}} = \frac{\gamma_{I^-} \gamma_{I_2}}{\gamma_{I_3^-}} \cdot \frac{c_{I^-} c_{I_2}}{c_{I_3^-}}$$

式中，a 为活度；γ 为活度系数；c 为物质的量浓度。在离子强度不大的溶液中，$\frac{\gamma_{I^-} \gamma_{I_2}}{\gamma_{I_3^-}} \approx 1$，故有

$$K \approx \frac{c_{I^-} c_{I_2}}{c_{I_3^-}} \quad (1)$$

为了测定 $I_3^- \rightleftharpoons I_2 + I^-$ 平衡体系中各组分浓度，可将已知浓度的KI溶液与过量固态碘一起摇荡，待达到平衡后，取其上层清液，用标准硫代硫酸钠溶液滴定，可得到进入KI溶液中碘的总浓度 $c_{总} = (c_{I_2} + c_{I_3^-})$，其中 c_{I_2} 可用碘和水处于平衡时溶液中碘的浓度来代替。将过量碘与去离子水一起摇荡，平衡后取其上层清液，用 $Na_2S_2O_3$ 标准溶液滴定，就可以确定 c_{I_2}，同时也确定了 $c_{I_3^-}$，即

$$c_{I_3^-} = c_{总} - c_{I_2}$$

由于形成一个 I_3^- 需要一个 I^-，所以平衡时 I^- 的浓度为：

$$c_{I^-} = c - c_{I_3^-}$$

将 c_{I_2}、$c_{I_3^-}$ 和 c_{I^-} 代入（1）式中，即可求得此温度下反应的平衡常数 K。

$Na_2S_2O_3$ 溶液的滴定反应如下：

$$2Na_2S_2O_3 + I_2 = 2NaI + Na_2S_4O_6$$

三、实验用品

1. 仪器：量筒（10mL、100mL）、吸量管、移液管（10mL、50mL）、碱式滴定管、碘量瓶（100mL、250mL）、锥形瓶（250mL）、洗耳球等。

2. 试剂：碘（s）、KI 溶液（$0.0100mol \cdot L^{-1}$，$0.0200mol \cdot L^{-1}$）、$Na_2S_2O_3$ 标准溶液（$0.0100mol \cdot L^{-1}$）、淀粉溶液（0.2%）。

四、实验内容

（1）取两只干燥的 100mL 碘量瓶和一只 250mL 碘量瓶，分别标上 1、2、3 号。用量筒分别取 50mL $0.0100mol \cdot L^{-1}$碘化钾溶液注入 1 号瓶、取 50mL $0.0200mol \cdot L^{-1}$碘化钾溶液注入 2 号瓶、取 180mL 去离子水注入 3 号瓶。最后，在每个瓶内各加入 0.2～0.3g 研细的碘，盖好瓶塞。

（2）将 3 只碘量瓶于室温下在振荡器上振荡（或磁力搅拌器搅拌）20min 后，静置 10min，待过量固体碘完全沉于瓶底后，才可取上层清液进行滴定。

（3）用 10.00mL 吸量管取 1 号瓶上层清液注入 250mL 锥形瓶中，再注入 40mL 去离子水，用 $Na_2S_2O_3$ 标准溶液滴定，滴至溶液呈淡黄色时（注意不要滴过量），注入 2mL 0.2% 淀粉溶液，此时溶液应呈蓝色，继续滴定，至蓝色刚好消失。记下所消耗的 $Na_2S_2O_3$ 标准溶液的体积。再次吸取 1 号瓶内上层清液 10mL，重复同样操作，记录消耗 $Na_2S_2O_3$ 溶液的体积 V_2，直到两次所用 $Na_2S_2O_3$ 标准溶液的体积相差不超过 0.05mL 为止。

（4）用上述方法对 2 号瓶中的 10.00mL 上层清液和 3 号瓶中的 50.00mL 上层清液进行滴定处理。

五、实验数据记录与处理

实验数据记录于表 2-22。

表 2-22　实验数据记录

瓶号		1	2	3
取样体积/mL		10.00	10.00	50.00
$Na_2S_2O_3$ 标准溶液的体积/mL	V_1			
	V_2			
	$\overline{V}$			
$Na_2S_2O_3$ 标准溶液的浓度/$mol \cdot L^{-1}$				
$c_{I_3^-}$ 和 c_{I_2} 的总浓度 $c_{总}$/$mol \cdot L^{-1}$				—
水溶液中碘的平衡浓度 c_{I_2}/$mol \cdot L^{-1}$		—	—	
平衡时的 I_3^- 浓度 $c_{I_3^-}$/$mol \cdot L^{-1}$				—
KI 溶液初始浓度 c/$mol \cdot L^{-1}$		0.0100	0.0200	—
平衡时的 I^- 浓度 c_{I^-}/$mol \cdot L^{-1}$				—
K				—
$\overline{K}$				

用 $Na_2S_2O_3$ 标准溶液滴定碘时，相应的碘的浓度计算方法如下：

1、2 号瓶： $$c=\frac{c_{Na_2S_2O_3}V_{Na_2S_2O_3}}{2V_{KI\text{-}I_2}}$$

3 号瓶： $$c'=\frac{c_{Na_2S_2O_3}V_{Na_2S_2O_3}}{2V_{H_2O\text{-}I_2}}$$

本实验测定的 K 值在 1.0×10^{-3}～2.0×10^{-3} 范围内合格（文献值 $K=1.5\times10^{-3}$）。

六、注意事项

1. 碘量瓶事先烘干。
2. 由于碘容易挥发，吸取清液后应尽快滴定，不要放置太久。
3. 淀粉加入太早，溶液中大量的 I_2 被淀粉吸附，导致蓝色褪去迟钝而产生误差。
4. 移取碘量瓶中上层溶液时，要防止将下层的固体碘吸出。
5. 碘易挥发，碘离子易被空气氧化，滴定碘时滴定速度可适当快些。
6. 实验结束后，碘应回收，其他废液倒入碱性废液桶内。

七、问题与讨论

1. 实验中碘的用量是否要准确称取？配制平衡体系是用量筒量取 KI 溶液，而滴定分析时却要用移液管准确移取碘溶液，为什么？
2. 碘具有挥发性，在实验中操作时应注意什么？
3. 为什么要滴定到溶液显示淡黄色时才加入淀粉溶液？
4. 如果碘量瓶没有充分振荡，对实验结果有什么影响？
5. 为什么碘必须过量？
6. 试讨论实验得到的结果存在误差的主要原因有哪些？

实验 12　化学反应速率与活化能的测定

一、实验目的

1. 了解反应物浓度、温度和催化剂对化学反应速率的影响。
2. 测定过二硫酸铵与碘化钾反应的平均速率，并计算不同反应条件下的反应速率常数。
3. 学会根据实验数据用作图法，通过反应速率常数计算反应的活化能。

二、实验原理

在水溶液中，$(NH_4)_2S_2O_8$（过二硫酸铵）和 KI 发生如下反应：

$$(NH_4)_2S_2O_8+3KI \xlongequal{} (NH_4)_2SO_4+K_2SO_4+KI_3$$

离子反应方程式表示为 $S_2O_8^{2-}+3I^- \xlongequal{} 2SO_4^{2-}+I_3^-$ (1)

反应的速率方程可用下式表示：

$$v=kc^m_{S_2O_8^{2-}}c^n_{I^-}$$

式中，v 为此条件下反应的瞬时速率；k 为反应速率常数；m 和 n 之和为反应级数。若 $c_{S_2O_8^{2-}}$、c_{I^-} 为起始浓度，则 v 为初速率 v_0。

实验能测定的速率是在一段时间间隔（Δt）内反应的平均速率 $\bar{v}$。如果在 Δt 时间内 $S_2O_8^{2-}$ 的浓度变化为 $\Delta c_{S_2O_8^{2-}}$，则平均速率：

$$\bar{v}=\frac{\Delta c_{S_2O_8^{2-}}}{\Delta t}$$

可以近似地用平均速率 $\bar{v}$ 代替初速率 v_0：

$$v_0=kc_{S_2O_8^{2-}}^m c_{I^-}^n \approx \bar{v}=\frac{\Delta c_{S_2O_8^{2-}}}{\Delta t}$$

当 Δt 数值越小，即反应时间越短时，平均速率 $\bar{v}$ 与初速率 v_0 越接近。为了测定 Δt 时间内 $S_2O_8^{2-}$ 的浓度变化，在将 $(NH_4)_2S_2O_8$ 溶液和 KI 溶液混合的同时，加入一定体积的已知浓度的 $Na_2S_2O_3$ 溶液和淀粉溶液。这样在反应（1）进行的同时，还发生以下反应：

$$2S_2O_3^{2-}+I_3^- = S_4O_6^{2-}+3I^- \tag{2}$$

反应（2）比反应（1）快得多，几乎瞬间完成。因此，由反应（1）生成的 I_3^- 立即与 $S_2O_3^{2-}$ 作用，生成了无色的 $S_4O_6^{2-}$ 和 I^-，所以在反应开始阶段看不到碘与淀粉反应而显示的蓝色，然而随着 $Na_2S_2O_3$ 被耗尽，I_3^- 就可与淀粉反应显示出蓝色。

从反应式（1）和（2）可以看出，$S_2O_8^{2-}$ 浓度减少量等于 $S_2O_3^{2-}$ 减少量的一半，即

$$\Delta c_{S_2O_8^{2-}}=\frac{\Delta c_{S_2O_3^{2-}}}{2}$$

由于从反应开始到蓝色出现标志着 $S_2O_3^{2-}$ 被全部耗尽，所以在这段时间里，实际上 $\Delta c_{S_2O_3^{2-}}$ 就是 $Na_2S_2O_3$ 的起始浓度，由此可求得 $\Delta c_{S_2O_8^{2-}}$，进而计算反应速率 $\bar{v}=\frac{\Delta c_{S_2O_8^{2-}}}{\Delta t}$。

三、实验用品

1. 仪器：恒温水浴槽、烧杯（50mL）、量筒（10mL）、秒表、温度计、玻璃棒或振荡器。

2. 试剂：$(NH_4)_2S_2O_8$（0.20mol·L^{-1}）、KI（0.20mol·L^{-1}）、$Na_2S_2O_3$（0.010mol·L^{-1}）、KNO_3（0.20mol·L^{-1}）、$(NH_4)_2SO_4$（0.20mol·L^{-1}）、$Cu(NO_3)_2$（0.02mol·L^{-1}）、淀粉溶液（0.2%）。

四、实验内容

本实验对试剂的要求较高。碘化钾溶液应为无色透明溶液，不宜使用有碘析出的浅黄色溶液。过二硫酸铵溶液要用新购药品配制，因为放置时间过长过二硫酸铵易分解。

1. 浓度对化学反应速率的影响

在室温条件下进行表 2-23 中编号 1 的实验。用量筒分别量取 20.0mL 0.20mol·L^{-1} KI 溶液、8.0mL 0.010mol·L^{-1} $Na_2S_2O_3$ 溶液和 2.0mL 0.2%淀粉溶液，全部注入烧杯中，混合均匀。然后用量筒量取 20.0mL 0.20mol·L^{-1} $(NH_4)_2S_2O_8$ 溶液，迅速倒入上述混合液中，同时启动秒表。不断搅动，当溶液刚出现蓝色时，立即按停秒表，记录反应时间和室温。

用同样的方法对表 2-23 中其他编号进行实验，并完成表 2-23。

2. 温度对化学反应速率的影响

按表 2-23 中实验 4 的试剂用量，将装有 10.0mL 0.20mol·L^{-1} KI 溶液、8.0mL

0.010mol·L^{-1} $Na_2S_2O_3$ 溶液、2.0mL 0.2%淀粉溶液、10.0mL 0.20mol·L^{-1} KNO_3 溶液的烧杯和装有 20mL 0.20mol·L^{-1} $(NH_4)_2S_2O_8$ 溶液的小烧杯，放在恒温水浴槽中加热，维持反应温度高于室温 10℃，将过二硫酸铵溶液迅速加到另一烧杯中，同时计时并不断搅动，当溶液刚出现蓝色时，记下反应时间。

同样方法在热水浴中进行高于室温 20℃的实验。将实验数据记入表 2-24 中。

3. 催化剂对反应速率的影响

按表 2-23 中实验 4 的用量，在室温下把 10.0mL 0.20mol·L^{-1} KI 溶液、8.0mL 0.010mol·L^{-1} $Na_2S_2O_3$ 溶液、2.0mL 0.2%淀粉溶液和 10.0mL 0.20mol·L^{-1} KNO_3 溶液混合加到小烧杯中，再加入 2 滴 0.02mol·L^{-1} $Cu(NO_3)_2$ 溶液，搅匀，然后迅速加入 $(NH_4)_2S_2O_8$ 溶液，同时计时并不断搅动，当溶液刚出现蓝色时，记下反应时间。将实验数据记入表 2-25 中。将此实验的反应速率与表 2-23 中实验 4 的反应速率定性地进行比较。

五、实验数据记录与处理

1. 完成数据记录表格

表 2-23 浓度对反应速率的影响 室温：________

实验编号		1	2	3	4	5
试剂用量/mL	0.20mol·L^{-1} $(NH_4)_2S_2O_8$ 溶液	20.0	10.0	5.0	20.0	20.0
	0.20mol·L^{-1} KI 溶液	20.0	20.0	20.0	10.0	5.0
	0.010mol·L^{-1} $Na_2S_2O_3$ 溶液	8.0	8.0	8.0	8.0	8.0
	0.2%淀粉溶液	2.0	2.0	2.0	2.0	2.0
	0.20mol·L^{-1} KNO_3 溶液	0	0	0	10.0	15.0
	0.20mol·L^{-1} $(NH_4)_2SO_4$ 溶液	0	10.0	15.0	0	0
混合液中反应物的起始浓度/mol·L^{-1}	$(NH_4)_2S_2O_8$					
	KI					
	$Na_2S_2O_3$					
反应时间 Δt/s						
$S_2O_8^{2-}$ 的浓度变化 $\Delta c_{S_2O_8^{2-}}$/mol·L^{-1}						
反应速率 v						

表 2-24 温度对反应速率的影响

实验编号	4	6	7
反应温度 T/℃			
反应时间 Δt/s			
反应速率 v			

表 2-25 催化剂对反应速率的影响

实验编号	0.020mol·L^{-1}硝酸铜滴数	反应时间 Δt/s	反应速率 v
4	0		
8	2		

2. 反应级数和反应速率常数的计算

对反应速率表示式 $v=kc_{S_2O_8^{2-}}^m c_{I^-}^n$ 的两边取对数，得

$$\lg v=m\lg c_{S_2O_8^{2-}}+n\lg c_{I^-}+\lg k$$

当 c_{I^-} 不变时（即实验 1、2、3），以 $\lg v$ 对 $\lg c_{S_2O_8^{2-}}$ 作图，可得一直线，斜率即为 m。同理，当 $c_{S_2O_8^{2-}}$ 不变时（即实验 1、4、5），以 $\lg v$ 对 $\lg c_{I^-}$ 作图，可求得斜率 n。反应级数为 $m+n$。

将求出的 m 和 n 代入 $k=\dfrac{v}{c_{S_2O_8^{2-}}^m c_{I^-}^n}$，即可求得反应速率常数 k。将相应数据填入表 2-26。

表 2-26　数据记录与处理

实验编号	1	2	3	4	5
$\lg v$					
$\lg c_{S_2O_8^{2-}}$					
$\lg c_{I^-}$					
m					
n					
反应速率常数 k					

3. 反应活化能的计算

反应速率常数 $k=Ae^{-\frac{E_a}{RT}}$，两边同时取常用对数得

$$\lg k=-\frac{E_a}{2.30RT}+\lg A\text{（阿仑尼乌斯公式）}$$

式中，E_a为反应的活化能；R 为气体常数；T 为热力学温度。测出不同温度时的 k，以 $\lg k$ 对$\dfrac{1}{T}$作图，可得一条直线，由直线斜率$-\dfrac{E_a}{2.30R}$可求得反应的活化能 E_a。分别将高于室温 10℃（实验 6）、室温（实验 4）和高于室温 20℃（实验 7）的相应数据列入表 2-27。

表 2-27　数据记录与处理

实验编号	4	6	7
反应速率常数 k			
$\lg k$			
$\dfrac{1}{T}$			
反应活化能 $E_a/\text{kJ}\cdot\text{mol}^{-1}$			

注：本实验活化能测定值的误差应在 10%以内（文献值为 51.8kJ·mol⁻¹）。

六、注意事项

1. 根据实际的用量选择合适的量筒，注意量筒不能混用，给每个量筒贴上标签。

2. 实验所用试剂应尽量做到现配现用。过二硫酸铵溶液要新配制的，因为放置时间长

了过二硫酸铵容易分解。如果所配制的过二硫酸铵溶液的 pH 小于 3，说明该试剂已经分解，不适合本实验使用。碘化钾溶液应为无色透明溶液，不宜使用有碘析出的浅黄色溶液。如果所用试剂中含少量 Cu^{2+}、Fe^{3+} 等杂质，对反应会有催化作用，必要时需要滴加几滴 $0.10mol \cdot L^{-1}$ EDTA 溶液来络合。

3. 在作图时应用作图纸，注意图表规范。

七、问题与讨论

1. 取用试剂的量筒是否需要分开专用？如果没有分开会有什么影响？

2. 试剂的添加顺序是否需要注意？如果先加 $(NH_4)_2S_2O_8$ 溶液，最后加 KI 溶液会对实验产生什么样的影响？

3. 如果 $(NH_4)_2S_2O_8$ 溶液是慢慢加入 KI 等混合溶液中的，会对实验产生什么样的影响？

4. 每次实验的计时操作要注意什么？

5. 若不用 $S_2O_8^{2-}$，而用 I^- 或 I_3^- 的浓度来表示反应速率，速率常数 k 是否一样？

6. 反应的活化能除了可以用作图法通过斜率间接计算得到外，是否可以直接计算得到？可以的话，请尝试计算，并与作图法得到的结果进行对比。

7. 根据实验结果，说明浓度、温度和催化剂如何影响反应速率。

相关知识

一、秒表的使用

秒表是准确测量时间的仪器。它有各种规格，实验室常用的一种秒表秒针转一周为 30s，分针转一周为 15min（图 2-53）。这种表有两个针，长针表示秒针，短针表示分针，表面上也有相应的两圈刻度，分别表示秒和分。这种表可读准到 0.01s。表的上端有柄头，用它旋紧发条，控制表的起动和停止。

图 2-53 秒表

使用时，先旋紧发条，用手握住表体，用拇指或食指按柄头，按一下，表即走动。需停表时，再按柄头，秒针、分针都停止，便可读数。第三次按柄头时，秒针和分针即返回零点，恢复原始状态，可再次计时。

二、作图法处理实验数据

实验数据常用作图法来处理，作图可直接反映数据的特点和变化规律。从图上可求得斜率、截距、外推值等，可再根据这些数值求出一些物理或化学实验数据。因此，作图好坏与实验结果有着直接的关系。一般的作图法包括如下过程：

① 准备材料。作图需要用直角坐标纸、铅笔、透明直角三角板、曲线尺等。

② 选取坐标轴。在坐标纸上画两条互相垂直的直线，一条为横坐标，一条为纵坐标，分别代表实验数据的两个变量，习惯上以自变量为横坐标，因变量为纵坐标。坐标轴旁需标明变量和单位。

坐标轴上比例尺选择原则：从图上读出有效数字和实验测量的有效数字要一致；每一格所对应的数值要易读，方便计算；要考虑图的大小布局，要能使数据的点分散开，有些图不必把数据的零值放在坐标原点上。

③ 标定坐标点。根据数据的两个变量在坐标内确定坐标点，符号可用×、⊙、◇等表示。同一曲线上各个相应的坐标点要用同一种符号表示。

④ 画出图线。用均匀光滑的曲线或直线连接坐标点，要求这条线能通过较多的点，不要求通过所有的点。没有被连上的点，要均匀地分布在曲线的两边。

实验 13　氧化还原反应和氧化还原平衡

一、实验目的

1. 掌握电极的本性、电对的氧化型或还原型物质的浓度、介质的酸度等因素对电极电势、氧化还原反应方向、产物和速率的影响。

2. 学会装配原电池并测量原电池的电动势。

3. 了解新型化学电源的开发和应用。

4. 了解金属的腐蚀及其防护。

二、实验原理

参加反应的物质间有电子转移或偏离的化学反应称为氧化还原反应。在氧化还原反应中，还原剂失去电子被氧化，元素的氧化值增大；氧化剂得到电子被还原，元素的氧化值降低。物质氧化还原能力的大小可以根据相应电对电极电势的大小来判断：电极电势越大，电对中氧化型物质的氧化能力越强；电极电势越小，电对中还原型物质的还原能力越强。

根据电极电势的大小可以判断氧化还原反应的方向。当氧化剂电对的电极电势大于还原剂电对的电极电势，即电池电动势 $E_{电池}=E_{氧化剂}-E_{还原剂}>0$ 时，反应能正向自发进行。当氧化剂电对的标准电极电势与还原剂电对的标准电极电势相差较大，即：$E^{\ominus}_{电池}>0.2V$ 时，通常可以用标准电池电动势（$E^{\ominus}_{电池}$）判断反应的方向。

由电极反应的能斯特（Nernst）方程式可以看出浓度对电极电势的影响。在 298.15K 时：

$$E=E^{\ominus}+\frac{0.059}{n}\lg\frac{c_{氧化型}}{c_{还原型}}$$

例如：
$$MnO_4^-+8H^++5e^-=\!=\!=Mn^{2+}+4H_2O$$

$$E_{MnO_4^-/Mn^{2+}}=E^{\ominus}_{MnO_4^-/Mn^{2+}}+\frac{0.059}{5}\lg\frac{[MnO_4^-][H^+]^8}{[Mn^{2+}]}$$

溶液的 pH 会影响某些电对的电极电势或氧化还原反应的方向。介质的酸碱性也会影响某些氧化还原反应的产物。例如：在酸性、近乎中性、强碱性溶液中，MnO_4^- 的还原产物分别为 Mn^{2+}、MnO_2 和 MnO_4^{2-}。

原电池是利用氧化还原反应将化学能转变为电能的装置。以饱和甘汞电极为参比电极，与待测电极组成原电池，用电位差计（或酸度计）可以测定原电池的电动势，然后计算出待测电极的电极电势。同样也可以用电位差计（或酸度计）测量铜-锌原电池的电动势。当有沉淀或配合物生成时，会引起电极电势和电池电动势改变。

三、实验用品

1. 仪器：低压电源、盐桥、伏特计（或酸度计）、烧杯、试管、表面皿、U 形管等。

2. 试剂：$NH_4F(s)$、H_2SO_4（$1mol \cdot L^{-1}$）、HAc（$6mol \cdot L^{-1}$）、$KMnO_4$（$0.01mol \cdot L^{-1}$）、NaOH（$6mol \cdot L^{-1}$）、$NH_3 \cdot H_2O$（浓）、$CuSO_4$（$0.01mol \cdot L^{-1}$、$0.5mol \cdot L^{-1}$）、$ZnSO_4$（$0.5mol \cdot L^{-1}$）、Na_2SO_3（$0.1mol \cdot L^{-1}$）、Na_2SO_4（$1mol \cdot L^{-1}$）、KI（$0.1mol \cdot L^{-1}$）、KBr（$0.1mol \cdot L^{-1}$）、$FeCl_3$（$0.1mol \cdot L^{-1}$）、$FeSO_4$（$0.1mol \cdot L^{-1}$、$1mol \cdot L^{-1}$）、$Fe_2(SO_4)_3$（$0.1mol \cdot L^{-1}$）、H_2O_2（3%）、KIO_3（$0.1mol \cdot L^{-1}$）、KCl（饱和）、氯水（饱和）、溴水、碘水、CCl_4、酚酞指示剂（0.1%）、淀粉溶液（0.2%）。

3. 材料：导线、砂纸、滤纸、电极（铜片、锌片）、回形针等。

四、实验内容

1. 氧化还原反应和电极电势

（1）在试管中加入 0.5mL $0.1mol \cdot L^{-1}$ KI 溶液和 2 滴 $0.1mol \cdot L^{-1}$ $FeCl_3$ 溶液，摇匀后加入 0.5mL CCl_4，充分振荡，观察 CCl_4 层的颜色有无变化。

（2）用 $0.1mol \cdot L^{-1}$ KBr 溶液代替 KI 溶液进行同样的实验，观察现象。

（3）往 3 支试管中分别加入 5 滴氯水、溴水和碘水，然后各加入约 0.5mL $0.1mol \cdot L^{-1}$ $FeSO_4$ 溶液，摇匀后加入 0.5mL CCl_4，充分振荡，观察 CCl_4 层的颜色有无变化。

思考：根据以上实验结果，定性比较 Cl_2/Cl^-、Br_2/Br^-、I_2/I^- 和 Fe^{3+}/Fe^{2+} 这几个电对电极电势的高低。

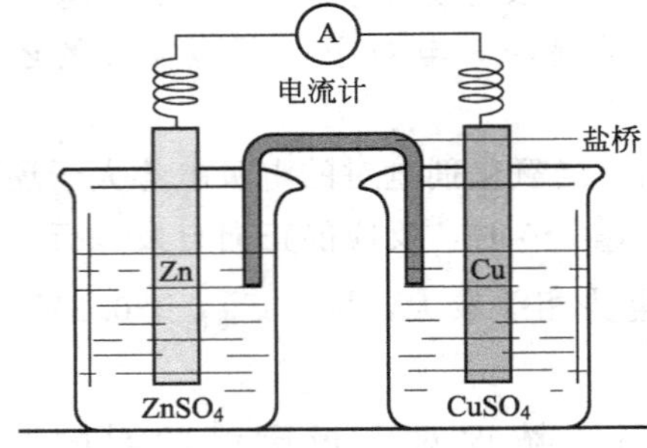

图 2-54　Cu-Zn 原电池

2. 浓度对电极电势的影响

（1）在两只 50mL 小烧杯中，分别加入 10mL $0.5mol \cdot L^{-1}$ $ZnSO_4$ 溶液和 $0.5mol \cdot L^{-1}$ $CuSO_4$ 溶液，在 $ZnSO_4$ 溶液中插入 Zn 片，$CuSO_4$ 溶液中插入 Cu 片，中间以盐桥相通，用导线将 Zn 片、Cu 片分别与伏特计的负极和正极相接，测量两电极之间的电压。Cu-Zn 原电池装置见图 2-54。

在 $CuSO_4$ 溶液中加入浓 $NH_3 \cdot H_2O$ 至生成的沉淀溶解形成深蓝色溶液为止：

$$Cu^{2+} + 4NH_3 = [Cu(NH_3)_4]^{2+}$$

测量电压，观察有何变化。

再在 $ZnSO_4$ 溶液中加浓 $NH_3 \cdot H_2O$ 至生成的沉淀溶解变成无色溶液为止：

$$Zn^{2+} + 4NH_3 = [Zn(NH_3)_4]^{2+}$$

测量电压，观察又有何变化。

利用能斯特（Nernst）方程来解释上述的实验现象。

（2）设计并测定下列浓差电池电动势，将实验值与计算值比较。

$$(-)Cu|CuSO_4(0.01mol \cdot L^{-1}) \| CuSO_4\ (0.5mol \cdot L^{-1})|Cu(+)$$

在浓差电池的两极各连一个回形针，然后在表面皿上放一小块滤纸，滴加 $1mol \cdot L^{-1}$ Na_2SO_4 溶液，使滤纸完全润湿，再加入酚酞 2 滴。将两极的回形针压在纸上，使其相距约 1mm，稍等片刻，观察所压处哪一端出现红色。

思考：

a. 利用浓差电池作电源电解 Na_2SO_4 水溶液，实质是什么物质被电解？使酚酞出现红色的一极是什么极？为什么？

b. 酸度对 Cl_2/Cl^-、Br_2/Br^-、I_2/I^-、Fe^{3+}/Fe^{2+}、Cu^{2+}/Cu、Zn^{2+}/Zn 电对的电极电势有无影响？为什么？

c. 如何测铜、锌电极的电极电势？

3. 酸度和浓度对氧化还原反应产物的影响

（1）酸度的影响

在3支均盛有5滴 $0.1mol \cdot L^{-1}$ Na_2SO_3 溶液的试管中，分别加入5滴 $1mol \cdot L^{-1}$ H_2SO_4 溶液、5滴去离子水和5滴 $6mol \cdot L^{-1}$ NaOH 溶液，摇匀后再各滴入2滴 $0.01mol \cdot L^{-1}$ $KMnO_4$ 溶液，观察3支试管中溶液颜色的变化有何不同。写出有关反应方程式。

另取1支试管，向其中加入5滴新制 $0.1mol \cdot L^{-1}$ KI 溶液和2滴 $0.1mol \cdot L^{-1}$ KIO_3 溶液，再加入2滴淀粉溶液，混合后观察溶液颜色有无变化。然后加入2～3滴 $1mol \cdot L^{-1}$ H_2SO_4 溶液酸化混合液，观察溶液有什么变化。最后滴加几滴 $6mol \cdot L^{-1}$ NaOH 溶液使混合液显碱性，溶液又有什么变化。写出有关反应方程式。

思考：酸度对氧化还原反应的影响。

（2）浓度的影响

往盛有 H_2O、CCl_4 和 $0.1mol \cdot L^{-1}$ $Fe_2(SO_4)_3$ 溶液各 0.5mL 的试管中加入5滴 $0.1mol \cdot L^{-1}$ KI 溶液，振荡后观察 CCl_4 层的颜色变化。

往盛有 CCl_4、$1mol \cdot L^{-1}$ $FeSO_4$ 和 $0.1mol \cdot L^{-1}$ $Fe_2(SO_4)_3$ 各 0.5mL 的试管中加入5滴 $0.1mol \cdot L^{-1}$ KI 溶液，振荡后观察 CCl_4 层的颜色变化。与上一实验中 CCl_4 层的颜色有何区别？往盛有 CCl_4、$1mol \cdot L^{-1}$ $FeSO_4$ 和 $0.1mol \cdot L^{-1}$ $Fe_2(SO_4)_3$ 各 0.5mL 的试管中，先加入少许 NH_4F 固体，振荡，再加入5滴 $0.1mol \cdot L^{-1}$ KI 溶液，振荡后观察 CCl_4 层的颜色变化。与上一实验中 CCl_4 层的颜色有何区别？

思考：浓度对氧化还原反应的影响。

4. 酸度对氧化还原反应速率的影响

在2支各盛5滴 $0.1mol \cdot L^{-1}$ KBr 溶液的试管中，分别加入5滴 $1mol \cdot L^{-1}$ H_2SO_4溶液和 $6mol \cdot L^{-1}$ HAc 溶液，然后各加入2滴 $0.01mol \cdot L^{-1}$ $KMnO_4$ 溶液，观察2支试管中紫红色溶液颜色褪去的快慢程度。分别写出有关反应方程式。

思考：这个实验是否说明 $KMnO_4$ 溶液在酸度较高时氧化性较强？为什么？

5. 物质的氧化还原性

① 在试管中加入5滴 $0.1mol \cdot L^{-1}$ KI 溶液和2～3滴 $1mol \cdot L^{-1}$ H_2SO_4 溶液，再加入1～2滴3% H_2O_2 溶液，观察试管中溶液颜色的变化。

② 在试管中加入2滴 $0.01mol \cdot L^{-1}$ $KMnO_4$ 溶液，再加入3滴 $1mol \cdot L^{-1}$ H_2SO_4溶液，摇匀后滴加2滴3% H_2O_2 溶液，观察试管中溶液颜色的变化。

思考：为什么 H_2O_2 既有氧化性又有还原性？试从电极电势予以说明。

五、注意事项

1. 实验中加入 CCl_4 后要充分振荡，静置片刻后观察溶液上、下层颜色的变化情况。

2. 氯水、溴水的安全操作，相关的实验必须在通风橱中完成。

3. 测量电动势时要注意观察并记录伏特计的偏向及数值。

4. 使用盐桥时，应检查 U 形管内是否充满琼脂胶状物，若有断裂或明显大气泡应更换盐桥。使用后要用自来水冲洗干净，并将 U 形管管口朝下浸在饱和 KCl 溶液中。

5. 铜、锌电极在使用前需要用砂纸打磨去除氧化层，再加硝酸浸泡后用去离子水清洗。测量时防止用手接触溶液，一定要用镊子夹取电极。

六、问题与讨论

1. 介质对 $KMnO_4$ 的氧化性有何影响？用本实验事实及电极电势说明为什么 $KMnO_4$ 能氧化盐酸中的 Cl^- 而不能氧化氯化钠中的 Cl^-。

2. 根据实验结果讨论氧化还原反应和哪些因素有关。

3. 电解硫酸钠溶液为什么得不到金属钠？

4. 什么叫浓差电池？写出实验内容 2 中（2）的电池符号、电池反应式，并计算电池的电动势。

5. 为何要用盐桥？有无其他简单的方法来制作盐桥或替代盐桥？

6. 你是如何理解“电极的本性对电极电势的影响”的？如何测铜、锌电极的电极电势？

相关知识

一、盐桥的制备

在 500mL 冷水中加 5～6g 琼脂，浸泡数小时，煮沸使琼脂溶化，加 KCl 至饱和，趁热装入 U 形管中，振动 U 形管赶走气泡，充满即可。

更为简便的方法：用 KCl 饱和溶液装满 U 形管，两管口用小棉花球塞住（管内不要留有气泡）。

二、电极的处理

用作电极的锌片、铜片要用砂纸擦干净，以免增大电阻。

三、金属的腐蚀及其防护

众所周知，金属对人类社会的发展功不可没。很难想象，如果没有金属，我们今天的生活会是什么样子。然而，金属的腐蚀又是一个十分普遍的现象，由此而造成的经济损失更是难以估计。了解金属腐蚀的原理及防护意义十分重要。

1. 金属的腐蚀

当金属与周围的介质接触时，由于发生化学作用或电化学作用而引起的金属破坏叫金属的腐蚀。单纯的化学作用引起的腐蚀叫化学腐蚀，化学腐蚀一般发生在高温或非电解质环境中。当金属与电解质溶液接触时，形成微电池。通过电化学作用而引起的腐蚀叫电化学腐蚀。电化学腐蚀有吸氧腐蚀、析氢腐蚀和浓差腐蚀等。详细的化学原理请参见有关教材或专著。

2. 金属的防护

金属防护的方法很多，日常生活和工业生产中常采用如下几种：

① 研制合金材料，改变其性质，如添加锰、锡、稀土等。

② 隔离介质。在金属的表面增加涂层或镀层，如涂漆、搪瓷、镀锌、镀锡等。

③ 表面发蓝（黑）。

④ 介质处理。在表面进行防腐处理时，在腐蚀介质中加防腐缓蚀剂。常用的防腐缓蚀剂有铬酸盐、重铬酸盐、磷酸盐、聚磷酸盐、偏磷酸盐、碳酸盐、乌洛托品、若丁等。

⑤ 阴极保护法。常见的有牺牲性阴极保护法和外加电流保护法。

但是，金属的腐蚀也有它有用的一面，如用 $FeCl_3$ 溶液腐蚀印刷线路板：

$$2FeCl_3 + Cu = 2FeCl_2 + CuCl_2$$

四、有关氯气的安全操作

氯气是有刺激性气味的黄绿色气体，有剧毒，少量吸入会刺激鼻、喉部，引起咳嗽和喘息，大量吸入会导致死亡。空气中允许的氯气最高浓度是 $0.001mg \cdot L^{-1}$，超过这个浓度就会引起人体中毒。做氯气实验时，必须在通风橱内进行，且室内要通风。不可直接对着管口或瓶口闻氯气，应当用手轻轻将氯气煽向自己的鼻孔。

五、有关溴的安全操作

溴蒸气对气管、肺部、眼、鼻、喉等器官都有强烈的刺激作用。做有关溴的实验时应在通风橱内进行。不慎吸入溴蒸气时，可吸入少量稀薄的氨气和新鲜空气解毒。液体溴具有强烈的腐蚀性，能灼伤皮肤。倒液溴时要带上胶皮手套。溴水也有腐蚀性，但比溴弱，使用时不允许直接倒，要用滴管移取。如果不慎把溴水溅在皮肤上，应立即用水冲洗，再用碳酸氢钠溶液或稀硫代硫酸钠溶液冲洗。

六、电池

1. 燃料电池

随着科技的发展和人们生活水平的提高，除了家用电器和电子产品之外，移动电话、笔记本电脑、电动汽车等新型产品上配套用电池的需求量与日俱增。用过的废旧电池中含有汞、镉、铅、镍等有害化学元素，处理不当会严重污染环境，给人类健康带来危害，并造成资源的极大浪费。而燃料电池具有高效、环境友好的特征，是人们孜孜不倦追求的一种理想的能量转化方式。质子交换膜燃料电池更是未来电动汽车、潜艇的最佳候选电源，且可广泛用作通信中型站后备电源、移动式电源、家用电站电源、单兵电源，还可用于航天、航空、水下领域，产品投资收益大，具有广阔的市场应用前景。通过互联网我们可以更加详细地了解有关燃料电池的知识，掌握最新发展动态、研究开发成果及产品信息。

① 从搜索引擎输入关键词“燃料电池”进行搜索。

② 通过大型图书馆网站查找图书或相关的文章。

③ 访问有关网站相应栏目查找最新进展。如访问“悠游”网站，在其“科学技术”栏目下的“十万个为什么”子目录下有分门别类的学科资源，如“化学”“人体科学”“环境科学”等。

请上网查找有关燃料电池及电池回收和再利用方面的资源。

2. 其他化学电源

银锌电池、铅酸蓄电池、碱性蓄电池、氢镍电池、镉镍电池、锂电池、锂-铬酸银电池、金属空气电池等。

3. 太阳能光伏电池

同学可自己上网查找相关内容。

实验 14 盐酸标准溶液的配制和浓度标定

一、实验目的

1. 进一步熟练酸式滴定管的使用，准确读数和准确记录。

2. 掌握 HCl 标准溶液的配制和浓度标定方法。

二、实验原理

浓盐酸浓度不确定、易挥发。因此，盐酸标准溶液要采用间接法配制，即先配制成近似浓度（约 $0.1mol \cdot L^{-1}$）的溶液，再用基准物质标定其准确浓度。

无水碳酸钠和硼砂等是常用于标定盐酸的基准物质。

无水碳酸钠（Na_2CO_3）易吸收空气中的水分，先将其置于 270～300℃下干燥 1h，然后保存于干燥器中备用，其标定反应如下：

$$Na_2CO_3 + 2HCl = 2NaCl + H_2CO_3$$
$$\hookrightarrow H_2O + CO_2\uparrow$$

反应达化学计量点时，得 H_2CO_3 饱和溶液，pH 为 3.9，以甲基橙作指示剂应滴至溶液呈橙色为终点，为使 H_2CO_3 的过饱和部分不断分解逸出，临近终点时应将溶液剧烈摇动或加热。

硼砂（$Na_2B_4O_7 \cdot 10H_2O$）易于制得纯品，吸湿性小，摩尔质量大，当空气中相对湿度小于 39%时，有明显的风化、失水现象，常保存在相对湿度为 60%的恒温器（下置饱和蔗糖和食盐溶液）中。其标定反应如下：

$$Na_2B_4O_7 + 2HCl + 5H_2O = 4H_3BO_3 + 2NaCl$$

化学计量点时反应产物为 H_3BO_3，其水溶液 pH 约为 5.1，以甲基红作指示剂。

三、实验用品

1. 仪器：台秤、分析天平（0.1mg）、称量瓶、量筒（10mL、25mL）、锥形瓶（250mL）、酸式滴定管、烧杯（250mL）、试剂瓶等。

2. 试剂：浓盐酸（相对密度 1.19）、无水碳酸钠（分析纯）、甲基橙指示剂（$1g \cdot L^{-1}$ 水溶液）。

3. 材料：凡士林、橡皮套。

四、实验内容

1. $0.1mol \cdot L^{-1}$ HCl 标准溶液的配制

在通风橱内用洁净的小量筒量取市售浓盐酸 2.1～2.3mL，倒入装少量去离子水的烧杯中，加水稀释至 250mL，搅匀，转入试剂瓶，盖上玻璃塞，充分摇匀，贴上标签，备用。

2. 盐酸溶液浓度的标定

准确称取 0.10～0.12g 无水 Na_2CO_3 置于 250mL 锥形瓶中，用 25mL 水溶解后，加入

1～2 滴甲基橙，用 HCl 标准溶液滴定至溶液由黄色变为橙色，即为终点。临近终点时注意剧烈摇动锥形瓶以驱除反应生成的二氧化碳，记录滴定时消耗的 HCl 标准溶液体积，平行测定三次，计算 HCl 标准溶液的浓度（用 4 位有效数字表示）。要求三次测定结果相对平均偏差≤0.3%，否则应重做。

五、实验数据记录与处理

实验数据记录于表 2-28。

表 2-28　盐酸标准溶液浓度的标定

项目	1	2	3
$m_{Na_2CO_3}$+称量瓶(倾出前)/g			
$H_2In^- \rightleftharpoons HIn^{2-} \rightleftharpoons In^{3-}$			
$m_{Na_2CO_3}$/g			
V_{HCl}终读数/mL			
V_{HCl}初读数/mL			
V_{HCl}/mL			
c_{HCl}/mol·L^{-1}			
$\overline{c}_{HCl}$/mol·L^{-1}			
相对平均偏差 $\overline{d}_r$/%			

相关计算：

$$Na_2CO_3 + 2HCl = 2NaCl + H_2O + CO_2\uparrow$$

当盐酸和碳酸钠完全反应时，“等物质的量关系”如下：

$$n_{Na_2CO_3} = \frac{1}{2} n_{HCl}$$

$$n_{Na_2CO_3} = \frac{m_{Na_2CO_3}}{M_{Na_2CO_3}},\ n_{HCl} = c_{HCl} V_{HCl}$$

$$\frac{m_{Na_2CO_3}}{M_{Na_2CO_3}} = \frac{1}{2} c_{HCl} V_{HCl} \times 10^{-3}$$

即

$$c_{HCl} = \frac{2m_{Na_2CO_3}}{M_{Na_2CO_3} V_{HCl}} \times 10^3 (\text{mol}\cdot\text{L}^{-1})$$

式中，c_{HCl}为盐酸浓度，mol·L^{-1}；$m_{Na_2CO_3}$ 为 Na_2CO_3 质量，g；$M_{Na_2CO_3}$ 为 Na_2CO_3 摩尔质量，g·mol^{-1}；V_{HCl}为滴定消耗盐酸标准溶液的体积，mL。

六、注意事项

1. 滴定时，一定要注意接近终点时剧烈摇动赶走 CO_2。

2. 标定时注意：

a. 观察终点要一致，否则会造成体积误差。

b. 每次滴定前应将液面调节在零刻度或附近；滴定管读数时必须读至 0.01mL。

3. 滴定分析计算结果要保留 4 位有效数字；精密度（即相对平均偏差）用 1～2 位有效数字表示。

七、问题与讨论

1. 盐酸标准液通常不用直接法配制而用间接法配制，为什么？标定的基准物质是什么？

2. 为什么配制 0.1mol·L^{-1} HCl 标准溶液 250mL 需要量取浓盐酸 2.1mL？写出计算过程。

3. 如何计算称取基准物质无水碳酸钠（Na_2CO_3）的质量范围？称得太多或太少对标定有何影响？

4. 溶解基准物质时加入 25mL 去离子水，用量筒量取还是用移液管移取？

5. 滴定前需用标准溶液润洗滴定管几次？为什么？锥形瓶需要润洗吗？

6. 无水 Na_2CO_3 因保存不当吸收了 1%的水分，用此基准物质标定 HCl 溶液浓度时，对测定结果产生何种影响？

实验 15　混合碱的分析（双指示剂法）

一、实验目的

1. 掌握双指示剂法测定混合碱的原理。

2. 判断混合碱的组成并计算混合碱各组分的含量。

二、实验原理

混合碱是 Na_2CO_3 与 $NaHCO_3$ 或 Na_2CO_3 与 NaOH 的混合物，可采用双指示剂法进行分析，测定各组分的含量。

双指示剂法是利用两种指示剂在不同化学计量点的颜色变化，得到两个终点，分别根据各终点所消耗酸标准溶液的体积，计算各成分含量。

（1）混合碱由 Na_2CO_3 和 NaOH 组成

若混合碱由 Na_2CO_3 和 NaOH 组成，先以酚酞作指示剂，用 HCl 标准溶液滴定至微红色。此时试液中所含 NaOH 完全被中和，Na_2CO_3 也被滴定成 $NaHCO_3$，反应如下：

$$HCl + NaOH \xlongequal{\quad} NaCl + H_2O$$

$$HCl + Na_2CO_3 \xlongequal{\quad} NaHCO_3 + NaCl$$

设此时滴定体积为 V_1（mL）。再加入甲基橙指示剂，继续用 HCl 标准溶液滴定至溶液由黄色变为橙色即为终点。此时 $NaHCO_3$ 转化成 H_2CO_3，反应式如下：

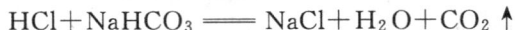

$$HCl + NaHCO_3 \xlongequal{\quad} NaCl + H_2O + CO_2\uparrow$$

设此时消耗 HCl 标准溶液的体积为 V_2（mL）。

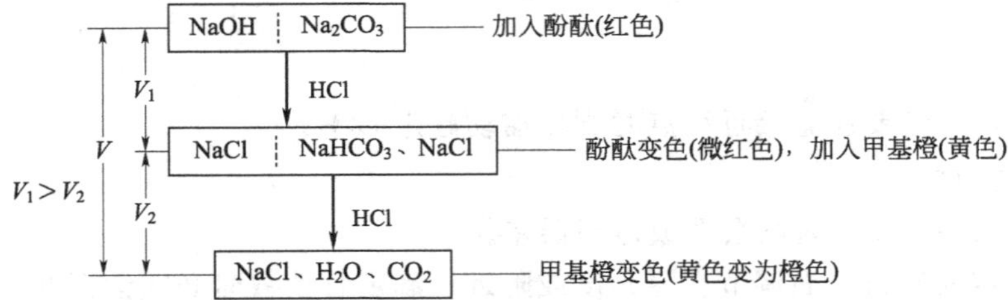

由上述反应可知 $V_1 > V_2$，Na_2CO_3 消耗 HCl 标准溶液的体积为 $2V_2$（mL），NaOH 消耗 HCl 标准溶液的体积为（$V_1 - V_2$）mL。Na_2CO_3 和 NaOH 的含量［以质量浓度 ρ/(g·L^{-1}）表

示］可由下式计算：

$$\rho_{Na_2CO_3}=\frac{c_{HCl}\times 2V_2\times \frac{1}{2}\times M_{Na_2CO_3}}{V_{混合碱}}(g\cdot L^{-1})$$

$$\rho_{NaOH}=\frac{c_{HCl}(V_1-V_2)\times M_{NaOH}}{V_{混合碱}}(g\cdot L^{-1})$$

(2) 混合碱由 Na_2CO_3 和 $NaHCO_3$ 组成

若混合碱由 Na_2CO_3 与 $NaHCO_3$ 组成，用同法滴定，则 $V_1<V_2$，且 Na_2CO_3 消耗 HCl 标准溶液的体积为 $2V_1$（mL），$NaHCO_3$ 消耗 HCl 标准溶液的体积为（V_2-V_1）mL。Na_2CO_3 与 $NaHCO_3$ 的含量由下式计算：

$$\rho_{Na_2CO_3}=\frac{c_{HCl}\times 2V_1\times \frac{1}{2}\times M_{Na_2CO_3}}{V_{混合碱}}(g\cdot L^{-1})$$

$$\rho_{NaHCO_3}=\frac{c_{HCl}(V_2-V_1)\times M_{NaHCO_3}}{V_{混合碱}}(g\cdot L^{-1})$$

如果需要测定混合碱的总碱量，通常以 Na_2O 的含量来表示总碱度，其计算式如下：

$$\rho_{Na_2O}=\frac{c_{HCl}(V_1+V_2)\times \frac{1}{2}\times M_{Na_2O}}{V_{混合碱}}(g\cdot L^{-1})$$

三、实验用品

1. 仪器：移液管（25mL）、锥形瓶（250mL）、酸式滴定管。

2. 试剂：HCl 标准溶液（$0.1mol\cdot L^{-1}$）（配制方法同实验 14）、酚酞（$2g\cdot L^{-1}$ 乙醇溶液）、甲基橙（$1g\cdot L^{-1}$ 水溶液）。

四、实验内容

移液管移取 25.00mL 混合碱试液于 250mL 锥形瓶中，加 2～3 滴酚酞，以 HCl 标准溶液滴定至溶液由红色变为微红色，为第一滴定终点，记下 HCl 标准溶液体积 V_1；再加入 2 滴甲基橙，继续用 HCl 标准溶液滴定至溶液由黄色变为橙色，为第二滴定终点，记下第二次用去 HCl 标准溶液体积 V_2。平行测定三次，根据 V_1、V_2 的大小判断混合碱的组成，计算各组分的含量。

根据 HCl 标准溶液所耗用的总体积（V_1+V_2）计算混合碱的总碱度，分别计算它们的精密度。要求相对平均偏差不大于 0.3%。

五、实验数据记录与处理

实验数据记录于表 2-29。

表 2-29　混合碱的分析

项目	1	2	3
移取混合碱体积/mL	25.00		
HCl 标准溶液的准确浓度/$mol\cdot L^{-1}$			
V_{HCl} 第一次读数/mL	0.00	0.00	0.00
V_{HCl} 第二次读数/mL			

续表

项目	1	2	3
V_{HCl}第三次读数/mL			
$V_{1(HCl)}$/mL			
$V_{2(HCl)}$/mL			
判断混合碱组成			
$\rho_{Na_2CO_3}/g\cdot L^{-1}$			
$\bar{\rho}_{Na_2CO_3}/g\cdot L^{-1}$			
相对平均偏差 $\bar{d}_r$/%			
$\rho_{NaOH}/g\cdot L^{-1}$			
$\bar{\rho}_{NaOH}/g\cdot L^{-1}$			
相对平均偏差 $\bar{d}_r$/%			
总碱度 $\rho_{Na_2O}/g\cdot L^{-1}$			
$\rho_{Na_2O}/g\cdot L^{-1}$			
相对平均偏差 $\bar{d}_r$/%			

六、注意事项

1. 当混合碱由 Na_2CO_3 和 NaOH 组成时，酚酞指示剂可适当多加几滴，否则会因滴定不完全使 NaOH 的测定结果偏低、Na_2CO_3 的测定结果偏高。

2. 在达到第一滴定终点前，滴定速度过快会造成溶液中 HCl 局部过浓，引起 CO_2 损失，带来较大的误差；滴定速度亦不能太慢，摇动要均匀。

3. 近第二滴定终点时，一定要充分摇动，以防形成 CO_2 的饱和溶液而使终点提前到达。

4. 第一个取混合碱溶液的同学，须用混合碱液润洗移液管 2～3 次，以保证混合碱的浓度不变。

5. 必须正确操作移液管，注意每次取样要按正确操作进行，以免因取样量不一致造成误差。

七、问题与讨论

1. 用双指示剂法测定混合碱组成的方法及其原理是什么？

2. 影响测定结果准确度的主要因素是哪些？

3. 加入酚酞指示剂滴定至第一化学计量点溶液呈什么颜色？能否滴定至无色？为什么？

4. 采用双指示剂法测定混合碱，试判断下列五种情况下，混合碱的组成。

a. $V_1=0$，$V_2>0$　　b. $V_1>0$，$V_2=0$　　c. $V_1>V_2$

d. $V_1<V_2$　　e. $V_1=V_2$

实验 16　氢氧化钠标准溶液的配制和浓度标定

一、实验目的

1. 进一步熟练碱式滴定管的使用，准确读数和准确记录。

2. 掌握 NaOH 标准溶液的配制和浓度标定的原理及方法。

3. 了解邻苯二甲酸氢钾的性质与应用。

二、实验原理

氢氧化钠（NaOH）不易制纯，在空气中性质不稳定，易吸收空气中的水分和 CO_2，故 NaOH 标准溶液要采用间接法配制，即先配制成近似浓度（约 $0.1mol \cdot L^{-1}$）的溶液，再用基准物质标定其准确浓度。

标定 NaOH 的基准物质有邻苯二甲酸氢钾、草酸、苯甲酸等。

① 邻苯二甲酸氢钾（$KHC_8H_4O_4$）：易制得纯品，在空气中不吸湿，容易保存，且摩尔质量较大，是一种较好的基准物质，其标定反应如下：

$$C_6H_4(COOH)(COOK) + NaOH = C_6H_4(COONa)(COOK) + H_2O$$

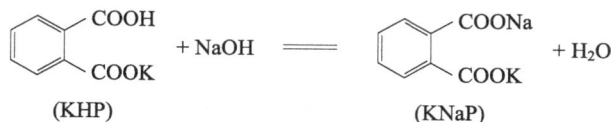

(KHP)　　　　(KNaP)

反应产物为二元弱碱，在水溶液中显弱碱性（化学计量点时 $pH_{sp}=9.1$），可选用酚酞作指示剂。

邻苯二甲酸氢钾通常在 105～110℃下干燥 2h 后备用，干燥温度过高，则脱水成为邻苯二甲酸酐。

② 草酸（$H_2C_2O_4 \cdot 2H_2O$）：在相对湿度为 5%～95%时不会风化失水，故将其保存在磨口玻璃瓶中即可。草酸固体性质比较稳定，但溶液稳定性较差，空气能使 $H_2C_2O_4$ 慢慢氧化，光和 Mn^{2+} 能催化其氧化。因此，$H_2C_2O_4$ 溶液应置于暗处存放。

草酸是二元酸，K_{a_1} 和 K_{a_2} 相差不大，不能分步滴定，两级解离的 H^+ 一次被滴定。标定反应如下：

$$H_2C_2O_4 + 2NaOH = Na_2C_2O_4 + 2H_2O$$

反应产物为 $Na_2C_2O_4$，在水溶液中显微碱性（化学计量点时 $pH_{sp}=8.4$），可选用酚酞作指示剂。

三、实验用品

1. 仪器：分析天平（0.1mg）、台秤、称量瓶、量筒、烧杯、锥形瓶（250mL）、碱式滴定管、试剂瓶（500mL）。

2. 试剂：邻苯二甲酸氢钾（基准试剂或 A. R.）、NaOH（A. R.）、酚酞指示剂（$2g \cdot L^{-1}$ 的乙醇溶液）。

3. 材料：滤纸、橡皮套。

四、实验内容

1. 配制 $0.10mol \cdot L^{-1}$ NaOH 标准溶液 250mL

台秤称取 1.0～1.2g NaOH 于烧杯中，加少量去离子水搅拌溶解，再用去离子水稀释至 250mL，转移到 500mL 试剂瓶中，盖上橡胶塞，摇匀，贴标签，备用。

2. NaOH 标准溶液浓度的标定

分析天平上准确称取 0.4～0.5g $KHC_8H_4O_4$（差量法）于 250mL 锥形瓶中，加 25mL 去离子水溶解，加入 1～2 滴酚酞，用 NaOH 标准溶液滴定至溶液呈微红色，且半分钟不褪色，即为终点。平行标定三次，计算 NaOH 标准溶液的浓度（用 4 位有效数字表示）。要求三次测定结果相对平均偏差≤0.3%，否则应重做。

五、实验数据记录与处理

实验数据记录于表 2-30。

表 2-30 NaOH 标准溶液浓度的标定

项目	1	2	3
m_{KHP}+称量瓶(倾出前)/g			
m_{KHP}+称量瓶(倾出后)/g			
m_{KHP}/g			
V_{NaOH}终读数/mL			
V_{NaOH}初读数/mL			
V_{NaOH}/mL			
c_{NaOH}/mol·L^{-1}			
$\bar{c}_{NaOH}$/mol·L^{-1}			
相对平均偏差 $\bar{d}_r$/%			

相关计算式：

$$c_{NaOH}=\frac{m_{KHP}\times 1000}{V_{NaOH}\times M_{KHP}}(\text{mol}\cdot\text{L}^{-1})$$

式中，c_{NaOH}为 NaOH 标准溶液的浓度，mol·L^{-1}；m_{KHP}为邻苯二甲酸氢钾的质量，g；M_{KHP}为邻苯二甲酸氢钾的摩尔质量，g·mol^{-1}；V_{NaOH}为滴定消耗 NaOH 标准溶液的体积，mL。

六、问题与讨论

1. NaOH 标准溶液通常不用直接法配制而用间接法配制，为什么？标定的基准物质是什么？

2. 配制 0.10mol·L^{-1} NaOH 标准溶液 250mL，需要称取 NaOH 多少克？写出计算式。

3. 如何计算称取基准物质邻苯二甲酸氢钾的质量范围？称得太多或太少对标定有何影响？

4. 如果基准物质未烘干，将使标准溶液浓度的标定结果偏高还是偏低？

5. 以邻苯二甲酸氢钾为基准物质标定 0.1mol·L^{-1} NaOH 溶液时，为什么用酚酞作指示剂？

实验 17 铵盐中氮含量的测定（甲醛法）

一、实验目的

1. 了解酸碱滴定法的应用，掌握甲醛法测定铵盐中氮含量的原理和方法。

2. 学会甲醛溶液的处理方法。

3. 了解取大样的原则。

二、实验原理

常用的含氮化肥主要是各类铵盐，有 $(NH_4)_2SO_4$、NH_4Cl、NH_4NO_3 和 NH_4HCO_3 等，其中 NH_4Cl、$(NH_4)_2SO_4$ 和 NH_4NO_3 是强酸弱碱盐。除 NH_4HCO_3 可用酸标准溶液直接滴定外，其他铵盐由于酸性太弱（$K_a=5.6\times10^{-10}$），不能用 NaOH 标准溶液直接滴定（直接准确滴定弱酸的判据 $c_{sp}K_a\geqslant10^{-8}$）。一般可用两种间接方法测定其含量。

（1）蒸馏法

在试样中加入过量的碱，加热使 NH_3 蒸馏出来，用过量的酸标准溶液吸收，然后用碱标准溶液回滴过量的酸，根据其中的定量关系，求出试样中的含氮量。该法准确度较高，但过程较烦琐。

（2）甲醛法

使铵盐（NH_4^+）与甲醛作用，定量生成质子化的六亚甲基四胺离子（$K_a=7.1\times10^{-6}$）和氢离子，其反应如下：

$$4NH_4^+ + 6HCHO \xlongequal{} (CH_2)_6N_4H^+ + 3H^+ + 6H_2O$$

所生成的 H^+ 和质子化的六亚甲基四胺离子 $(CH_2)_6N_4H^+$（$K_a=7.1\times10^{-6}$）可用 NaOH 标准溶液滴定，以酚酞为指示剂。

由反应可知，4mol NH_4^+ 与甲醛作用，生成 1mol $(CH_2)_6N_4H^+$ 和 3mol H^+，即 1mol NH_4^+ 相当于 1mol 酸，即 $n_N=n_{NaOH}$。

本实验采用甲醛法，适用于铵盐中铵态氮的测定，方法简便，应用广泛。

实际应用中，由于试样不够均匀，应称取较多的试样溶解于烧杯中，定量转移至容量瓶，然后移取其中的一部分进行测定，这样测定结果的代表性大一些，该取样方法称为取大样。

三、实验用品

1. 仪器：台秤、分析天平（0.1mg）、称量瓶、量筒、碱式滴定管、锥形瓶等。

2. 试剂：固体 $(NH_4)_2SO_4$ 或 NH_4Cl（A.R.）、NaOH 标准溶液（$0.10mol\cdot L^{-1}$）（配制方法同实验 16）、甲醛（40%）、酚酞（$2g\cdot L^{-1}$乙醇溶液）。

四、实验内容

1. 甲醛溶液的处理

甲醛在空气中易被氧化，常含有微量的甲酸，需除去，否则产生正误差。取 20mL 40% 原装甲醛[1]于烧杯中，加 20mL 水稀释，加入 1～2 滴 0.2%酚酞指示剂，用 $0.1mol\cdot L^{-1}$ NaOH 标准溶液中和至甲醛溶液呈微红色。

2. 试样中含氮量的测定

准确称取 1.38～1.63g $(NH_4)_2SO_4$ 或 1.00～1.25g NH_4Cl 试样于烧杯中，用 25mL 去离子水溶解，然后定量转移到 250mL 容量瓶中，用去离子水稀释至刻度，塞上玻璃塞，摇匀。

用移液管移取试液25.00mL于锥形瓶中[2]，加入10mL处理好的甲醛溶液，加1～2滴0.2%酚酞指示剂，充分摇匀，放置1min，用NaOH标准溶液滴定至溶液呈淡红色且半分钟内不褪色，即为终点[3]，记下体积读数，平行测定三次。根据NaOH标准溶液的浓度和滴定时消耗的体积，计算试样中的含氮量［ω_N(%)］及相对平均偏差。要求相对平均偏差不大于0.3%。

【注释】

[1] 甲醛常以白色聚合状态存在，称为多聚甲醛，但该多聚甲醛不影响测定。

[2] 试液有时需要预处理，其方法为：加入1～2滴甲基红作指示剂，溶液呈红色，用NaOH标准溶液滴定至红色转变为金黄色，再加入甲醛，可除去试样中可能存在的游离酸。

[3] 如果试液中已有甲基红，再用酚酞为指示剂，存在两种变色范围不同的指示剂，用NaOH标准溶液滴定时，溶液颜色由红色转变为浅黄色（pH约为6.2），再转变为淡红色（pH约为8.2），滴定终点为（甲基红的）黄色和（酚酞的）粉红色的混合色。

五、实验数据记录与处理

实验数据记录于表2-31。

表2-31 铵盐中氮含量的测定

项目	1	2	3
m_s+称量瓶(倾出前)/g			
m_s+称量瓶(倾出后)/g			
m_s/g			
V_{NaOH}终读数/mL			
V_{NaOH}初读数/mL			
V_{NaOH}/mL			
ω_N/100%			
$\overline{\omega}_N$/100%			
相对平均偏差 $\overline{d}_r$/%			

按下式计算试样的含氮量，以ω_N表示。

$$\omega_N=\frac{c_{NaOH}V_{NaOH}\times M_N}{m_{试样}\times\frac{25.00}{250.00}}\times10^{-3}\times100\%$$

式中，c_{NaOH}为NaOH标准溶液的浓度，mol·L^{-1}；V_{NaOH}为滴定消耗的NaOH标准溶液的体积，mL；M_N为氮的摩尔质量，14g·mol^{-1}；$m_{试样}$为试样的质量，g。

六、问题与讨论

1. 铵盐中氮的测定为何不采用NaOH标准溶液直接滴定法？

2. 为什么中和甲醛试剂中的甲酸以酚酞作指示剂，而中和铵盐试样中的游离酸则以甲基红作指示剂？

实验 18 EDTA 标准溶液的配制和浓度标定

一、实验目的

1. 学习 EDTA 标准溶液的配制和标定方法。
2. 掌握配位滴定的原理，了解配位滴定的特点。
3. 了解钙指示剂的作用原理。

二、实验原理

乙二胺四乙酸（H_4Y）简称 EDTA，是一种氨羧配位剂，能与大多数金属离子形成稳定的 1∶1 型螯合物，但溶解度较小，22℃在 100mL 水中仅溶解 0.02g，在分析中通常将其二钠盐配制成标准溶液使用。乙二胺四乙酸二钠（$Na_2H_2Y \cdot 2H_2O$）的溶解度为 11.1g/100mL，可配成 0.3mol·L^{-1}EDTA 溶液，其水溶液 pH 约为 4.4。

市售 EDTA 二钠盐中含有 EDTA 和水分，不易精制，加之实验用水和其他试剂中也常含有金属离子，因此通常采用间接法配制其标准溶液。

常用的基准试剂有纯金属（Zn、Cu、Pb、Bi 等）、金属氧化物（ZnO、Bi_2O_3 等）及其盐［$CaCO_3$、$MgSO_4 \cdot 7H_2O$、$Zn(Ac)_2 \cdot 3H_2O$ 等］等。标定 EDTA 时，应尽量选择与被测物组分相同的基准物质，使标定与测定时的条件一致，可以减小测定误差。

配位滴定中所用纯水应不含 Fe^{3+}、Al^{3+}、Cu^{2+}、Ca^{2+}、Mg^{2+} 等杂质离子，通常选用去离子水或二次蒸馏水。配制的 EDTA 溶液应保存于聚乙烯瓶或硬质玻璃瓶中，若贮存于软质玻璃瓶中，会不断溶解玻璃瓶中的 Ca^{2+} 形成 CaY^{2-}，使 EDTA 浓度不断降低。

用 $CaCO_3$ 标定 EDTA 时，通常选用钙指示剂（In）指示滴定终点，用 NaOH 控制溶液的 pH 为 12～13，其变色原理如下：

滴定前：Ca＋In(蓝色)══ CaIn(红色)

滴定中：Ca＋Y ══ CaY

终点时：CaIn(红色)＋Y ══ CaY＋In(蓝色)

用此法测定钙时，若有镁离子共存，在调节溶液酸度 pH≥12 时，镁离子将形成 $Mg(OH)_2$ 沉淀，不仅不干扰钙的测定，而且使滴定终点颜色变化比钙离子单独存在时更敏锐。当钙、镁离子共存时，滴定终点由酒红色变为纯蓝色，当钙离子单独存在时则由酒红色变为紫蓝色。所以测定单独存在的钙离子时，常常加入少量镁离子。

用 Zn 标定 EDTA 时，选用二甲酚橙（XO）作指示剂，用盐酸-六亚甲基四胺控制溶液 pH 为 5～6，其变色原理如下：

滴定前：Zn＋XO(黄色)══ ZnXO(紫红色)

滴定中：Zn＋Y ══ ZnY

终点时：ZnXO(紫红色)＋Y ══ ZnY＋XO(黄色)

三、实验用品

1. 仪器：台秤、分析天平（0.1mg）、量筒、容量瓶（100mL）、酸/碱式滴定管（50mL）、锥形瓶（250mL）、烧杯（50、250mL）、表面皿等。

2. 试剂：乙二胺四乙酸二钠（A. R.）、$CaCO_3$（A. R.）、HCl 溶液（1∶1）、镁溶液（0.5%，溶解 1g $MgSO_4 \cdot 7H_2O$ 于水中，稀释至 200mL）、NaOH 溶液（40g·L^{-1}）、钙指示剂（固体，钙指示剂与干燥 NaCl 以 1∶100 混合磨匀，临用前配制）。

四、实验内容

1. 配制 0.020mol·L^{-1} EDTA 溶液 500mL

称取 3.8g EDTA 于 250mL 烧杯中，加 150～200mL 去离子水温热溶解，并转移到聚乙烯瓶中。用水稀释至 500mL，摇匀，贴标签，备用。

2. 配制 0.020mol·L^{-1} 钙标准溶液 250mL

取碳酸钙基准物质于称量瓶中，在 110℃干燥 2h，置干燥器中冷却后，准确称取0.50～0.55g 碳酸钙于小烧杯中，加少量水润湿（水越少越好），盖上表面皿，再从烧杯嘴边逐滴加入 1∶1 HCl 溶液至碳酸钙完全溶解，用少量水把可能溅到表面皿上的溶液淋洗入杯中，加热近沸，控制溶液体积在 20～30mL 内，待冷却后定量转移至 250mL 容量瓶中，稀释至刻度，摇匀，计算其准确浓度（用 4 位有效数字表示）。

3. 0.02mol·L^{-1} EDTA 溶液的标定

用移液管移取 25.00mL 钙标准溶液于 250mL 锥形瓶中，加入约 20mL 水、2mL 0.5%镁溶液、5mL 40g·L^{-1} NaOH 溶液（调 pH 至 12～13）及适量的固体钙指示剂，摇匀后，用 0.02mol·L^{-1}EDTA 溶液滴定钙标准溶液由酒红色变至纯蓝色，即为滴定终点。平行测定三次，计算 EDTA 标准溶液的浓度（用四位有效数字表示），要求相对平均偏差不大于 0.3%。

五、实验数据记录与处理

实验数据记录于表 2-32。

表 2-32 EDTA 溶液浓度的标定

项目	1	2	3
m_{CaCO_3}+称量瓶(倾出前)/g			
m_{CaCO_3}+称量瓶(倾出后)/g			
m_{CaCO_3}/g			
c_{CaCO_3}/mol·L^{-1}			
V_{EDTA}终读数/mL			
V_{EDTA}初读数/mL			
V_{EDTA}/mL			
c_{EDTA}/mol·L^{-1}			
$\bar{c}_{EDTA}$/mol·L^{-1}			
相对平均偏差 $\bar{d}_r$/%			

相关计算式：

$$c_{EDTA}=\frac{c_{CaCO_3}\times 25.00}{V_{EDTA}}(\text{mol}\cdot\text{L}^{-1})$$

六、注意事项

1. $CaCO_3$ 基准试剂滴加 HCl 溶液溶解时，速度要慢，以防剧烈反应产生 CO_2 气泡，从而使 $CaCO_3$ 溶液飞溅损失。

2. 配位滴定反应进行较慢，不像酸碱中和反应那样能在瞬间完成，所以滴定时加入 EDTA 的速度不能太快，在室温低时应尤其注意。在接近终点时，应逐滴加入，充分振摇。

3. 配位滴定中，加入指示剂的量对终点的判断影响很大，应在实践过程中总结经验，注意掌握。

七、问题与讨论

1. 配位滴定中为什么加入缓冲溶液？

2. 以 $CaCO_3$ 为基准物质，以钙指示剂为指示剂标定 EDTA 溶液浓度时，应控制溶液的酸度为多少？为什么？如何控制？

3. 以 $CaCO_3$ 为基准物质标定 EDTA 溶液浓度时，加入镁溶液的目的是什么？

4. 配位滴定法与酸碱滴定法相比，有哪些不同点？操作中应注意哪些问题？

实验 19　天然水硬度测定

一、实验目的

1. 了解水硬度的测定意义和常用的硬度表示方法。

2. 掌握 EDTA 法测定水硬度的原理和方法。

3. 掌握铬黑 T 和钙指示剂的应用，了解金属指示剂的特点。

二、实验原理

一般含有钙、镁盐类的水叫硬水，硬度有暂时硬度和永久硬度之分。暂时硬度是指水中含有钙、镁的酸式碳酸盐，遇热即形成碳酸盐沉淀而失去硬度。永久硬度是指水中含有钙、镁的硫酸盐、氯化物、硝酸盐，即使加热也不产生沉淀。暂时硬度和永久硬度的总和称为总硬度。由镁离子形成的硬度称为“镁硬”，由钙离子形成的硬度称为“钙硬”。

水中钙、镁离子含量可用 EDTA 法测定。钙硬测定原理与以 $CaCO_3$ 为基准物质标定 EDTA 标准溶液浓度相同，参见实验 18。总硬度测定则以铬黑 T 为指示剂，控制溶液的酸度为 10（pH≈10 的氨性缓冲溶液），以 EDTA 标准溶液滴定。根据 EDTA 标准溶液的浓度和用量，可计算出水的总硬度，由总硬度减去钙硬即为镁硬（镁硬＝总硬度－钙硬）。

测定水的硬度时，Fe^{3+}、Al^{3+} 的干扰可用三乙醇胺掩蔽，Cu^{2+}、Pb^{2+}、Zn^{2+} 等重金属离子可用 KCN、Na_2S 予以掩蔽。

水硬度的表示方法有很多，常以水中 Ca、Mg 总含量换算为 CaO 含量的方法表示，单位为 $mg \cdot L^{-1}$ 或（°），1 硬度单位表示 10 万份水中含 1 份 CaO，即 $1° = 10mg \cdot L^{-1}$ CaO。计算水的总硬度公式如下：

$$\rho_{CaO} = \frac{c_{EDTA} V_{EDTA} \times M_{CaO}}{V_{H_2O}} \times 1000 (mg \cdot L^{-1})$$

$$\rho_{CaO}=\frac{c_{EDTA}V_{EDTA}\times M_{CaO}}{V_{H_2O}}\times 100(°)$$

式中，c_{EDTA}为 EDTA 标准溶液的浓度，mol·L^{-1}；V_{EDTA}为滴定时用去的 EDTA 标准溶液的体积，mL；V_{H_2O}为水样的体积，mL；M_{CaO}为 CaO 的摩尔质量，g·mol^{-1}。根据硬度计算公式，当V_{EDTA}为滴定钙、镁离子总量所消耗的 EDTA 标准溶液体积时，计算值为总硬度；当V_{EDTA}为滴定钙离子所消耗的 EDTA 标准溶液体积时，计算值为钙硬度。

三、实验用品

1. 仪器：酸式或碱式滴定管（50mL）、锥形瓶（250mL）、烧杯、量筒、移液管（25mL）。

2. 试剂：EDTA 标准溶液（0.02mol·L^{-1}）(配制方法同实验 18)、铬黑 T 指示剂（5g·L^{-1}）、NH_3-NH_4Cl 缓冲液、三乙醇胺水溶液（1∶2）、NaOH 溶液（40g·L^{-1}）、钙指示剂。

四、实验内容

1. 总硬度的测定

准确移取澄清的水样 25.00mL，放入 250mL 锥形瓶中，加入体积比 1∶2 三乙醇胺水溶液 0.5mL（水样中若无 Fe^{3+}、Al^{3+} 的干扰，也可不加三乙醇胺掩蔽），摇匀。再加入 5mL pH=10 的 NH_3-NH_4Cl 缓冲液，加入 3～4 滴铬黑 T 指示剂，摇匀，此时溶液呈酒红色，以 0.02mol·L^{-1} EDTA 标准溶液滴定至纯蓝色，即为终点。平行测定三次，记录数据。

2. 钙硬度的测定

准确移取澄清水样 25.00mL，放入 250mL 锥形瓶内，加入 4mL 40g·L^{-1} NaOH 溶液，此时水样的 pH 为 12～13。加入适量的钙指示剂，摇匀，此时溶液呈浅红色，用 EDTA 标准溶液滴定至纯蓝色，即为终点。

3. 镁硬度的确定

由总硬度减去钙硬度即得镁硬度。

五、实验数据记录与处理

实验数据记录于表 2-33。

表 2-33 天然水硬度测定

项目		1	2	3
$V_水$/mL		25.00		
c_{EDTA}/(mol·L^{-1})				
总硬度测定	V_{EDTA}终读数/mL			
	V_{EDTA}初读数/mL			
	V_{EDTA}/mL			
	ρ_{CaO}/ (°)			
	$\bar{\rho}_{CaO}$/ (°)			
	相对平均偏差 $\bar{d}_r$/%			

续表

项目		1	2	3
钙硬度测定	V_{EDTA}终读数/mL			
	V_{EDTA}初读数/mL			
	V_{EDTA}/mL			
	ρ_{CaO}/ (°)			
	$\bar{\rho}_{CaO}$/ (°)			
	相对平均偏差 $\bar{d}_r$/%			
镁硬度/ (°)				

六、注意事项

1. 铬黑 T 与 Mg^{2+} 显色的灵敏度高，与 Ca^{2+} 显色的灵敏度低，当水样中钙含量很高而镁含量很低时，往往得不到敏锐的滴定终点。可在水样中加入少许 Mg-EDTA，利用置换滴定法的原理来提高滴定终点变色的敏锐性，或者改用 K-B 指示剂。

2. 使用三乙醇胺掩蔽 Fe^{3+}、Al^{3+}，须在 pH<4 时加入，摇动后再调节 pH 至滴定酸度。本实验只提供三乙醇胺溶液，所测水样是否需要加入三乙醇胺，应由实验决定。

3. 滴定时，因反应速度较慢，在接近滴定终点时，标准溶液慢慢滴入，并充分振荡，可每加一滴，就振荡几下。

七、问题与讨论

1. 什么叫水的总硬度？怎样计算水的总硬度？

2. 为什么滴定 Ca^{2+}、Mg^{2+} 总量时要控制 pH≈10，而滴定 Ca^{2+} 时要控制 pH 为 12～13？若在 pH>13 时测定 Ca^{2+}，对结果有何影响？

3. 如果只有铬黑 T 指示剂，能否测定 Ca^{2+} 的含量？如何测定？

实验 20 铅、铋混合液中铅和铋含量的连续测定

一、实验目的

1. 掌握配位滴定法进行 Bi^{3+}、Pb^{2+} 含量连续测定的基本原理。

2. 学习利用控制酸度来分别测定金属离子的基本方法。

3. 了解二甲酚橙指示剂的变色特征。

二、实验原理

Bi^{3+}、Pb^{2+} 均能与 EDTA 形成稳定配合物，其 $\lg K$ 分别为 27.94 和 18.04，两者的稳定常数相差很大，符合混合离子分步滴定的条件（当 $c_M = c_N$，$\Delta pM = \pm 0.2$，欲使 $|E_t| \leqslant 0.1\%$，则需 $\Delta \lg K \geqslant 6$）。因此可用控制酸度的方法在一份试液中连续测定 Bi^{3+}、Pb^{2+} 含量。在测定中，均以二甲酚橙（XO）为指示剂。XO 在 pH<6 时呈黄色，pH>6.3 时呈红色；XO 与 Bi^{3+}、Pb^{2+} 所形成的配合物均呈紫红色，其稳定性比 Bi^{3+}、Pb^{2+} 和 EDTA 所形成的配合物要低，$K_{Bi\text{-}EDTA} > K_{Bi\text{-}XO}$，$K_{Pb\text{-}EDTA} > K_{Pb\text{-}XO}$，$K_{Bi\text{-}XO} > K_{Pb\text{-}XO}$。

测定时，先用 HNO_3 调溶液 pH=1.0（此时 Pb^{2+} 既不与 EDTA 配合，也不与 XO 配合），Bi^{3+} 与 XO 形成紫红色的配合物，用 EDTA 标准溶液滴定溶液由紫红色突变为亮黄色，即为滴定 Bi^{3+} 的终点。然后再加入六亚甲基四胺，调溶液 pH 至 5～6，此时 Pb^{2+} 与 XO 形成紫红色的配合物，继续用 EDTA 标准溶液滴定至溶液由紫红色突变为亮黄色，即为滴定 Pb^{2+} 的终点。

三、实验用品

1. 仪器：酸/碱式滴定管（50mL）、锥形瓶（250mL）、移液管（25mL）。

2. 试剂：EDTA 标准溶液（$0.020mol \cdot L^{-1}$）（配制方法同实验 18）、Bi^{3+} 和 Pb^{2+} 的混合液、二甲酚橙水溶液（$2g \cdot L^{-1}$）、六亚甲基四胺溶液（$200g \cdot L^{-1}$）。

四、实验内容

用移液管移取 25.00mL Bi^{3+}、Pb^{2+} 混合液于 250mL 锥形瓶中，加 2 滴 XO（HNO_3 在配制铅、铋混合液时已加入，以防止 Bi^{3+}、Pb^{2+} 水解），用 EDTA 标准溶液滴定溶液由紫红色突变为亮黄色，即为滴定 Bi^{3+} 的终点，记取 V_{Bi}(mL)。由于 Bi^{3+} 与 EDTA 反应的速度较慢，故临近终点时滴定速度不宜过快，且应用力振荡试液。酌情向试液中补加 1 滴指示剂，再加入 10mL 六亚甲基四胺溶液，溶液变为紫红色（注：若不为紫红色则需要继续加六亚甲基四胺溶液，直至溶液呈现稳定的紫红色，此时溶液的 pH 为 5～6），继续用 EDTA 标准溶液滴定溶液由紫红色突变为亮黄色，即为滴定 Pb^{2+} 的终点，记下读数 V_{Pb}（$V_{Rb}=V_{总}-V_{Bi}$）。平行测定三次，计算混合液中 Bi^{3+}、Pb^{2+} 含量（$mol \cdot L^{-1}$）及 V_{Bi}/V_{Pb}。

【注释】

Bi^{3+} 易水解，开始配制混合试液时，因 HNO_3 浓度较高，使用前加水稀释至 $0.15mol \cdot L^{-1}$ 左右。

五、实验数据记录与处理

实验数据记录于表 2-34。

表 2-34 铅和铋含量的测定

项目	1	2	3
$V_{Bi^{3+},Pb^{2+}}$/mL	25.00		
c_{EDTA}/$mol \cdot L^{-1}$			
V_{EDTA}初读数/mL	0.00	0.00	0.00
V_{EDTA}第二次读数/mL			
V_{EDTA}第三次读数/mL			
V_{Bi}/mL			
V_{Pb}/mL			
$c_{Bi^{3+}}$/$mol \cdot L^{-1}$			
$\overline{c}_{Bi^{3+}}$/$mol \cdot L^{-1}$			
相对平均偏差 $\overline{d}_r$/%			
$c_{Pb^{2+}}$/$mol \cdot L^{-1}$			
$\overline{c}_{Pb^{2+}}$/$mol \cdot L^{-1}$			

续表

项目	1	2	3
相对平均偏差 $\overline{d}_r/\%$			
V_{Bi}/V_{Pb}			
$\overline{V_{Bi}/V_{Pb}}$			
相对平均偏差 $\overline{d}_r/\%$			

相关计算式：

$$c_{Bi^{3+}}=\frac{c_{EDTA}V_{Bi}}{25.00}(mol\cdot L^{-1})$$

$$c_{Pb^{2+}}=\frac{c_{EDTA}V_{Pb}}{25.00}(mol\cdot L^{-1})$$

六、问题与讨论

1. 控制溶液酸度时，为何用 HNO_3，而不用 HCl 或 H_2SO_4？

2. 按本实验操作，滴定 Bi^{3+} 的起始酸度是否超过滴定 Bi^{3+} 的最高酸度？滴定至 Bi^{3+} 的终点时，溶液酸度为多少？此时再加入 10mL 200g·L^{-1} 六亚甲基四胺后，溶液 pH 约为多少？

3. 能否取等量混合试液两份，一份控制 pH≈1.0 时滴定 Bi^{3+}，另一份控制 pH＝5～6 时滴定 Bi^{3+}、Pb^{3+} 总量？为什么？

4. 滴定 Pb^{2+} 时要调节溶液 pH＝5～6，为什么加入六亚甲基四胺而不加入乙酸钠？

5. 铅、锌混合溶液中铅、锌含量是否可以用本实验中控制酸度连续滴定的方法进行测定？为什么？

实验 21　高锰酸钾标准溶液的配制和浓度标定

一、实验目的

1. 掌握高锰酸钾标准溶液的配制方法和保存条件。

2. 掌握采用 $Na_2C_2O_4$ 作基准物质标定高锰酸钾标准溶液浓度的方法及条件。

二、实验原理

高锰酸钾是强氧化剂，市售的 $KMnO_4$ 试剂常含有少量 MnO_2 和其他杂质，如硫酸盐、氯化物及硝酸盐等，因此不能用直接法配制高锰酸钾标准溶液，应采用间接法配制。标定 $KMnO_4$ 溶液浓度常用的基准物质是 $Na_2C_2O_4$。以 $Na_2C_2O_4$ 标准溶液标定 $KMnO_4$ 溶液的反应如下：

$$2MnO_4^- + 5C_2O_4^{2-} + 16H^+ = 2Mn^{2+} + 10CO_2\uparrow + 8H_2O$$

滴定时利用 MnO_4^- 本身的紫红色指示终点，称为自身指示剂。

开始时反应速率较慢，待 Mn^{2+} 生成后，由于 Mn^{2+} 的自动催化作用，反应速率加快，当达到化学计量点时，稍过量的高锰酸钾（2×10^{-6} mol·L^{-1}）使溶液呈现稳定的浅红色，指示滴定终点的到达。

酸度及反应温度均影响该反应的反应速率。一般加入 H_2SO_4 调节溶液酸度约 1mol·L^{-1}，并加热至 75～85℃，以加快反应速率，但不应加热至沸腾，否则容易引起部分草酸分解，反应式如下：

$$H_2C_2O_4 = CO_2\uparrow + CO\uparrow + H_2O$$

此外，$KMnO_4$ 氧化能力强，易和水中的有机物、空气中的尘埃及氨等还原性物质作用；$KMnO_4$ 能自行分解，分解速率随溶液的 pH 而改变，在中性溶液中，分解很慢，但 Mn^{2+} 和 MnO_2 能加速 $KMnO_4$ 分解，见光则分解得更快。由此可见，配制的 $KMnO_4$ 标准溶液必须不含杂质，且应保存于暗处。

三、实验用品

1. 仪器：台秤、分析天平（0.1mg）、烧杯（500mL）、电热板、棕色细口瓶、称量瓶、锥形瓶、量筒、酸式滴定管等。

2. 试剂：$KMnO_4$（A. R.），$Na_2C_2O_4$（A. R.），H_2SO_4（$3mol\cdot L^{-1}$）。

四、实验内容

1. $0.02mol\cdot L^{-1}$ 高锰酸钾标准溶液的配制

在台秤上称取 0.8g 固体 $KMnO_4$，溶于适量的水中，盖上表面皿，加热至沸并保持微沸状态 20～30min[1]。冷却后在暗处放置 7～10 天，然后用玻璃砂芯漏斗（或玻璃纤维漏斗）过滤除去 MnO_2 等杂质。滤液贮于洁净的玻璃塞棕色瓶中，待标定[2]。

2. 高锰酸钾标准溶液浓度的标定

准确称取 0.13～0.16g 基准物质 $Na_2C_2O_4$ 三份，分别置于 250mL 锥形瓶中，加入约 30mL 水和 10mL $3mol\cdot L^{-1}$ H_2SO_4 溶液，水浴（或电热板）加热至 75～85℃，趁热用待标定的 $KMnO_4$ 标准溶液滴定[3]。滴定开始时，速度不能太快，待溶液中产生 Mn^{2+}，可加快滴定速度，但滴定时仍须逐滴加入，滴定至溶液呈现粉红色且 30s 不褪色，即为滴定终点[4]。根据 $Na_2C_2O_4$ 的质量和消耗 $KMnO_4$ 标准溶液的体积，计算出 $KMnO_4$ 标准溶液的浓度。用同样方法滴定其他两份 $Na_2C_2O_4$ 溶液，相对平均偏差应在 0.3%以内。

【注释】

[1] 随时加水以补充因蒸发而损失的水。

[2] 如果溶液经煮沸并在水浴中保温 1h，冷却后过滤，则不必长期放置，就可以标定其浓度。

[3] 由于 $KMnO_4$ 溶液颜色很深，不易观察溶液弯月面的最低点，因此应该从液面最高处读数（即读液面的边缘）。

[4] $KMnO_4$ 为自身指示剂时，滴定终点是不大稳定的，这是由于空气中含有还原性气体及尘埃等杂质，落入溶液中能使 $KMnO_4$ 慢慢分解，而使粉红色消失，所以经过 30s 不褪色，即可认为滴定终点已到。

五、实验数据记录与处理

实验数据记录于表 2-35。

表 2-35 $KMnO_4$ 溶液浓度的标定

项目	1	2	3
$m_{Na_2C_2O_4}$+称量瓶(倾出前)/g			
$m_{Na_2C_2O_4}$+称量瓶(倾出后)/g			
$m_{Na_2C_2O_4}$/g			
V_{KMnO_4}初读数/mL			

续表

项目	1	2	3
V_{KMnO_4} 终读数/mL			
V_{KMnO_4}/mL			
c_{KMnO_4}/mol·L^{-1}			
$\bar{c}_{KMnO_4}$/mol·L^{-1}			
相对平均偏差 $\bar{d}_r$/%			

相关计算式：

$$c_{KMnO_4}=\frac{\dfrac{m_{Na_2C_2O_4}}{M_{Na_2C_2O_4}}\times\dfrac{2}{5}}{V_{KMnO_4}\times10^{-3}}$$

六、问题与讨论

1. 配制 $KMnO_4$ 标准溶液时为什么要把 $KMnO_4$ 水溶液煮沸一定时间（或放置数天）？过滤时是否能用滤纸？

2. 配好的 $KMnO_4$ 溶液为什么要装在棕色瓶中放置暗处保存？

3. 用 $Na_2C_2O_4$ 标准溶液标定 $KMnO_4$ 溶液浓度时，为什么必须在大量 H_2SO_4（可以用 HCl 或 HNO_3 溶液吗？）存在下进行？酸度过高或过低有无影响？为什么要加热至 75～85℃后才能滴定？溶液温度过高或过低有什么影响？

4. 用 $KMnO_4$ 溶液滴定 $Na_2C_2O_4$ 溶液时，为什么第一滴 $KMnO_4$ 溶液加入后红色褪去很慢，以后褪色较快？

实验 22　过氧化氢含量的测定

一、实验目的

1. 掌握高锰酸钾法测定过氧化氢的原理及方法。

2. 加深对 $KMnO_4$ 自动催化反应及自身指示剂的了解及体会。

二、实验原理

过氧化氢在工业、生物、医药等方面应用很广泛。例如，利用 H_2O_2 的氧化性漂白毛、丝织物；医药上常用它消毒和杀菌；纯 H_2O_2 用作火箭燃料的氧化剂；工业上利用 H_2O_2 的还原性除去氯气等。由于过氧化氢有着广泛的应用，常需要测定它的含量。

H_2O_2 在酸性溶液中是强氧化剂，但遇 $KMnO_4$ 时表现为还原剂。测定过氧化氢的含量时，在稀硫酸溶液中用高锰酸钾标准溶液滴定[1]，其反应式如下：

$$2MnO_4^-+5H_2O_2+6H^+ = 2Mn^{2+}+5O_2\uparrow+8H_2O$$

可利用 MnO_4^- 本身的颜色指示滴定终点。

此反应可在室温下进行，开始时反应速度较慢，随着 Mn^{2+} 的产生反应速度会逐渐加快。因为 H_2O_2 不稳定，反应不能加热，滴定速度也不能太快。测定时，移取一定体积 H_2O_2 溶液，稀释，用 $KMnO_4$ 标准溶液滴定至终点，根据 $KMnO_4$ 溶液的浓度和所消耗的体积，计算 H_2O_2 的含量。

三、实验用品

1. 仪器：锥形瓶、移液管（吸量管）、量筒、容量瓶、酸式滴定管等。

2. 试剂：$KMnO_4$ 标准溶液（配制方法同实验 21）、H_2SO_4（$3mol\cdot L^{-1}$）、H_2O_2 试样（市售质量分数约为 30%的 H_2O_2 水溶液）。

四、实验内容

用吸量管移取 2.00mL 原装 30% H_2O_2 试样置于 250mL 容量瓶中[2]，加水稀释至刻度，充分摇匀后备用。用移液管移取稀释过的 H_2O_2 溶液 25.00mL 于 250mL 锥形瓶中，加入 5mL $3mol\cdot L^{-1}$ H_2SO_4 溶液，用 $KMnO_4$ 标准溶液滴定到溶液呈微红色，半分钟不褪色即为终点。平行测定 3 次，计算试样中 H_2O_2 的质量浓度（$g\cdot L^{-1}$）和相对平均偏差。

【注释】

[1] 若 H_2O_2 试样系工业产品，用上述方法测定的误差较大，因产品中常加入少量乙酰苯胺等有机物质作稳定剂，此类有机物也消耗 $KMnO_4$。遇此情况应采用碘量法测定，即利用 H_2O_2 和 KI 作用，析出 I_2，然后用 $S_2O_3^{2-}$ 标准溶液滴定：

$$H_2O_2+2H^++2I^- = 2H_2O+I_2$$

$$2S_2O_3^{2-}+I_2 = S_4O_6^{2-}+2I^-$$

[2] 原装 H_2O_2 溶液浓度约为 30%，密度约为 $1.1g\cdot mL^{-1}$。吸取 2.00mL 30% H_2O_2 溶液或者移取 10.00mL 3% H_2O_2 溶液均可。

五、实验数据记录与处理

实验数据记录于表 2-36。

表 2-36 H_2O_2 含量的测定

项目	1	2	3
$c_{KMnO_4}/mol\cdot L^{-1}$			
$V_{H_2O_2}/mL$	25.00	25.00	25.00
V_{KMnO_4} 初读数/mL			
V_{KMnO_4} 终读数/mL			
V_{KMnO_4}/mL			
$\rho_{H_2O_2}/g\cdot L^{-1}$			
$\bar{\rho}_{H_2O_2}/g\cdot L^{-1}$			
相对平均偏差 $\bar{d}_r$/%			

相关计算式：

$$\rho_{H_2O_2}=\frac{c_{KMnO_4}V_{KMnO_4}\times10^{-3}\times\frac{5}{2}\times M_{H_2O_2}}{2.00\times\frac{25.00}{250.00}} \quad 或 \quad \rho_{H_2O_2}=\frac{c_{KMnO_4}V_{KMnO_4}\times10^{-3}\times\frac{5}{2}\times M_{H_2O_2}}{2.00}\times10$$

六、问题与讨论

1. H_2O_2 有什么重要性质？使用时应注意些什么？

2. 用 $KMnO_4$ 法测定 H_2O_2 溶液时，能否用 HNO_3、HCl 和 HAc 控制酸度？为什么？

3. 如何计算 H_2O_2 的含量？

实验 23　硫酸亚铁铵中铁含量测定（重铬酸钾法）

一、实验目的

1. 掌握重铬酸钾法测定硫酸亚铁铵中铁含量的原理及方法。
2. 学会观察邻二氮菲-亚铁氧化还原指示剂的终点颜色。
3. 掌握二苯胺磺酸钠指示剂在铁含量测定中的应用原理。

二、实验原理

重铬酸钾是一种常用的氧化剂，在酸性溶液中亦具很强的氧化性。$K_2Cr_2O_7$ 试剂易提纯且稳定，干燥后可作为基准物质直接配制标准溶液，再用 $K_2Cr_2O_7$ 标准溶液测定试样中铁的含量。

用 $K_2Cr_2O_7$ 标准溶液滴定 Fe^{2+} 的反应如下：

$$Cr_2O_7^{2-}+6Fe^{2+}+14H^{+}=\!=\!=2Cr^{3+}+6Fe^{3+}+7H_2O$$

该滴定体系可采用氧化还原指示剂邻二氮菲-亚铁，溶液由红色变为浅蓝色指示滴定终点。也可在硫磷混酸介质中，以二苯胺磺酸钠为指示剂，用 $K_2Cr_2O_7$ 标准溶液滴定至溶液呈现紫色，即达滴定终点。在酸性溶液中，以 $K_2Cr_2O_7$ 标准溶液滴定 Fe^{2+} 至 99.9%时，电极电位达 0.86V [按 $E(Fe^{3+}/Fe^{2+})=0.68V$ 计算]，而二苯胺磺酸钠指示剂变色点电位为$E(In)=0.84V$，变色点电位不在滴定突跃范围内，滴定终点提前。为了减少滴定终点误差，需要在试液中加入 H_3PO_4。一方面加入的 H_3PO_4 与 Fe^{3+} 生成无色的 $Fe(HPO_4)_2^-$ 配离子而消除 $FeCl_4^-$ 的黄色干扰；另一方面，由于 $Fe(HPO_4)_2^-$ 的生成，降低了 Fe^{3+}/Fe^{2+} 电对的电位，使化学计量点附近的电位突跃增大，指示剂二苯胺磺酸钠的变色点落在滴定突跃范围之内，提高了滴定的准确度。

三、实验用品

1. 仪器：分析天平（0.1mg）、称量瓶、容量瓶（500mL）、移液管（25mL）、烧杯、锥形瓶、酸式滴定管。

2. 试剂：$K_2Cr_2O_7$（A. R. 或基准试剂，在 150～180℃烘 2h）、邻二氮菲-亚铁溶液（$5g\cdot L^{-1}$）、$FeSO_4\cdot(NH_4)_2SO_4$ 溶液（$0.1mol\cdot L^{-1}$）、$FeSO_4(NH_4)_2SO_4\cdot 6H_2O$（固体）、$H_2SO_4$ 溶液（$3mol\cdot L^{-1}$）、二苯胺磺酸钠指示剂（0.2%）、硫磷混酸（按硫酸∶磷酸∶水体积比为 2∶3∶5 混合）。

四、实验内容

1. 0.017mol·L^{-1} $K_2Cr_2O_7$ 标准溶液的配制

在分析天平上准确称取 2.5～2.6g 重铬酸钾于小烧杯中，溶于适量水中，然后定量转移入 500mL 容量瓶中，用水稀释至刻度，摇匀，贴标签，备用。计算其准确浓度。

2. 硫酸亚铁铵中铁含量测定

方法一：用移液管准确移取 25.00mL 0.1mol·L^{-1} $FeSO_4\cdot(NH_4)_2SO_4$ 溶液三份，分别置于 250mL 锥形瓶中，加入 15mL 3mol·L^{-1} H_2SO_4 溶液、30mL 去离子水，加 1～2 滴邻二氮菲-亚铁指示剂。然后用 $K_2Cr_2O_7$ 标准溶液滴定至溶液呈稳定的浅蓝色，即为滴定终点。根据 $K_2Cr_2O_7$ 标准溶液的用量计算试样中铁的含量（以 g · L^{-1}表示）。

方法二：准确称取 1g 左右已干燥的 $FeSO_4\cdot(NH_4)_2SO_4\cdot 6H_2O$ 三份，加 25mL H_2O 和 10mL 3mol·L^{-1} H_2SO_4 溶液，再加 10mL 硫磷混酸，5 滴 0.2%二苯胺磺酸钠指示剂，立即用 $K_2Cr_2O_7$ 标准溶液滴定至出现紫色为滴定终点。根据 $K_2Cr_2O_7$ 标准溶液的用量计算试样中铁的质量分数。

五、实验数据记录与处理

实验数据记录于表 2-37、表 2-38。

表 2-37 硫酸亚铁铵中铁含量测定（方法一）

项目	1	2	3
$m_{K_2Cr_2O_7}$+称量瓶(倾出前)/g			
$m_{K_2Cr_2O_7}$+称量瓶(倾出后)/g			
$m_{K_2Cr_2O_7}$/g			
$c_{K_2Cr_2O_7}$/mol·L^{-1}			
$V_{K_2Cr_2O_7}$初读数/mL			
$V_{K_2Cr_2O_7}$终读数/mL			
$V_{K_2Cr_2O_7}$/mL			
ρ_{Fe}/g·L^{-1}			
$\overline{\rho}_{Fe}$/g·L^{-1}			
相对平均偏差 $\overline{d}_r$/%			

方法一的相关计算式：

$$\rho_{Fe}=\frac{c_{K_2Cr_2O_7}V_{K_2Cr_2O_7}\times 10^{-3}\times 6\times M_{Fe}}{25.00\times 10^{-3}}$$

表 2-38 硫酸亚铁铵中铁含量测定（方法二）

项目	1	2	3
$m_{K_2Cr_2O_7}$+称量瓶(倾出前)/g			
$m_{K_2Cr_2O_7}$+称量瓶(倾出后)/g			
$m_{K_2Cr_2O_7}$/g			
$c_{K_2Cr_2O_7}$/mol·L^{-1}			
$V_{K_2Cr_2O_7}$初读数/mL			
$V_{K_2Cr_2O_7}$终读数/mL			
$V_{K_2Cr_2O_7}$/mL			
ω_{Fe}/%			
$\overline{\omega}_{Fe}$/%			
相对平均偏差 $\overline{d}_r$/%			

方法二相关计算式：　$\omega_{Fe}=\dfrac{c_{K_2Cr_2O_7}V_{K_2Cr_2O_7}\times10^{-3}\times6\times M_{Fe}}{m_s}\times100\%$

六、问题与讨论

1. 邻二氮菲-亚铁指示剂的变色点电位是多少？若采用二苯胺磺酸钠作指示剂，哪个引起的滴定误差大？

2. 滴定体系中为什么要加 $3mol\cdot L^{-1}$ H_2SO_4 溶液？

实验 24　$Na_2S_2O_3$ 标准溶液的配制和浓度标定

一、实验目的

1. 掌握 $Na_2S_2O_3$ 标准溶液的配制方法和保存条件。

2. 掌握用基准物质 $K_2Cr_2O_7$ 标定 $Na_2S_2O_3$ 溶液浓度的原理和方法。

3. 了解淀粉指示剂的变色原理及变色过程。

二、实验原理

硫代硫酸钠溶液是碘量法中常用的标准溶液。固体硫代硫酸钠（$Na_2S_2O_3\cdot5H_2O$）一般都含有少量杂质，如 S、Na_2SO_3、Na_2SO_4、Na_2CO_3 及 NaCl 等，同时还容易风化和潮解，因此不能直接配制准确浓度的溶液。

$Na_2S_2O_3$ 溶液易受微生物、空气中的氧以及溶解在水中 CO_2 的影响而分解：

$$Na_2S_2O_3 \xrightarrow{细菌} Na_2SO_3+S\downarrow$$

$$2S_2O_3^{2-}+O_2 \longrightarrow 2SO_4^{2-}+2S\downarrow$$

$$S_2O_3^{2-}+CO_2+H_2O \longrightarrow HSO_3^-+HCO_3^-+S\downarrow$$

为了减少上述副反应的发生，配制 $Na_2S_2O_3$ 溶液时应用新煮沸后冷却的蒸馏水，并加入少量 Na_2CO_3（约 0.02%）使溶液呈微碱性，也可加入少量 HgI_2（$10mg\cdot L^{-1}$）作杀菌剂。日光能促进溶液中 $Na_2S_2O_3$ 分解，所以 $Na_2S_2O_3$ 溶液应贮于棕色瓶中，放置暗处，经 1～2 周再标定。长期使用的溶液应定期标定。

通常采用 $K_2Cr_2O_7$ 作基准物质，以淀粉作指示剂，采用间接碘量法标定 $Na_2S_2O_3$ 溶液的浓度。

酸性溶液中 $K_2Cr_2O_7$ 先与 KI 反应析出 I_2，析出的 I_2 再用 $Na_2S_2O_3$ 标准溶液滴定：

$$Cr_2O_7^{2-}+6I^-+14H^+ = 2Cr^{3+}+3I_2+7H_2O$$

$$2S_2O_3^{2-}+I_2 = S_4O_6^{2-}+2I^-$$

$K_2Cr_2O_7$ 与 KI 的反应速度较慢，为了加快反应速度，可加入 0.2～$0.4mol\cdot L^{-1}$ HCl 溶液控制酸度，同时加入过量的 KI，并在暗处放置一定时间。但在滴定前需将溶液稀释以降低酸度，以防止 $Na_2S_2O_3$ 在滴定过程中遇强酸而分解。

以淀粉作指示剂。淀粉在有 I^- 离子存在时能与 I_2 分子形成蓝色可溶性吸附化合物，从使溶液呈蓝色。达到滴定终点时，溶液中的 I_2 全部与 $Na_2S_2O_3$ 作用，蓝色消失。但开始时 I_2 太多，被淀粉吸附得过牢，就不易被完全夺出，并且也难以观察滴定终点，因此必须在临近滴定终点时方可加入淀粉溶液。

三、实验用品

1. 仪器：台秤、分析天平（0.1mg)、碱式滴定管、锥形瓶、移液管、容量瓶、烧杯、量筒等。

2. 试剂：$K_2Cr_2O_7$ 标准溶液（配制方法同实验 23)、KI 溶液（$100g \cdot L^{-1}$)、HCl 溶液（$6mol \cdot L^{-1}$)、淀粉溶液（0.5%)、$Na_2S_2O_3 \cdot 5H_2O$（A. R.)、Na_2CO_3（A. R.)。

四、实验内容

1. 0.10mol·L⁻¹ $Na_2S_2O_3$ 标准溶液的配制

台秤上称取 9.1g $Na_2S_2O_3 \cdot 5H_2O$，溶于 350mL 新煮沸并冷却的去离子水中，加 0.1g Na_2CO_3，保存于棕色瓶中，贴标签，放置 1 周后进行标定。

2. $Na_2S_2O_3$ 标准溶液的标定

用移液管移取 25.00mL $K_2Cr_2O_7$ 标准溶液于锥形瓶中，加 5mL $6mol \cdot L^{-1}$ HCl 溶液、10mL $100g \cdot L^{-1}$ KI 溶液，摇匀后盖上表面皿，在暗处放置 5min[1]。加蒸馏水 100mL 稀释[2]，用 $Na_2S_2O_3$ 标准溶液滴定至浅黄绿色后加入 2mL 淀粉溶液，继续滴定至蓝色消失而显绿色，即达滴定终点[3]。平行测定 3 次，计算 $Na_2S_2O_3$ 标准溶液的浓度和相对平均偏差。

【注释】

[1] $K_2Cr_2O_7$ 与 KI 的反应不是立刻完成的，在稀溶液中反应更慢，因此应等反应完全后再加水稀释。在上述条件下，大约经 5min 反应即可完成。

[2] 生成的 Cr^{3+} 显绿色，妨碍滴定终点观察。滴定前预先稀释，一方面，可使 Cr^{3+} 浓度降低，绿色变浅，滴定终点时溶液由蓝色变为绿色，容易观察；另一方面，$K_2Cr_2O_7$ 与 KI 反应产生的 I_2 浓度较高，稀释可降低 I_2 的挥发损失，同时稀释也使溶液的酸度降低，适合于 $Na_2S_2O_3$ 滴定 I_2。

[3] 滴定完全的溶液放置后会变蓝色。如果不是很快变蓝（经过 5～10min)，那就是由空气氧化所致。如果很快变蓝，说明 $K_2Cr_2O_7$ 和 KI 的作用在滴定前进行得不完全，溶液稀释得太早。

五、实验数据记录与处理

实验数据记录于表 2-39。

表 2-39 $Na_2S_2O_3$ 标准溶液的标定

项目	1	2	3
$c_{K_2Cr_2O_7}/mol \cdot L^{-1}$			
$V_{K_2Cr_2O_7}/mL$	25.00	25.00	25.00
$V_{Na_2S_2O_3}$ 初读数/mL			
$V_{Na_2S_2O_3}$ 终读数/mL			
$V_{Na_2S_2O_3}/mL$			

续表

项目	1	2	3
$c_{Na_2S_2O_3}$/mol·L^{-1}			
$\overline{c}_{Na_2S_2O_3}$/mol·L^{-1}			
相对平均偏差 $\overline{d}_r$/%			

相关计算式：

$$c_{Na_2S_2O_3}=\frac{6\times c_{K_2Cr_2O_7}V_{K_2Cr_2O_7}}{V_{Na_2S_2O_3}}$$

六、问题与讨论

1. 如何配制和保存浓度比较稳定的 $Na_2S_2O_3$ 标准溶液？

2. 用 $K_2Cr_2O_7$ 作基准物质标定 $Na_2S_2O_3$ 溶液时，为什么要加入过量的 KI 和 HCl 溶液？为什么放置一定时间后才加水稀释？

实验 25 铜盐中铜含量的测定

一、实验目的

1. 掌握间接碘量法测定铜含量的基本原理。
2. 了解间接碘量法中误差的来源。
3. 掌握提高分析结果准确度的方法。

二、实验原理

间接碘量法测定硫酸铜中的铜含量是基于 Cu^{2+} 与过量的 KI 反应定量析出 I_2，然后用 $Na_2S_2O_3$ 标准溶液进行滴定，其反应式如下：

$$2Cu^{2+}+5I^{-}=\!=\!=2CuI\downarrow+I_3^{-}$$

$$I_3^{-}+2S_2O_3^{2-}=\!=\!=3I^{-}+S_4O_6^{2-}$$

从上述反应可以看出，I^- 不仅是 Cu^{2+} 的还原剂，还是 Cu^+ 的沉淀剂和 I_2 的配合剂。

Cu^{2+} 与 I^- 的反应是可逆反应，为了使反应趋于完全，必须加入过量的 KI。但是 CuI 沉淀强烈地吸附 I_3^-（在过量 I^- 存在下，I_2 以 I_3^- 形式存在），会使测定结果偏低。如果加入 KSCN，使 CuI（$K_{sp}=5.06\times10^{-12}$）转化为溶解度更小的 CuSCN（$K_{sp}=4.8\times10^{-15}$）：

$$CuI+SCN^{-}=\!=\!=CuSCN\downarrow+I^{-}$$

这样不但可释放出被 CuI 吸附的 I_3^-，而且反应再生了 I^-，可减少 KI 的用量。但是，KSCN 只能在接近滴定终点时加入，否则较多的 I_2 会明显地被 KSCN 所还原而使结果偏低：

$$4I_2+SCN^{-}+4H_2O=\!=\!=ICN+SO_4^{2-}+7I^{-}+8H^{+}$$

同时，为了防止铜盐水解，反应必须在酸性溶液中进行。酸度过低，铜盐水解使 Cu^{2+} 氧化 I^- 进行得不完全，造成结果偏低，而且反应速度慢，滴定终点拖长；酸度过高，则 I^- 被空气氧化为 I_2 的反应被 Cu^{2+} 催化，使结果偏高。

大量 Cl^- 能与 Cu^{2+} 配合，导致 I^- 不易从 Cu(Ⅱ) 离子的氯配合物中将 Cu^{2+} 定量地还原，因此最好使用硫酸而不用盐酸（少量盐酸不干扰）。

利用间接碘量法标定 $Na_2S_2O_3$ 溶液的基准物质有 $K_2Cr_2O_7$、KIO_3、$KBrO_3$ 和纯铜等。铜盐、矿石或合金中铜含量的测定[1]，最好以纯铜作为标定 $Na_2S_2O_3$ 溶液的基准物质，以 NH_4HF_2 为缓冲溶液，一方面可以控制溶液 pH 为 3～4，另一方面可以利用 F^- 与 Fe^{3+} 形成稳定的配合物而消除矿样中铁的干扰。

三、实验用品

1. 仪器：台秤、分析天平（0.1mg）、碱式滴定管（50mL）、量筒、锥形瓶。

2. 试剂：KSCN（$100g \cdot L^{-1}$）、KI（$100g \cdot L^{-1}$）、淀粉（0.5%）、$CuSO_4 \cdot 5H_2O$（A. R.）、$Na_2S_2O_3$（$0.1mol \cdot L^{-1}$）（配制方法见实验 24）、H_2SO_4（$1mol \cdot L^{-1}$）。

四、实验内容

准确称取 $CuSO_4 \cdot 5H_2O$ 试样 0.5～0.6g 三份，分别置于锥形瓶中，加 5mL $1mol \cdot L^{-1}$ H_2SO_4 溶液和 100mL 水使其溶解[2]。加入 $100g \cdot L^{-1}$ KI 溶液 10mL，立即用 $Na_2S_2O_3$ 标准溶液滴定至浅黄色。加入 2mL 淀粉指示剂[3]，继续滴至浅蓝色。再加 $100g \cdot L^{-1}$ KSCN 溶液 10mL[4]，摇动后溶液颜色转深，再继续滴定至蓝色刚好消失为滴定终点（此时溶液为米色 CuSCN 悬浮液）。记下消耗 $Na_2S_2O_3$ 标准溶液的体积，计算试样中 Cu 的质量分数和相对平均偏差。

【注释】

[1] 矿石或合金中的铜也可以用碘量法测定。但必须设法防止其他能氧化 I^- 的物质（如 NO_3^-、Fe^{3+} 等）的干扰。防止的方法是加入掩蔽剂以掩蔽干扰离子（如使 Fe^{3+} 生成 FeF_6^{3-} 配离子而被掩蔽）或在测定前将它们分离除去。若有 As(Ⅴ)、Sb(Ⅴ) 存在，则应将 pH 调至 4，以免它们氧化 I^-。

[2] 为防止 Cu^{2+} 水解，溶解时可加少量的稀硫酸溶液。

[3] 加淀粉不能太早，因反应中产生大量的 CuI 沉淀，若淀粉与 I_2 过早形成蓝色配合物，大量 I_3^- 被 CuI 沉淀吸附，滴定终点呈较深的灰色，不好观察。

[4] 加入 KSCN 不能过早，而且加入后要剧烈摇动，有利于沉淀的转化和释放出吸附的 I_3^-。

五、实验数据记录与处理

实验数据记录于表 2-40。

表 2-40 铜盐中铜含量的测定

项目	1	2	3
$m_{CuSO_4 \cdot 5H_2O}$+称量瓶(倾出前)/g			
$m_{CuSO_4 \cdot 5H_2O}$+称量瓶(倾出后)/g			
$m_{CuSO_4 \cdot 5H_2O}$/g			
$V_{Na_2S_2O_3}$初读数/mL			
$V_{Na_2S_2O_3}$终读数/mL			
$V_{Na_2S_2O_3}$/mL			
$\bar{c}_{Na_2S_2O_3}$/mol·L^{-1}			
ω_{Cu}/%			
$\bar{\omega}_{Cu}$/%			
相对平均偏差 $\bar{d}_r$/%			

相关计算式：　$\omega_{Cu}=\dfrac{c_{Na_2S_2O_3}V_{Na_2S_2O_3}\times10^{-3}\times M_{Cu}}{m_s}\times100\%$

六、问题与讨论

1. 用间接碘量法测定铜含量时，为什么要加入 KSCN 溶液？为什么不能在酸化后立即加入 KSCN 溶液？

2. 用 $Na_2S_2O_3$ 标准溶液测定铜矿或铜合金中的铜，最好用什么基准物质标定 $Na_2S_2O_3$ 溶液的浓度？

3. 试述分析矿石或合金中的铜含量时，干扰杂质的消除方法。

4. $\varphi^{\ominus}_{Cu^{2+}/Cu^{+}}=0.158V$，$\varphi^{\ominus}_{I_2/I^{-}}=0.54V$，$Cu^{2+}$ 不可能氧化 I^-，为什么本实验能够进行？

5. 为什么间接碘量法测定铜含量必须在弱酸性溶液中进行？

实验 26　邻二氮菲分光光度法测定铁（基本条件实验及试样中微量铁的测定）

一、实验目的

1. 学习如何选择吸光光度分析的实验条件。

2. 学习吸收曲线、标准曲线的绘制及最大吸收波长的选择。

3. 掌握邻二氮菲分光光度法测定铁的原理和方法。

4. 了解分光光度计的构造和使用方法。

二、实验原理

邻二氮菲（phen）是测定微量铁的较好试剂。邻二氮菲和 Fe^{2+} 在 pH 3～9 的条件下（pH 5～6 最佳）生成一种稳定的橙红色配合物 $[Fe(phen)_3]^{2+}$，其 $\lg K=21.3$，$\varepsilon_{508}=1.1\times10^4 L\cdot mol^{-1}\cdot cm^{-1}$，铁含量在 0.1～6μg·mL^{-1}范围内遵守朗伯-比耳定律。其吸收曲线如图 2-55 所示。显色前需用盐酸羟胺或抗坏血酸将 Fe^{3+} 全部还原为 Fe^{2+}，然后加入邻二氮菲，并调节溶液酸度至适宜的显色酸度范围。有关反应如下：

$$2Fe^{3+}+2NH_2OH\cdot HCl = 2Fe^{2+}+N_2\uparrow+2H_2O+4H^{+}+2Cl^{-}$$

该红色配合物的最大吸收峰约在 510mm 处。本方法的选择性很强，相当于铁含量 40 倍的 Sn^{2+}、Al^{3+}、Ca^{2+}、Mg^{2+}、Zn^{2+}、SiO_3^{2-}，20 倍的 Cr^{3+}、Mn^{2+}、V(Ⅴ)、PO_4^{3-}，5 倍的 Co^{2+}、Cu^{2+} 等均不干扰测定。

用分光光度法测定物质的含量，一般采用标准曲线法，即配制一系列不同浓度的标准溶液，在相同实验条件下依次测量各标准溶液的吸光度（A），以溶液的浓度为横坐标，相应的吸光度为纵坐标，绘制标准曲线。在同样实验条件下，测定待测溶液的吸光度，根据测得的吸光度从标准曲线上查出相应的浓度，即可计算试样中被测物质的含量。

三、实验用品

1. 仪器：7200 型分光光度计、容量瓶（50mL）、吸量管（5mL、2mL、1mL）、比色皿

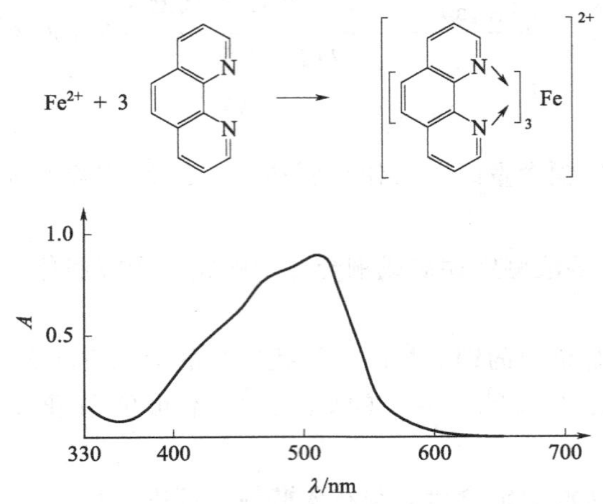

图 2-55 邻二氮菲-铁(Ⅱ)的吸收曲线

(1cm)。

2. 试剂：铁标准溶液（1.0×10^{-3} mol·L^{-1}）[1]、铁标准储备液（0.1mg·mL^{-1}）[2]、邻二氮菲水溶液（1.5g·L^{-1}现用现配，避光保存，溶液颜色变暗时即不能使用）、盐酸羟胺水溶液（100g·L^{-1}）（现用现配）、乙酸钠溶液（1.0mol·L^{-1}）、NaOH 溶液（0.1mol·L^{-1}）。

四、实验内容

1. 实验条件的确定

（1）吸收曲线的绘制和测量波长的选择

用吸量管吸取 0.00mL、1.00mL 浓度为 0.1mg·mL^{-1}铁标准储备液，分别注入 2 个 50mL 容量瓶中，各加入 1mL 100g·L^{-1}盐酸羟胺溶液，摇匀，静置 2min。再加入 2mL 1.5g·L^{-1}邻二氮菲溶液、5mL 1mol·L^{-1} NaAc 溶液，用水稀释至刻度，摇匀。放置 10min 后，用 1cm 比色皿，以试剂空白（即 0.0mL 铁标准溶液）为参比溶液，在 440～560nm 之间，每隔 10nm 测一次吸光度 A。在最大吸收峰附近，每隔 5nm 测定一次吸光度。

在坐标纸上，以波长 λ 为横坐标，吸光度 A 为纵坐标，绘制 A 和 λ 关系的吸收曲线，从而选择测定 Fe 的最大吸收波长 λ_{max}。

（2）显色剂用量的确定

取 7 个 50mL 容量瓶，各加入 2.00mL 1.0×10^{-3} mol·L^{-1}铁标准溶液、1mL 100g·L^{-1}盐酸羟胺溶液，摇匀，静置 2min。再分别加入 0.20mL、0.40mL、0.60mL、0.80mL、1.00mL、2.00mL、4.00mL 1.5g·L^{-1}邻二氮菲溶液和 5mL 1mol·L^{-1} NaAc 溶液，以水稀释至刻度，摇匀，放置 10min。用 1cm 比色皿，以蒸馏水为参比溶液，在选择的最大吸收波长下测定各溶液的吸光度。

以所取邻二氮菲溶液的体积 V 为横坐标，吸光度 A 为纵坐标，绘制 A-V 曲线，确定显色剂的适宜用量。

（3）溶液酸度的选择

取 7 个 50mL 容量瓶，分别加入 2.00mL 1.0×10^{-3} mol·L^{-1}铁标准溶液、1mL 100g·L^{-1}盐酸羟胺溶液，摇匀后静置 2min。再各加入 2mL 1.5g·L^{-1}邻二氮菲溶液，摇匀。然后，用滴定管分别加入 0.0mL、2.0mL、5.0mL、10.0mL、15.0mL、20.0mL、30.0mL 0.10mol·L^{-1}

NaOH溶液，用水稀释至刻度，摇匀，放置10min。用1cm比色皿，以蒸馏水为参比溶液，在选择的波长下测定各溶液的吸光度。

同时，用pH计测量各溶液的pH。以pH为横坐标，吸光度A为纵坐标，绘制A-pH曲线，确定适宜酸度范围。

（4）显色时间及配合物的稳定性

在一个50mL容量瓶（或比色管）中，加入2.00mL 1.0×10^{-3} mol·L^{-1}铁标准溶液、1mL 100g·L^{-1}盐酸羟胺溶液，摇匀。再加入2mL 1.5g·L^{-1}邻二氮菲溶液、5mL 1mol·L^{-1} NaAc溶液，以水稀释至刻度，摇匀。立即用1cm比色皿，以蒸馏水为参比溶液，在选择的波长下测量吸光度。然后依次测量放置5min、10min、30min、60min、120min、180min后溶液的吸光度。

以时间t为横坐标，吸光度A为纵坐标，绘制A-t曲线，对配合物的稳定性和显色反应完全进行判断。

2. 试样中铁含量的测定

（1）标准曲线的绘制

在6个50mL容量瓶中，用吸量管分别加入0.00mL、0.20mL、0.40mL、0.60mL、0.80mL、1.00mL 0.1mg·mL^{-1}铁标准溶液，分别加入1mL 100g·L^{-1}盐酸羟胺溶液，摇匀后静置2min。再分别加入2mL 1.5g·L^{-1}邻二氮菲溶液、5mL 1mol·L^{-1} NaAc溶液，每加一种试剂后摇匀。然后，用水稀释至刻度，摇匀后放置10min。用1cm比色皿，以试剂为空白（即0.0mL铁标准溶液），在所选择的最大吸收波长下，测量各溶液的吸光度。以铁的浓度为横坐标，吸光度A为纵坐标，绘制标准曲线。

（2）试液含铁量的测定

取一只50mL容量瓶，加入1.00mL未知溶液，试样溶液同步骤（1）显色，在相同条件下测其吸光度，由标准曲线计算试样中微量铁的质量浓度。

【注释】

[1] 准确称取0.3921g $NH_4Fe(SO_4)_2\cdot6H_2O$于烧杯中，用50mL 1∶1 HCl溶液溶解，然后定量转移至1000mL容量瓶中，用水稀释至刻度，摇匀。

[2] 准确称取0.7020g $NH_4Fe(SO_4)_2\cdot6H_2O$于烧杯中，加入20mL 1∶1 H_2SO_4溶液和少量水，溶解后，定量转移至1000mL容量瓶中，以水稀释至刻度，摇匀。

五、实验数据记录与处理

实验数据记录于表2-41～表2-43。

1. 实验条件的确定

表2-41　吸收曲线的绘制

λ/nm	440	450	460	470	480	490	500	510	520	530	540	550	560
A													

吸光度测定条件：1cm的比色皿，以试剂空白为参比。

结论：____________________________________。

表 2-42 显色剂用量的确定

V/mL	0.20	0.40	0.60	0.80	1.00	2.00	4.00
A							

吸光度测定条件：1cm 的比色皿，以蒸馏水为参比，测定波长 510nm。

结论：________________________________。

2. 试样中铁含量的测定

表 2-43 试样中铁含量的含量

V_{Fe}/mL	0.2	0.4	0.6	0.8	1.0	未知样:1.0
c_{Fe}/(mg/50mL)						
A						

吸光度测定条件：1cm 的比色皿，以试剂空白为参比，测定波长 510nm。

由标准曲线计算试样中微量铁的质量浓度：______________。

六、问题与讨论

1. 本实验为什么要选择酸度、显色剂用量和有色溶液的稳定性作为条件实验的项目？

2. 制作标准曲线和进行其他条件实验时，加入试剂的顺序能否任意改变？为什么？

3. 用邻二氮菲测定铁时，为什么要加入盐酸羟胺？其作用是什么？试写出有关反应方程式。

4. 为什么绘制标准曲线和测定样品要在相同条件下进行？相同条件指的是哪些？

5. 吸收曲线与标准曲线有何区别？在实际应用中有何意义？

6. 在有关条件实验中，均以蒸馏水为参比，为什么在测绘标准曲线和测定试液时，要以试剂空白溶液为参比？

相关知识

吸光光度法

基于被测物质的分子对光具有选择性吸收而建立起来的分析方法称为吸光光度法，包括比色法、可见分光光度法、紫外分光光度法和红外光谱法等。与化学分析法相比，吸光光度法具有灵敏度高、准确度高、操作简便快速和应用广泛的特点。吸光光度法属于仪器分析法中的光谱分析法范畴。这里只讨论溶液在可见光区（400～760nm）的吸光光度法。

1. 吸光光度法基本原理

（1）吸收曲线

物质对光的选择性吸收可以从吸收曲线看出，测量某物质对不同波长单色光的吸光度，以波长 λ 为横坐标、吸光度 A 为纵坐标，绘制曲线，此曲线即为吸收曲线（或吸收光谱）。不同物质，吸收光谱不同；相同物质，吸收光谱相同，浓度改变，吸收光谱形状不变，但吸光度改变（见图 2-56）。吸收光谱是吸光光度法定性分析的基础，同时也是定量分析确定测量波长的依据，通常以最大吸收峰对应的波长作为测量波长。

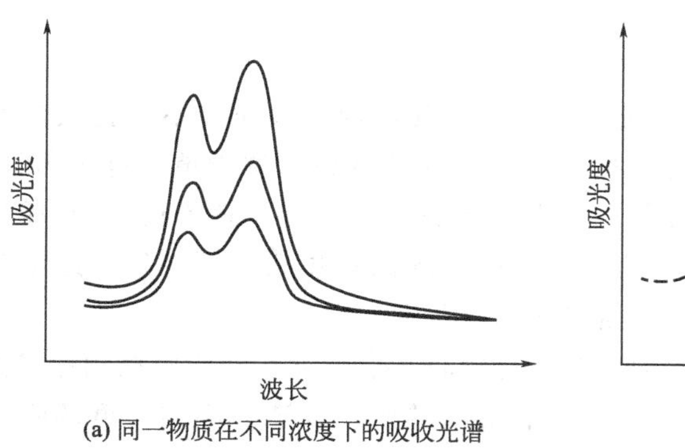

图 2-56　吸收光谱

（2）朗伯-比耳定律

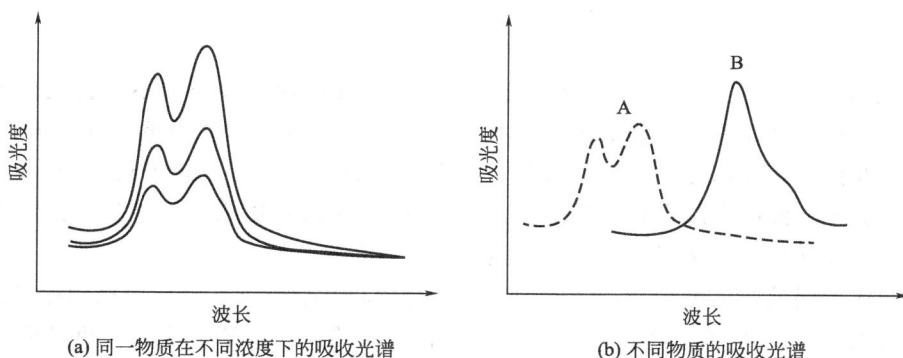

朗伯（Lambert）和比耳（Beer）分别于 1760 年和 1852 年研究了光的吸收与有色溶液的液层厚度及溶液浓度的定量关系，两者结合称为朗伯-比耳定律，其数学表达式如下：

$$A=\varepsilon bc$$

式中，A 为吸光度；ε 为摩尔吸光系数，$L \cdot mol^{-1} \cdot cm^{-1}$；$b$ 为液层厚度，cm；c 为溶液浓度，$mol \cdot L^{-1}$。

由此可见，在一定条件下，物质对光的吸收与物质的浓度成正比，这是吸光光度法定量分析的基础。

（3）灵敏度表示方法

摩尔吸光系数是吸光物质在一定波长和介质中的特征常数，反映该吸光物质的灵敏度。ε 越大，表示该吸光物质对此波长光的吸收能力越强，显色反应越灵敏。在最大吸收波长处的摩尔吸光系数常以 ε_{max} 表示。

（4）定量分析方法

① 标准曲线法（工作曲线法）。根据朗伯-比耳定律，在一定条件下，物质对光的吸收与物质的浓度成正比，标准曲线法就是根据这一原理来实现定量分析的。具体方法：在选择的实验条件下分别测量一系列不同浓度标准溶液的吸光度，在坐标纸上以标准溶液中待测组分的浓度 c 为横坐标、吸光度 A 为纵坐标作图，得到一条通过原点的直线，称为标准曲线。再在同样条件下测量待测溶液的吸光度 A_x，在标准曲线上就可以查到与之相对应的被测物质的浓度 c_x、如图 2-57 所示。

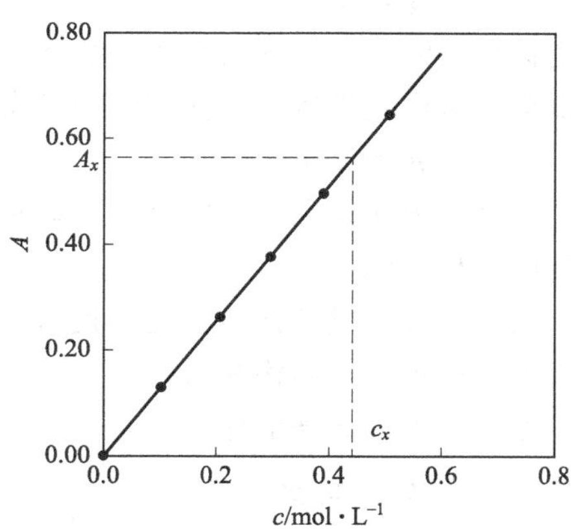

图 2-57　标准曲线

标准曲线法是仪器分析中常用的一种定量分析方法。

② 比较法。当溶液浓度在线性范围内，且试样浓度（c_x）与标准溶液浓度（c_s）接近时，在相同条件下测得试样溶液与标准溶液的吸光度 A_x 和 A_s。

$$A_x=\varepsilon bc_x$$

$$A_s=\varepsilon bc_s$$

$$c_x = c_s \frac{A_x}{A_s}$$

③ 吸光光度法的误差。在吸光光度法分析中，经常出现标准曲线不呈直线的情况，特别是当吸光物质浓度较高时，明显地看到标准曲线弯曲的现象，这种情况称为偏离朗伯-比耳定律。若在曲线弯曲部分进行定量分析，将会引起较大的误差。偏离朗伯-比耳定律的原因主要是仪器或溶液的实际条件与朗伯-比耳定律所要求的理想条件不一致，这就要求我们在配制标准溶液和试样溶液时要注意标准曲线的线性范围。

从仪器测量误差的角度来看，为使测量结果有较高的准确度，一般应控制标准溶液和被测试液的吸光度在 0.2～0.8 范围内。可通过控制溶液的浓度或选择不同厚度的吸收池（比色皿）来达到此目的。

2. 吸光光度法的分类和仪器简介

（1）目视比色法

目视比色法是通过人的眼睛观察、比较有色溶液颜色深浅从而确定被测组分含量的分析方法。

仪器：一套相同材料、相同大小、相同形状的比色管。

方法步骤：首先配制一系列不同浓度的标准溶液，然后在相同条件下进行显色得到标准色阶，最后在相同条件下对试样溶液进行显色，通过比较试样溶液与标准色阶的颜色来确定试样溶液的浓度。

（2）光电比色法

光电比色法是利用光电效应原理通过光电比色计测定有色溶液吸光度从而确定被测组分含量的分析方法。

仪器：光电比色计。光电比色计主要由四部分组成，即光源、滤光片、吸收池（比色皿）和检测器。

方法步骤：首先配制一系列不同浓度的标准溶液；然后在相同条件下进行显色得到一组有色标准溶液，测定其吸光度，绘制标准曲线；最后在相同条件下对试样溶液进行显色，测定试样溶液的吸光度，由标准曲线来确定试样溶液的浓度。

（3）分光光度法

分光光度法是利用光电效应原理通过分光光度计测定有色溶液吸光度从而确定被测组分含量的分析方法。

仪器：分光光度计。分光光度计主要由四部分组成，即光源、单色器（棱镜或光栅）、吸收池（比色皿）和检测器。

方法步骤：同光电比色法。

3. 可见分光光度计

分光光度计种类和型号较多，实验室常用的有 72 型、721 型、752 型等。各种型号分光光度计的基本结构都相同，由光源、单色器（分光系统）、吸收池、检测系统和信号显示系统五大部分组成。

（1）仪器的结构

以 7200 型分光光度计为例，7200 型光栅分光光度计由光源、单色器、试样室、光电管、线性运算放大器、对数运算放大器及数字显示器等部件组成，基本结构如图 2-58 所示。

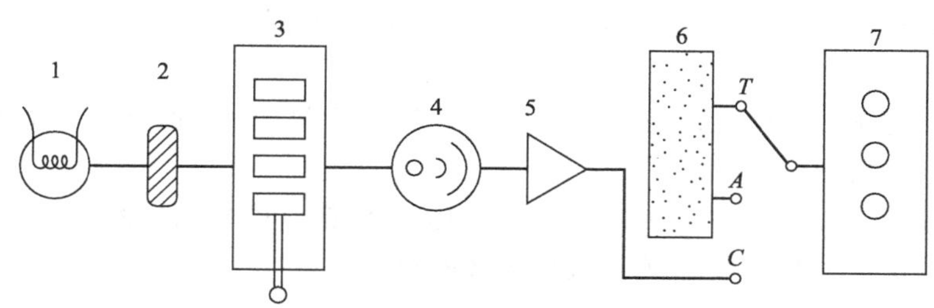

图 2-58　7200 型分光光度计结构示意图

1—光源；2—单色器；3—试样室；4—光电管；5—线性运算放大器；6—对数运算放大器；7—数字显示器

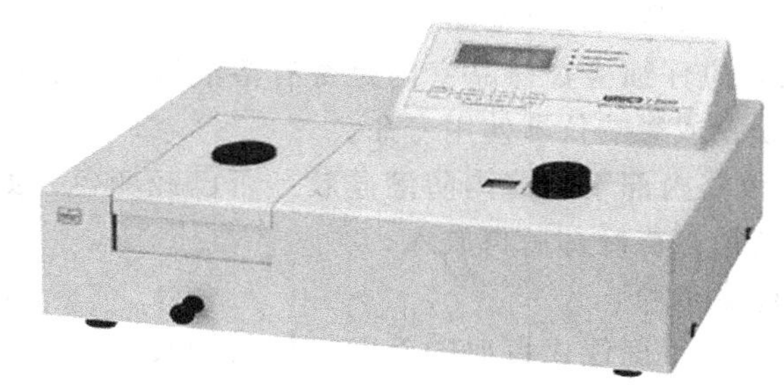

图 2-59　WFJ7200 型分光光度计

（2）仪器的使用方法

测量根据：

$$T=I_t/I_0$$

$$A=-\lg T=\varepsilon bc$$

式中，I_0为入射光强度；I_t为透射光强度。

A、T 都是物质对光吸收程度的量度。溶液的透光率 T 越大，表明它对光的吸收越小，吸光度 A 越小。

当 $I_t=I_0$ 时，$T=1$，$A=0$，表明入射光全部透过，吸收为零；当 $I_t=0$ 时，$T=0$，$A\rightarrow\infty$，表明入射光全部被吸收，无光透过。故透光率 T 有意义的取值范围为 0～1，对应吸光度 A 有意义的取值范围为∞～0。

本仪器是根据相对测量原理工作的，即选定某一溶剂（蒸馏水、试剂空白）作为参比溶液，并设定它的透光率（T）为 100%，而被测物质的透光率是相对于该参比溶液而得到的。

以 WFJ7200 型分光光度计（见图 2-59）为例，使用方法如下：

① 连接仪器电源线，确保仪器供电电源有良好的接地性能。

② 接通电源，使仪器预热 20min（不包括仪器自检时间）。

③ 用“MODE”键设置测试方式：透光率（T）、吸光度（A）、已知标准样品浓度值方式（c）和已知标准样品斜率（F）方式。

④ 用波长选择旋钮设置分析波长。

⑤ 将参比溶液和被测溶液分别倒入比色皿中（注意：倒入溶液体积约占比色皿容积的 3/4，不能倒入太满，否则溶液易溢出），打开样品室盖，将盛有溶液的比色皿分别插入比色皿槽中。注意比色皿透光部分表面不能有指印、溶液痕迹，被测溶液中不能有气泡、悬浮物，否则将影响样品测试的精度。

⑥ 将0%T校具（黑体）置入光路中，在T方式下按“0%T”键，此时显示器显示“000.0”。

⑦ 将参比溶液推（拉）入光路，按“100%T”键调100%透光率，此时显示器显示“BLA”直至显示“100.0”为止。

⑧ 当仪器显示器显示出“100.0”后，将被测溶液推（拉）入光路，按“MODE”键设置测试方式为吸光度（A），即可测定被测溶液的吸光度。

（3）可见分光光度计使用的注意事项

① 每台仪器所配套的比色皿不能与其他仪器的比色皿单个调换。

② 为确保仪器稳定，在电压波动较大时，应将220V电源预先稳压。

③ 当仪器工作不正常，如数字显示无亮光、光源灯不亮时，应检查仪器后盖保险丝是否损坏，然后检查电源是否接通，再查电路。

④ 每次使用结束后，应仔细检查样品室内是否有溶液溢出，若有溢出必须随时用滤纸吸干，否则会引起测量误差或影响仪器使用寿命。

⑤ 每周要检查一次仪器内部干燥筒内防潮硅胶是否已经变色，如发现已变为红色，应及时取出调换或烘干至蓝色，待冷却后再放入。

（4）比色皿使用的注意事项

① 拿取比色皿时，应用手捏住比色皿的毛面，切勿触及透光面，以免透光面被沾污或磨损。

② 被测液以倒至约比色皿3/4高度处为宜。

③ 在测定一系列溶液的吸光度时，通常都是按从稀到浓的顺序进行。使用的比色皿必须先用待测溶液润洗2～3次。

④ 比色皿外壁的液体应用吸水纸吸干。

⑤ 清洗比色皿时，一般用水冲洗。如比色皿被有机物沾污，宜用盐酸-乙醇混合液浸泡片刻，再用水冲洗。不能用碱液或强氧化性洗液清洗，也不能用毛刷刷洗，以免损伤比色皿。

实验27 分光光度法测定邻二氮菲-铁（Ⅱ）配合物的组成

一、实验目的

1. 进一步学习使用分光光度计。
2. 学习用摩尔比法测定配合物组成的基本原理和实验方法。
3. 学习有关实验数据的处理方法。

二、实验原理

在分析化学实验中，很少利用金属水合离子本身的颜色进行光度分析，因为它们的摩尔吸光系数一般都很小。通常都是选择适当的试剂，将待测离子转化为有色配合物，再进行测定。这种将试样中被测组分转变成有色配合物的反应叫显色反应。配位反应是一类重要的显色反应。作为显色反应，重要条件之一就是生成的有色配合物组成要恒定、化学性质要稳定。对于形成不同配位比的配位反应，必须注意控制实验条件，生成一定组成的配合物，以免引起误差。

本实验 pH 控制在 2～9，通过显色反应 $M+nL \longrightarrow ML_n$，应用摩尔比法测定邻二氮菲-铁(Ⅱ)配合物的组成，即反应方程式中配位比 n 的数值。

摩尔比法也称饱和法，实验过程和原理如下：在一定实验条件下，配制一系列体积相同的溶液。在这些溶液中，固定金属离子 M 的浓度，依次从低到高改变显色剂 L 的浓度，然后在一定波长下测定每份溶液的吸光度 A，随着显色剂 L 浓度的加大，形成的配合物 ML_n 的浓度也不断增加，吸光度 A 也不断增加，当 $c_L/c_M=n$ 时，ML_n 浓度最大，吸光度也应最大。这时 M 被 L 饱和，若显色剂 L 浓度再增大，吸光度 A 不再增加。用测得的吸光度 A 对 c_L/c_M 作图，所得曲线的转折点对应的 c_L/c_M，即为配合物的组成比 n，如图 2-60 所示。

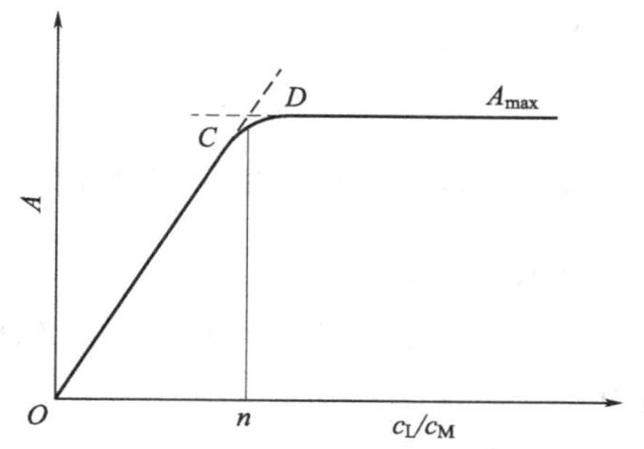

图 2-60 摩尔比法测定配合物组成

将曲线的线性部分延长相交于一点，该点对应的 c_L/c_M 即为配位数 n。摩尔比法适用于解离度较小、配位比较高的配合物组成的测定。

三、实验用品

1. 仪器：7200 型分光光度计、容量瓶（50mL）、吸量管（5mL、2mL、1mL）、比色皿（1cm）。

2. 试剂：铁标准溶液（$1.0\times10^{-3}mol\cdot L^{-1}$，参见实验 26）、邻二氮菲水溶液（$1.0\times10^{-3}mol\cdot L^{-1}$，现用现配，避光保存，溶液颜色变暗时即不能使用）、盐酸羟胺水溶液（$100g\cdot L^{-1}$，现用现配）、乙酸钠溶液（$1.0mol\cdot L^{-1}$）、NaOH 溶液（$0.1mol\cdot L^{-1}$）。

四、实验内容

取 9 只 50mL 容量瓶，各加入 1.00mL $1.0\times10^{-3}mol\cdot L^{-1}$ 铁标准溶液、1mL $100g\cdot L^{-1}$ 盐酸羟胺溶液，摇匀，放置 2min。依次加入 1.00mL、1.50mL、2.00mL、2.50mL、3.00mL、3.50mL、4.00mL、4.50mL、5.00mL $1.0\times10^{-3}mol\cdot L^{-1}$ 邻二氮菲溶液，再各加入 5mL $1.0mol\cdot L^{-1}$ 乙酸钠溶液，以水稀释至刻度，摇匀。在 510nm 波长处，用 1cm 吸收池，以水为参比溶液，测定各溶液的吸光度 A。以 A 对 c_L/c_M 作图，将曲线直线部分延长并相交，根据交点位置确定配合物的配位数 n。

五、实验数据记录与处理

实验数据记录于表 2-44。

表 2-44 有色配合物的吸光度测定记录

50mL 容量瓶编号	1	2	3	4	5	6	7	8	9
$1.0\times10^{-3}mol\cdot L^{-1}$铁标准溶液/mL	1.00								
$100g\cdot L^{-1}$盐酸羟胺溶液/mL	1								
$1.0\times10^{-3}mol\cdot L^{-1}$邻二氮菲溶液/mL	1.00	1.50	2.00	2.50	3.00	3.50	4.00	4.50	5.00
$1mol\cdot L^{-1}$ NaAc 溶液/mL	5								

续表

定容/mL	50.00								
摩尔比 n									
吸光度 A									

要求：根据实验数据作图确定配合物组成。

六、问题与讨论

1. 在什么条件下才可以使用摩尔比法测定配合物的组成？摩尔比法测定配合物组成的定量依据是什么？

2. 在此实验中为什么可以用水作参比溶液，而不必用试剂空白溶液作参比溶液？

3. 在本实验中哪些试剂加入的体积要比较准确？哪些试剂可不必十分准确？为什么？

第3章 提高性、综合性、设计性实验

实验28 去离子水的制备及检验

一、实验目的

1. 了解离子交换法制备去离子水的原理和方法。
2. 掌握水中一些离子的定性检验方法。
3. 学会使用电导率仪。

二、实验原理

离子交换法制备去离子水的原理是基于树脂中的活性基团和水中各种杂质离子间的可交换性。离子交换过程是水中的杂质离子先通过扩散进入树脂颗粒内部，再与树脂活性基团中的 H^+ 或 OH^- 发生交换，被交换出来的 H^+ 或 OH^- 又扩散到溶液中去，并相互结合成 H_2O 的过程。

例如，$R—SO_3H$ 型阳离子交换树脂，交换基团中的 H^+ 与水中的阳离子杂质（如 Na^+、Ca^{2+}、Mg^{2+} 等）进行交换，使水中的 Na^+、Ca^{2+}、Mg^{2+} 等离子结合到树脂上，并交换出 H^+ 于水中，其反应如下：

$$R—SO_3H + Na^+ \rightleftharpoons R—SO_3Na + H^+$$

$$2R—SO_3H + Ca^{2+} \rightleftharpoons (R—SO_3)_2Ca + 2H^+$$

$$2R—SO_3H + Mg^{2+} \rightleftharpoons (R—SO_3)_2Mg + 2H^+$$

经过阳离子交换树脂交换后流出的水中有过剩的 H^+，因此溶液呈酸性。

同样，水通过阴离子交换树脂，交换基团中 OH^- 与水中的阴离子杂质（如 HCO_3^-、Cl^-、SO_3^{2-} 等）发生交换反应而交换出 OH^-，其反应如下：

$$R—N^+(CH_3)_3OH^- + Cl^- \rightleftharpoons R—N^+(CH_3)_3Cl^- + OH^-$$

经过阴离子交换树脂交换后流出的水中有过剩的 OH^-，因此溶液呈碱性。

由以上分析可知，如果含有杂质离子的原料水（工业上称为原水）单纯地通过阳离子交换树脂或阴离子交换树脂，虽然能达到分别除去阳离子或阴离子杂质的作用，但所得的水是非中性的。如果将原水同时通过阴、阳离子交换树脂，则交换出来的 H^+ 和 OH^- 又发生中和反应结合成水，从而得到纯度很高的去离子水。

由于上述交换反应是可逆的，当用一定浓度的酸或碱处理树脂时，无机离子便从树脂上解脱出来，树脂便可得到再生。

本实验用自来水通过混合起来的阳、阴离子交换树脂来制备去离子水。

三、实验用品

1. 仪器：电导率仪、酸度计、离子交换柱、烧杯、试管、螺旋夹等。

2. 试剂：717 型强碱性阴离子交换树脂、732 型强酸性阳离子交换树脂、HCl（5%、$2mol \cdot L^{-1}$）、HNO_3（$2mol \cdot L^{-1}$）、NaOH（5%、$2mol \cdot L^{-1}$）、NaCl（饱和溶液、25%）、$AgNO_3$（$0.1mol \cdot L^{-1}$）、$BaCl_2$（$1mol \cdot L^{-1}$）、铬黑 T（0.1%）、钙指示剂、镁试剂、甲基红（0.2%）、溴百里酚蓝（0.2%）。

3. 材料：玻璃纤维、乳胶管等。

四、实验内容

1. 树脂的预处理

（1）732 型交换树脂的预处理

将树脂用饱和 NaCl 溶液浸泡一昼夜，自来水冲洗树脂至水为无色后，改用纯水浸泡 4～8h，再用 5%盐酸浸泡 4h。倾去 HCl 溶液，用纯水洗至 pH＝6～7。纯水浸泡备用。

（2）717 型交换树脂的预处理

将树脂用饱和 NaCl 溶液浸泡一昼夜，自来水冲洗树脂至水为无色后，改用纯水浸泡 4～8h，再用 5% NaOH 溶液浸泡 4h。倾去 NaOH 溶液，用纯水洗至 pH＝8～9。纯水浸泡备用。

取 717 型强碱性阴离子交换树脂 20mL 和 732 型强酸性阳离子交换树脂 14mL 于烧杯中混合，搅匀。

2. 装柱

在一支长约 30cm、直径 1cm 的交换柱下部放一团玻璃纤维，以防树脂漏出，下部通过乳胶管与一尖嘴玻璃管相连，乳胶管用螺旋夹夹住，将交换柱固定在铁架台上（见图 3-1）。在柱中注入蒸馏水至 1/3 高度，排出管内玻璃纤维和尖嘴中的空气，然后将已处理并混合好的树脂和水搅匀，从上端缓慢倾入柱中，树脂沿水下沉，这样不致带入气泡。若水过满，可打开螺旋夹放水，当上部残留的水达 1cm 时，在顶部也装入一小团玻璃纤维，防止注入溶液时将树脂冲起。在整个操作过程中，树脂要一直保持被水覆盖。如果树脂床中进入空气，会产生缝隙使交换效率降低，若出现这种情况就得重新装柱，或用蒸馏水从下端通入交换柱进行逆流冲洗赶走气泡。

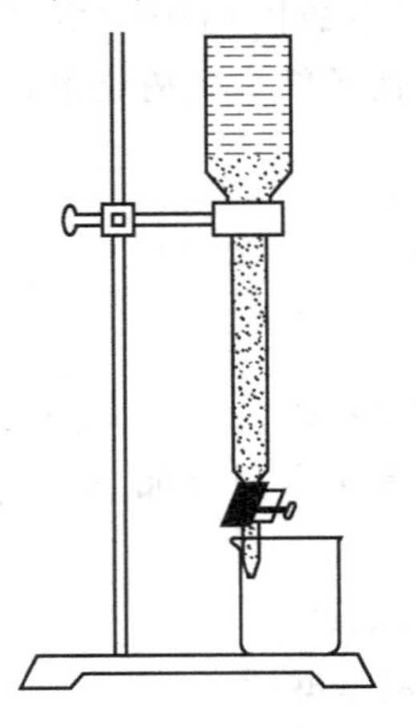

图 3-1　混合离子交换柱

3. 去离子水的制备

将自来水慢慢注入交换柱中，同时打开螺旋夹，使水成滴流出（流速小于1滴$\cdot s^{-1}$），等流过约50mL以后，截取新流出液作水质检验，直至检验合格。

4. 水质检验

（1）Ca^{2+}的检验

分别取5滴交换水和自来水于两支试管中，各加入1滴2mol$\cdot L^{-1}$ NaOH溶液和少量钙指示剂，观察溶液是否显红色。若显红色则表示所制交换水不合格。

（2）Mg^{2+}的检验

分别取5滴交换水和自来水于两支试管中，各加入2～3滴2mol$\cdot L^{-1}$ NaOH溶液，再各加入2滴镁试剂，观察有无天蓝色沉淀生成。若有天蓝色沉淀生成则所制交换水不合格。

（3）Cl^-的检验

分别取5滴交换水和自来水于两支试管中，各加入1滴2mol$\cdot L^{-1}$ HNO_3溶液酸化，再各加入1滴0.1mol$\cdot L^{-1}$ $AgNO_3$溶液，观察有无白色沉淀生成。若有白色沉淀生成则所制交换水不合格。

（4）SO_4^{2-}的检验

分别取5滴交换水和自来水于两支试管中，各加入1滴2mol$\cdot L^{-1}$ HCl溶液和1滴1mol$\cdot L^{-1}$ $BaCl_2$溶液，观察溶液是否变浑浊。若变浑浊则所制交换水不合格。

（5）测pH

① 用酸度计测交换水和自来水的pH，若接近中性，所制交换水合格。

② 分别取10滴交换水和自来水各于两支试管中，一支中滴加2滴0.2%甲基红（变色范围4.0～6.2），显红色则交换水不合格；另一支试管中滴加2滴0.2%溴百里酚蓝（变色范围6.0～7.6），显蓝色则交换水不合格。

（6）测电导率

用电导率仪测定自来水和交换水的电导率。普通化学实验用水电导率为10$\mu S\cdot cm^{-1}$。若交换水的电导率小于10$\mu S\cdot cm^{-1}$，即为合格。

5. 树脂的再生

树脂使用一段时间后会失去正常的交换能力，可按如下方法再生树脂。

（1）树脂的分离

放出交换柱内的水后，加入适量25% NaCl溶液，用一支长玻璃棒充分搅拌使树脂分成两层，再用倾析法将上层树脂倒入烧杯中，重复此操作直至阴、阳离子树脂完全分离为止。将剩下的阳离子树脂倒入另一烧杯中。

（2）阴离子树脂再生

用自来水漂洗树脂2～3次，倒出水后加入5% NaOH溶液浸泡约20min，倾去碱液，再用适量5% NaOH溶液洗涤2～3次，最后用纯水洗至pH＝8～9。

（3）阳离子树脂再生

水洗程序同上。然后用5% HCl溶液浸泡约20min，倾去酸液，再用适量5% HCl溶液洗涤2～3次，最后用纯水洗至水中检不出Cl^-。

五、实验数据记录与处理

将检验结果填入表3-1，并根据检验结果做出结论。

表 3-1 水质检验

检验项目	电导率 μS·cm^{-1}	pH	Ca^{2+}	Mg^{2+}	Cl^-	SO_4^{2-}	结论
自来水							
交换水							

六、注意事项

1. 移取少量树脂时可用粗玻璃管。
2. 交换柱装柱时要赶尽气泡。
3. pH 计使用前要用标准缓冲溶液校准。
4. 测电导率、pH 时要事先洗涤电极并擦干。

七、问题与讨论

1. 试述离子交换法制备纯水的原理。
2. 装柱时为何要赶净气泡?
3. 钠型阳离子交换树脂和氯型阴离子交换树脂为什么在使用前要分别用酸、碱处理，并洗至中性?

相关知识

一、实验用水的规格

做化学实验，水是不可缺少的试剂。天然水和自来水中存在很多杂质，如 Ca^{2+}、Mg^{2+}、Fe^{3+}、K^+ 等阳离子，CO_3^{2-}、Cl^-、SO_3^{2-} 等阴离子，某些有机物质，以及泥沙、细菌、微生物等，不能直接用于实验，而应根据所做实验对水质的要求合理选用不同规格的实验用水。

我国国家标准 GB/T 6682—2008《分析实验室用水规格和试验方法》规定，分析实验室用水共分三个级别。一级水用于有严格要求的分析试验，包括对颗粒有要求的试验，如高效液相色谱分析用水。二级水用于无机痕量分析等试验，如原子吸收光谱分析用水。三级水用于一般化学分析试验。表 3-2 给出了该标准规定的实验室用水规格。

表 3-2 分析实验室用水的级别及主要指标

指标名称	一级	二级	三级
外观	无色透明液体		
pH 范围(25℃)	—	—	5.0～7.5
电导率(25℃)/mS·m^{-1}	≤0.01	≤0.10	≤0.50
可氧化物质[以(O)计]/mg·L^{-1}	—	≤0.08	<0.4
吸光度(254nm,1cm)	≤0.001	≤0.01	—
可溶性硅[以(SiO_2)计]/mg·L^{-1}	<0.01	≤0.02	—

一级水：基本上不含有溶解或胶态离子杂质及有机物，可用二级水经进一步处理制得。例如，可将二级水用石英蒸馏器进一步蒸馏或通过离子交换混合床处理后，再经 0.2μm 微孔滤膜过滤来制备。

二级水：可含有微量的无机、有机或胶态杂质，采用蒸馏、反渗透或去离子后再经蒸馏等方法制备。

三级水：适用于一般实验室工作（包括化学分析），可采用蒸馏、反渗透、去离子（离子交换及电渗析法）等方法制备。

三级水是最普遍使用的纯水，过去多采用蒸馏（用钢质或玻璃蒸馏装置）的方法制备，故通常称为蒸馏水；目前多改用离子交换法、电渗析法或反渗透法制备。

标准只规定了一般的技术指标，在实际工作中，有些实验对水还有特殊的要求，还要检验有关的项目，如铁、钙、氯等离子的含量及细菌指标等。

二、纯水的检验

实验室制备纯水的方法很多，通常用蒸馏法、电渗析法和离子交换法。

对于制备出的纯水，一般进行 pH、重金属离子、Cl^-、SO_4^{2-} 等检验；此外，根据实际工作的需要及生化、医药化学等方面的特殊要求，有时还要进行一些特殊项目的检验。

纯水质量的主要指标是电导率（或换算成电阻率），一般的分析化学实验可参考这项指标选择适用的纯水。测定电导率应选适合测定高纯水的电导率仪（最小量程为 $0.02\mu S \cdot cm^{-1}$），测定一、二级水时，电导池常数为 0.01～0.1，进行“在线”测定。测定三级水时，电导池常数为 0.1～1，用烧杯接取约 300mL 水样，立即测定。如电导率仪无温度补偿功能，则应在测定电导率的同时测定水温，再换算成 20℃时的电导率。

此外，一种简易检查水中金属离子的化学方法是：取纯水 25mL，加 1 滴铬黑 T（<0.1%）指示剂和 5mL pH＝10 的 NH_3-NH_4Cl 缓冲液，如水呈蓝色，说明 Fe^{2+}、Zn^{2+}、Pb^{2+}、Ca^{2+}、Mg^{2+} 等阳离子含量甚微，水质合格；如呈紫红色，说明水质不合格。

三、电导率仪

电解质溶液的导电能力常以电导（G）来表示。测量溶液电导的方法通常是将两个电极插入溶液中，测出两极间的电阻。根据欧姆定律，在一定温度时，两电极间的电阻（R）与两电极间的距离（l）成正比，与电极的截面积（A）成反比，即 $R=\rho \dfrac{l}{A}$。式中，ρ 为电阻率。由于电导是电阻的倒数，所以

$$G=\frac{1}{R}=\frac{1}{\rho}\times\frac{A}{l}，令\frac{1}{\rho}=\kappa，则 G=\kappa \frac{A}{l}$$

式中，κ 称为电导率。它表示两电极距离为 1m、截面积为 $1m^2$ 时溶液的电导，单位为 $S \cdot m^{-1}$。由此可见，溶液的电导与测量电极的面积及两电极间的距离有关，而电导率则与此无关，因此用 κ 来反映溶液导电能力更为恰当。

使用电导率仪时应注意：①盛待测溶液的容器应洁净，无离子沾污，外表勿受潮；②当测量电阻很高的溶液时，需选用由溶解度极小的中性玻璃、石英或塑料制成的容器；③高纯水应快速测量，因空气中 CO_2 溶入会生成 CO_3^{2-}，使电导率迅速增加。

四、地表水环境质量标准与污水排放标准

我国的水环境质量标准由综合性水环境质量标准——《地表水环境质量标准》（GB

3838—2002）和各项水环境质量标准如《生活饮用水卫生标准》（GB 5749—2006）、《农田灌溉水质标准》（GB 5084—2005）等组成。

《地表水环境质量标准》将地表水水域按照环境功能和保护目标的高低，划分为五类：Ⅰ类主要适用于源头水、国家自然保护区；Ⅱ类主要适用于集中式生活饮用水地表水源地一级保护区、珍稀水生生物栖息地、鱼虾类产卵场、仔稚幼鱼的索饵场等；Ⅲ类主要适用于集中式生活饮用水地表水源地二级保护区、鱼虾类越冬场、洄游通道、水产养殖区等渔业水域及游泳区；Ⅳ类主要适用于一般工业用水区及人体非直接接触的娱乐用水区；Ⅴ类主要适用于农业用水区及一般景观要求水域。

对应地表水上述五类水域功能，将地表水环境质量标准值分为五级，不同功能类别分别执行相应类别的标准值。水域功能类别高的区域执行的标准值严于水域功能类别低的区域，同一水域兼有多功能的，依最高功能划分类别。

地表水环境质量标准涉及项目共计 109 项，其中基本项目 24 项，主要常规水质参数的标准限值见表 3-3。

表 3-3 主要常规水质参数标准限值 单位：$mg \cdot L^{-1}$

序号	项目标准值	Ⅰ类	Ⅱ类	Ⅲ类	Ⅳ类	Ⅴ类
1	水温	人为造成的环境水温变化应限制在：周平均最大温升≤1℃；周平均最大温降≤2℃				
2	pH（无量纲）	6～9				
3	溶解氧≥	饱和率 90%（或 7.5）	6	5	3	2
4	高锰酸盐指数≤	2	4	6	10	15
5	化学需氧量（COD）≥	15	15	20	30	40
6	五日生化需氧量（BOD_5）≤	3	3	4	6	10
7	氨氮（NH_3-N）≤	0.15	0.5	1.0	1.5	2.0
8	总磷（以 P 计）≤	0.02	0.1	0.2	0.3	0.4

我国颁布的《污水综合排放标准》（GB 8978—1996）按照污水排放去向，分年限规定了 69 种水污染物最高允许排放浓度及部分行业最高允许排水量。标准将排放的污染物按其性质及控制方式分为两类：第一类污染物（13 项）主要是重金属和放射性污染，一律在车间或车间处理设施排放口采样，其最高允许排放浓度达到标准要求；第二类污染物（56 项）则在排污单位排放口采样，其最高允许排放浓度达到标准要求。排放标准限制实行三级，排入 GB 3838 Ⅲ类水域的执行一级标准，排入Ⅳ、Ⅴ类水域的执行二级标准，排入设置二级污水处理厂的城镇排水系统的执行三级标准。

此外，我国还颁布了众多行业排放标准，按照国家综合排放标准与国家行业排放标准不交叉执行的原则，造纸工业、船舶工业、海洋石油开发工业、纺织染整工业、肉类加工工业、合成氨工业等有行业标准的执行行业排放标准，没有行业标准的执行《污水综合排放标准》。

实验 29　硝酸钾的制备和提纯

一、实验目的

1. 学习用转化法制备硝酸钾晶体。
2. 了解结晶和重结晶的一般原理和方法。
3. 掌握固体溶解、加热、蒸发的基本操作。
4. 掌握过滤（包括常压过滤、减压过滤和热过滤）的基本操作。

二、实验原理

工业上常采用转化法制备硝酸钾晶体，其反应如下：

$$NaNO_3+KCl \rightleftharpoons NaCl+KNO_3$$

该反应是可逆的。氯化钠的溶解度随温度变化不大，而氯化钾、硝酸钠和硝酸钾在高温时具有较大或很大的溶解度而温度降低时溶解度明显减小（如氯化钾、硝酸钠）或急剧下降（如硝酸钾）。根据这一特性（见表 3-4），将一定浓度的硝酸钠和氯化钾混合液加热浓缩，当温度达 118～120℃时，硝酸钾溶解度增加很多，达不到饱和，不析出，而氯化钠的溶解度增加甚少，随着浓缩过程中溶剂水减少，氯化钠析出。通过热过滤滤掉氯化钠，再将此滤液冷却至室温，即有大量硝酸钾析出，氯化钠仅有少量析出，从而得到硝酸钾的粗产品。然后再经过重结晶提纯，得到硝酸钾纯品。

表 3-4　NaCl、$NaNO_3$、KCl、KNO_3 在不同温度下的溶解度（水中）　　单位：$g\cdot100g^{-1}$

盐	温度/℃						
	0	10	20	30	50	80	100
NaCl	35.7	35.8	36.0	36.3	36.8	38.4	39.8
$NaNO_3$	73	80	88	96	114	148	180
KCl	27.6	31.0	34.0	37.0	42.6	51.1	56.7
KNO_3	13.3	20.9	31.6	45.8	83.5	169	246

产物硝酸钾中的杂质 NaCl 可利用 $AgNO_3$ 与氯化物生成 AgCl 白色沉淀的反应来检验。

三、实验用品

1. 仪器：烧杯（100mL、250mL）、温度计（200℃）、热过滤漏斗（铜质）、短颈漏斗（玻璃）、玻璃抽滤器、吸滤瓶、布氏漏斗、循环水式真空泵、铁架台、台秤、石棉网、酒精灯、玻璃棒、量筒（10mL、50mL）、试管、坩埚钳等。

2. 试剂：氯化钾（工业级或试剂级）、硝酸钠（工业级或试剂级）、硝酸银溶液（$0.1mol\cdot L^{-1}$），硝酸（$6mol\cdot L^{-1}$）。

3. 材料：滤纸、火柴、剪刀等。

四、实验内容

1. 硝酸钾粗产品的制备

硝酸钾粗产品的制备可根据下列实验步骤进行：

(1) 在台秤上称取 10g 硝酸钠和 8.5g 氯化钾（试剂的用量可根据反应式计算，必要时考虑试剂的纯度），放入 100mL 小烧杯中，加 20mL 去离子水，加热至沸腾，使固体完全溶解。记下小烧杯的液面位置。

(2) 对溶液继续加热并不断搅动，氯化钠逐渐析出，当烧杯中溶液的体积减小到原来的 2/3 左右或温度达到 118℃时，趁热进行热过滤（事先预热好热过滤漏斗和短颈漏斗），动作要快，盛接滤液的烧杯应预先加 1mL 蒸馏水，以防降温时氯化钠达到饱和而析出。

(3) 当滤液冷却至室温后，用减压过滤法把析出的硝酸钾晶体尽量抽干，得到硝酸钾粗产品。称量粗品硝酸钾的质量。

2. 硝酸钾粗产品的提纯

硝酸钾粗产品可用重结晶法提纯，实验步骤如下：

(1) 保留 0.1～0.2g 硝酸钾粗产品供纯度检验，将其余的粗产品溶于去离子水中，粗产品与水的质量比为 2∶1。

(2) 加热、搅拌，待晶体全部溶解后停止加热。若溶液沸腾时，晶体还未全部溶解，可再加少量去离子水使其完全溶解。

(3) 在溶液冷却过程中，即有硝酸钾结晶析出。当溶液冷却到室温后，通过减压过滤可得到纯度较高的硝酸钾晶体。称量所得硝酸钾的质量。

3. 硝酸钾纯度的检验

(1) 定性检验：分别取约 0.1g 硝酸钾粗产品和一次重结晶得到的产品放入两个小试管中，各加入 2mL 去离子水配成溶液。在溶液中分别滴入 1 滴 $6mol \cdot L^{-1}$ 硝酸酸化，再各滴入 2 滴 $0.1mol \cdot L^{-1}$ 硝酸银溶液，观察现象，进行对比。重结晶后的产品溶液应澄清。

(2) 根据试剂级的标准检验样品中总氯量：称取 1g 样品（称准至 0.01g），加热至 400℃使其分解，于 700℃灼烧 15min，冷却，溶于去离子水中（必要时过滤），稀释至 25mL，加入 2mL $6mol \cdot L^{-1}$ 硝酸和 $0.1mol \cdot L^{-1}$ 硝酸银溶液，摇匀，放置 10min。所呈浊度不得大于硝酸钾的质量标准。

(3) 硝酸钾的质量标准：按下列要求取一定质量的氯化钠（以 Cl 计）分别将优级纯 0.015mg、分析纯 0.030mg、化学纯 0.070mg 稀释至 25mL，与同体积样品溶液，同时同样处理（氯化钠标准溶液要根据 GB/T 602—2002 配制）。

本实验要求重结晶后硝酸钾晶体中的含氯量达到化学纯要求，否则需要再次重结晶，直至合格。最后称量，计算产率，并与前几次的结果进行比较。

五、实验数据记录与处理

实验数据记录与处理如表 3-5 所示。

表 3-5　产品报告

外观：________________。

项目	产量/g	产率/%	产品纯度[①]（以 NaCl 检验结果表示）
理论值		—	—
粗产品			
精产品			

① 产品纯度以 NaCl 定性检验结果表示，记为明显检出、微量或无。

$$产率=\frac{实际值}{理论值}\times 100\%$$

六、注意事项

1. 热水漏斗中的水不要太满，以免水沸腾后溢出。
2. 事先将布氏漏斗放在水浴中预热。
3. 小火加热反应液，防止液体溅出。

七、问题与讨论

1. 用 KCl 和 $NaNO_3$ 来制备 KNO_3 的原理是什么？
2. 粗产品中混有什么杂质？应如何提纯？
3. 实验中为何要趁热过滤除去 NaCl 晶体？为何要小火加热？
4. 本实验的关键步骤有哪些？如何提高产率？
5. 用 Cl^- 能否被检验出来衡量产品纯度的依据是什么？
6. 总结以前学过的从溶液中分离晶体的操作方法一共有几种，它们各适合在什么条件下使用？

附：硝酸钾的质量标准

根据中华人民共和国国家标准（GB/T 647—2011），化学试剂硝酸钾的杂质最高含量（质量分数）须满足表 3-6 规定的各项指标。

表 3-6　硝酸钾试剂的质量标准　　单位：%

名称	优级纯	分析纯	化学纯
含量（KNO_3），w/%	≥99.0	≥99.0	≥98.5
pH（50g/L，25℃）	5.0～8.0	5.0～8.0	5.0～8.0
澄清度试验/号	≤2	≤3	≤5
水不溶物，w/%	≤0.002	≤0.004	≤0.006
总氯量（以 Cl 计），w/%	≤0.0015	≤0.003	≤0.005
碘酸盐（IO_3^-），w/%	≤0.0005	≤0.0005	≤0.002
硫酸盐（SO_4^{2-}），w/%	≤0.002	≤0.003	≤0.01
亚硝酸盐（NO_2^-），w/%	≤0.001	≤0.001	≤0.002
铵（NH_4^+），w/%	≤0.001	≤0.001	≤0.005
磷酸盐（PO_4^{3-}），w/%	≤0.0005	≤0.0005	≤0.001
钠（Na），w/%	≤0.02	≤0.02	≤0.05

续表

名称	优级纯	分析纯	化学纯
镁(Mg),w/%	≤0.001	≤0.002	≤0.004
钙(Ca),w/%	≤0.001	≤0.004	≤0.006
铁(Fe),w/%	≤0.0001	≤0.0002	≤0.0005
重金属(以 Pb 计),w/%	≤0.0003	≤0.0005	≤0.001

实验 30 碱式碳酸铜的制备（设计性实验）

一、实验目的

1. 掌握碱式碳酸铜的制备原理和方法。
2. 通过实验探求出制备碱式碳酸铜的反应物配比和合适温度。
3. 初步学会设计实验方案，培养学生独立分析问题、解决问题的能力。

二、实验原理

碱式碳酸铜为天然孔雀石的主要成分，为暗绿色或淡蓝绿色粉末，化学式为 $Cu_2(OH)_2CO_3$。它是铜与空气中的氧气、二氧化碳和水等物质反应产生的物质，又称铜锈（铜绿）。它在水中的溶解度很小，溶于酸、氰化物、氨水和铵盐。新制备的碱式碳酸铜在沸水中不稳定，加热至 200℃时即分解：

$$Cu_2(OH)_2CO_3 \xlongequal{\triangle} 2CuO + CO_2\uparrow + H_2O$$

将 $CuSO_4$ 加入碳酸钠溶液中，便可得到碱式碳酸铜沉淀：

$$2CuSO_4 + 2Na_2CO_3 + H_2O \xlongequal{\quad} Cu_2(OH)_2CO_3\downarrow + 2Na_2SO_4 + CO_2\uparrow$$

除 $CuSO_4$ 外，还可以以 $Cu(NO_3)_2\cdot 3H_2O$、$Cu(Ac)_2\cdot H_2O$ 为原料制备碱式碳酸铜。

碱式碳酸铜可用于颜料、杀虫灭菌剂和信号弹等，在有机化学工业中用作有机合成催化剂。

三、实验用品

由学生自行列出所需仪器、试剂、材料清单，经指导老师同意后即可进行实验。

四、实验内容

1. 反应物溶液配制

配制 0.5mol·L^{-1} $CuSO_4$ 溶液和 0.5mol·L^{-1} Na_2CO_3 溶液各 100mL。

2. 实验条件的探究

(1) 温度对碱式碳酸铜制备的影响

取 8 支试管分成两列，其中 4 支试管内各加入 2.0mL 0.5mol·L^{-1} $CuSO_4$ 溶液，另外 4 支试管内各加入 2.0mL 0.5mol·L^{-1} Na_2CO_3 溶液，分别成对置于室温、50℃、70℃、90℃的恒温水浴中，数分钟后将 $CuSO_4$ 溶液加入 Na_2CO_3 溶液中，振荡，再放入各自水浴中，观察生成沉淀的速度、沉淀的数量以及颜色，由实验结果确定制备反应的合适温度。

（2）$CuSO_4$ 和 Na_2CO_3 溶液的合适配比

取 8 支试管分成两列，其中 4 支试管内各加入 2.0mL 0.5mol·L^{-1} $CuSO_4$ 溶液，另外 4 支试管内分别加入 1.6mL、2.0mL、2.4mL、2.8mL 0.5mol·L^{-1} Na_2CO_3 溶液，分别成对置于上述实验确定的合适温度的恒温水浴中，加热几分钟，依次将 $CuSO_4$ 溶液加入 Na_2CO_3 溶液中，振荡，放回水浴中，观察各试管中沉淀的生成速度、沉淀的数量以及颜色，从中得出两种反应物溶液以何种比例混合为最佳。

3. 碱式碳酸铜的制备

取 60mL 0.5mol·L^{-1} $CuSO_4$ 溶液，依据上述实验确定的反应物最佳比例及合适温度制备碱式碳酸铜。待沉淀完全后，减压过滤，用去离子水洗涤沉淀数次，至沉淀中不含 SO_4^{2-} 为止，吸干。

将所得产品于 100℃左右烘 15min，冷却至室温后称量，计算产率。

五、实验数据记录与处理

产品外观：____________；产品质量（g）：____________；产率（%）：____________。

六、问题与讨论

1. 选用何种铜盐作为碱式碳酸铜中铜的来源？写出碱式碳酸铜制备的反应方程式。
2. 估计反应条件如温度、物料比等对反应的影响。
3. 除反应物的配比及反应温度外，反应物种类、反应进行时间等因素是否也会对产物的质量有影响？
4. 各试管中沉淀的颜色为何会有差别？估计何种颜色产物中碱式碳酸铜含量最高？
5. 反应物加入顺序对碱式碳酸铜的制备是否有影响？
6. 自行设计一个实验，测定产物中铜及碳酸根的含量，从而分析所制得的碱式碳酸铜的质量。

实验 31　硫酸亚铁铵的制备及质量检验

一、实验目的

1. 学习复盐硫酸亚铁铵的制备方法。
2. 练习和巩固水浴加热，蒸发、浓缩，结晶，减压过滤等基本操作。
3. 学习用目视比色法检验产品的质量等级。

二、实验原理

六水合硫酸亚铁铵 [$(NH_4)_2Fe(SO_4)_2 \cdot 6H_2O$] 俗称莫尔盐，为浅绿色晶体，易溶于水，难溶于乙醇。在空气中比亚铁盐稳定，不易被氧化，在定量分析中常用于配制亚铁离子的标准溶液。

常用的制备方法是先用铁与稀硫酸作用制得硫酸亚铁，再用等物质的量的 $FeSO_4$ 与 $(NH_4)_2SO_4$ 相互作用生成硫酸亚铁铵，由于复盐的溶解度比单盐要小，因此溶液经蒸发、浓缩、冷却后，复盐首先结晶，形成 $(NH_4)_2Fe(SO_4)_2 \cdot 6H_2O$ 晶体。

$$Fe+H_2SO_4 = FeSO_4+H_2\uparrow$$

$$FeSO_4+(NH_4)_2SO_4+6H_2O = FeSO_4\cdot(NH_4)_2SO_4\cdot 6H_2O$$

产品中主要的杂质是 Fe^{3+}，产品质量的等级也常以 Fe^{3+} 含量多少来衡量。本实验采用目视比色法进行产品质量的等级评定。

将样品配制成溶液，在一定条件下，与含一定量杂质离子的系列标准溶液进行比色或比浊，以确定杂质含量范围。如果样品溶液的颜色或浊度不深于标准溶液，则认为杂质含量低于某一规定限度，这种分析方法称为限量分析。

三、实验用品

1. 仪器：锥形瓶、烧杯、量筒、蒸发皿、表面皿、玻璃棒、漏斗、布氏漏斗、吸滤瓶、酒精灯、电炉、石棉网、铁架台、铁圈、台秤、滤纸、pH 试纸、温度计、水浴锅等。

2. 试剂：H_2SO_4（$3mol\cdot L^{-1}$）、乙醇（95%）、$BaCl_2$ 溶液（25%）、NaOH（40%）、KSCN（25%）、Na_2CO_3（10%）、$K_3Fe(CN)_6$（$0.1mol\cdot L^{-1}$）、$(NH_4)_2SO_4(s)$、$NH_4Fe(SO_4)_2\cdot 12H_2O(s)$、铁屑。

四、实验内容

1. 铁屑的净化（除去油污）

用台秤称取 2.0g 铁屑，放入 150mL 锥形瓶中，加入 20mL 10% Na_2CO_3 溶液，加热煮沸除去油污。倾去碱液，用水洗铁屑至中性（如果用纯净的铁屑，可省去这一步）。

2. $FeSO_4$ 溶液的制备

将干净铁屑放入 150mL 锥形瓶中，加入 10mL $3mol\cdot L^{-1}$ H_2SO_4 溶液，水浴加热（温度不要超过 80℃）直至反应完全（反应过程中适当补加少量蒸馏水，以维持原体积），趁热过滤，并用少量热蒸馏水冲洗锥形瓶及滤渣（残渣可用少量水洗 2～3 次），将洗涤液和滤液合并移入洁净的蒸发皿中。

3. 硫酸铵饱和溶液的配制

根据所加硫酸的量计算所需硫酸铵的质量，称取相应量将其配成饱和溶液。硫酸铵在不同温度下的溶解度见表 3-7。

表 3-7 硫酸铵在不同温度下的溶解度（水中）数据 单位：$g\cdot 100g^{-1}$

温度/℃	10	20	30	40	50
溶解度	70.6	73.0	75.4	78.0	81.0

4. 硫酸亚铁铵的制备

在上述 $FeSO_4$ 溶液中加入配好的硫酸铵饱和溶液，调节溶液 pH 为 1～2，在水浴中蒸发、浓缩至溶液表面刚出现薄层结晶为止。自水浴上取下蒸发皿，放置，冷却后即有硫酸亚铁铵晶体析出。待冷却至室温后用布氏漏斗减压过滤，用少量乙醇洗去晶体表面所附着的水分。用药匙将晶体取出，置于两张洁净的滤纸之间，并轻压以吸干母液，称量，计算产率。

5. 质量检验

(1) NH_4^+、Fe^{2+}、SO_4^{2-} 的检验

试设计实验方案证明产品中含有NH_4^+、Fe^{2+}和SO_4^{2-}。

(2) Fe^{3+}的检验（限量分析）

① 配制浓度为0.0100mg·mL^{-1}的Fe^{3+}标准溶液。称取0.0216g $NH_4Fe(SO_4)_2 \cdot 6H_2O$于烧杯中，先加入少量蒸馏水溶解，再加入6mL 3mol·L^{-1} H_2SO_4溶液酸化，定量转移至250mL容量瓶中，加水稀释，定容，摇匀。此溶液中Fe^{3+}浓度即为0.0100mg·mL^{-1}。

② 配制标准色阶。用移液管分别移取Fe^{3+}标准溶液5.00mL、10.00mL、20.00mL于比色管中，各加1mL 3mol·L^{-1} H_2SO_4溶液和1mL 25% KSCN溶液，再用新煮沸并冷却的蒸馏水将溶液稀释至刻度，摇匀，即得到Fe^{3+}含量分别为0.05mg（一级）、0.10mg（二级）和0.20mg（三级）三个等级的试剂标准液。

③ 产品等级的确定。称取1g硫酸亚铁铵晶体，加入25mL比色管中，用15mL不含氧的蒸馏水溶解，再加1mL 3mol·L^{-1} H_2SO_4溶液和1mL 25% KSCN溶液，最后加入不含氧的蒸馏水将溶液稀释到25mL，摇匀，与标准溶液进行目视比色，确定产品的等级。

五、注意事项

1. 在制备$FeSO_4$时，水浴加热的温度不要超过80℃，以免反应过快。

2. 在制备$FeSO_4$时，保持溶液pH≤1，以使铁屑与硫酸溶液的反应不断进行。

3. 在检验产品中Fe^{3+}含量时，为防止Fe^{2+}被溶解在水中的氧气氧化，可将蒸馏水加热至沸腾，以赶出水中溶入的氧气。

4. 制备硫酸亚铁铵晶体时，溶液必须呈酸性，蒸发、浓缩时不需要搅拌，不可浓缩至干。

六、问题与讨论

1. 水浴加热时应注意什么问题？

2. 怎样确定所需要的硫酸铵用量？如何配制硫酸铵饱和溶液？

3. 为什么在制备硫酸亚铁时要使铁过量？

4. 为什么制备硫酸亚铁铵时要保持溶液有较强的酸性？

实验32 三草酸合铁(Ⅲ)酸钾的制备及其组成的确定

一、实验目的

1. 掌握合成$K_3Fe(C_2O_4)_3 \cdot 3H_2O$的基本原理和操作技术。

2. 综合训练无机合成及重量分析、滴定分析、吸光光度法的基本操作，掌握确定化合物组成和化学式的原理及方法。

3. 了解测定物质磁化率的基本原理及操作方法。

二、实验原理

三草酸合铁(Ⅲ)酸钾[$K_3Fe(C_2O_4)_3 \cdot 3H_2O$]是一种亮绿色单斜晶体，易溶于水(0℃，4.7g·100g^{-1}；100℃，117.7g·100g^{-1})，难溶于丙酮等有机溶剂，是光敏物质，遇光分解。它是一些有机反应很好的催化剂，也是制备负载型活性铁催化剂的主要原料，因而具有工业生产价值。目前，制备该物质的方法很多，本实验利用三氯化铁和草酸钾反应制得。

三草酸合铁(Ⅲ)酸钾的制备反应如下：

$$3K_2C_2O_4 + FeCl_3 + 3H_2O = K_3Fe(C_2O_4)_3 \cdot 3H_2O + 3KCl$$

$K_3Fe(C_2O_4)_3 \cdot 3H_2O$ 在 0℃左右溶解度很小，可析出绿色晶体。

该配合物极易感光，室温光照时变黄色，发生下列光化学反应：

$$2[Fe(C_2O_4)_3]^{3-} \xrightarrow{h\nu} 2FeC_2O_4 + 3C_2O_4^{2-} + 2CO_2\uparrow$$

它在日光照射下或强光下分解生成草酸亚铁，遇六氰合铁(Ⅲ)酸钾生成藤氏蓝，反应如下：

$$3FeC_2O_4 + 2K_3[Fe(CN)_6] = Fe_3[Fe(CN)_6]_2 + 3K_2C_2O_4$$

因此，其在实验室中可作成感光纸，进行感光实验。另外，由于它的光化学活性，能定量进行光化学反应，常作化学光量计。受热时，在 110℃可失去结晶水，到 230℃即分解。

该配合物的组成可用重量法和滴定分析方法确定。

① 重量法分析结晶水含量。将一定量的 $K_3Fe(C_2O_4)_3 \cdot 3H_2O$ 晶体在 110℃下干燥脱水后称量，便可计算结晶水的含量。

② 草酸根在酸性介质中可被高锰酸钾定量氧化，反应式如下：

$$5C_2O_4^{2-} + 2MnO_4^- + 16H^+ = 10CO_2\uparrow + 2Mn^{2+} + 8H_2O$$

用已知准确浓度的 $KMnO_4$ 标准溶液滴定。由高锰酸钾溶液的消耗量便可计算 $C_2O_4^{2-}$ 的含量。

③ 铁的测定。测定铁的方法很多，常用的是滴定法、吸光光度法等。

a. 滴定法：先用过量的还原剂锌粉将 Fe^{3+} 还原成 Fe^{2+}，然后将剩余的锌粉过滤掉，用 $KMnO_4$ 标准溶液滴定，反应式如下：

$$Zn + 2Fe^{3+} = 2Fe^{2+} + Zn^{2+}$$

$$5Fe^{2+} + MnO_4^- + 8H^+ = 5Fe^{3+} + Mn^{2+} + 4H_2O$$

b. 吸光光度法：对于含铁量不太高的试样，用磺基水杨酸作显色剂进行光度测定是一种准确、可靠而又简便快速的分析方法。

在 pH 8～11 的氨性溶液中，三价铁与磺基水杨酸生成稳定的黄色配合物，其反应式：

$$Fe^{3+} + 3SSal^{2-} = [Fe(SSal)_3]^{3-}$$

式中，$SSal^{2-}$ 为磺基水杨酸根离子，最大吸收波长 450nm，颜色强度与铁的含量成正比。

④ 钾含量的确定。由草酸根和铁含量的测定可知每克无水盐中所含铁和草酸根的物质的量 n_1 和 n_2，则可求得每克无水盐中所含钾物质的量 n_3。

当每克盐各组分的 n 已知，并求出 n_1、n_2、n_3 的比值，则此化合物的化学式便可以确定。

由上述测定结果推断三草酸合铁(Ⅲ)酸钾的化学式：

$n(K^+) : n(C_2O_4^{2-}) : n(H_2O) : n(Fe^{3+}) = 39.1\% : 88.0\% : 18.0\% : 55.8\%$

⑤ 配合物中所含有的结晶水和草酸根可通过红外光谱作定性鉴定。

三、实验用品

1. 仪器：WFJ7200 型分光光度计（尤尼可〈上海〉仪器有限公司)、抽滤装置一套、酸式滴定管、NICOLET-IS10 傅里叶变换红外光谱仪（美国热电 Thermofisher）等。

2. 试剂：草酸钾（C. P.）、三氯化铁（C. P.）、草酸钠、铁离子标准溶液（1000$\mu g \cdot mL^{-1}$）、氨水（体积比为1∶1）、磺基水杨酸（C. P.）、盐酸（体积比为1∶1）、H_2SO_4 溶液（3$mol \cdot L^{-1}$）、乙酸溶液（10%）、乙醇-丙酮混合液（1∶1）、$KMnO_4$（A. R.）、锌粉（C. P.）、莫尔盐 $(NH_4)_2SO_4 \cdot FeSO_4 \cdot 6H_2O$（A. R.）。

四、实验内容

1. 三草酸合铁(Ⅲ)酸钾的制备

用台秤称取12g草酸钾放入100mL烧杯中，注入20mL蒸馏水并加热使草酸钾全部溶解。在溶液近沸腾时边搅拌边注入8mL三氯化铁溶液（0.4$g \cdot mL^{-1}$），将此溶液在冰水中冷却即有绿色晶体析出，减压抽滤得粗产品。将粗产品溶解在约20mL热水中，趁热过滤，将滤液在冰水中冷却，待结晶完全后，抽滤，并用10%乙酸溶液洗涤晶体一次，再用乙醇-丙酮的1∶1混合液10mL洗涤两次。固体产品置于一表面皿（已称重）上，置暗处晾干。称重，计算产率。

2. 化学分析（产物化学式的确定）

将所得产物用研钵研成粉状，贮存待用。

（1）结晶水含量的测定

① 将两个称量瓶放入烘箱中，在110℃下干燥1h，然后放于干燥器中冷却至室温，称量。重复上述操作至恒重（即两次称量相差不超过0.3mg）。

② 准确称取0.5～0.6g产物两份，分别放入两个已恒重的称量瓶中。置于烘箱中，在110℃下干燥1.5～2.0h，再在干燥器中冷却至室温，称量。重复干燥、冷却、称量等操作，直至恒重。

根据称量结果计算结晶水含量（每克无水盐所对应结晶水的物质的量 n）。

（2）草酸根含量测定

① 浓度为0.02$mol \cdot L^{-1}$ $KMnO_4$ 溶液的配制。称取配制250mL浓度为0.02$mol \cdot L^{-1}$ $KMnO_4$ 溶液所需的固体 $KMnO_4$（约0.8g），置于500mL烧杯中，加入约250mL去离子水，盖上表面皿，加热至沸并保持微沸状态20～30min，以使固体溶解。冷却后，将溶液倒入棕色试剂瓶中，摇匀。在暗处放7～10天（使水中的还原性杂质与 $KMnO_4$ 充分作用）后，用玻璃砂芯漏斗过滤，除去 MnO_2 沉淀。滤液贮存在棕色试剂瓶中，摇匀后即可标定和使用。

② 浓度为0.02$mol \cdot L^{-1}$ $KMnO_4$ 溶液的标定。准确称取3份 $Na_2C_2O_4$（每份0.13～0.16g），分别放入250mL锥形瓶中，并加入40mL水。待 $Na_2C_2O_4$ 溶解后，加入10mL浓度为3$mol \cdot L^{-1}$ H_2SO_4 溶液，加热至70～85℃（不高于85℃，即开始冒蒸汽时的温度），趁热用 $KMnO_4$ 溶液滴定（开始时滴定速度较慢，一定等前一滴的红色完全褪去再滴入下一滴，以后即可加快），直到微红色在30s内不消失。记录消耗的 $KMnO_4$ 溶液体积，计算其准确浓度。

③ 草酸根含量的测定。将合成的 $K_3Fe(C_2O_4)_3 \cdot 3H_2O$ 粉末在110℃下干燥1.5～2.0h，然后放在干燥器中冷却、备用。

准确称取0.18～0.22g干燥过的 $K_3Fe(C_2O_4)_3$ 样品3份，分别放入3个250mL锥形瓶中，加入40mL水和10mL浓度为3$mol \cdot L^{-1}$ H_2SO_4 溶液。用 $KMnO_4$ 标准溶液滴定（方法

与②相同），计算每克无水化合物所含草酸根的物质的量 n_1。

滴定完的三份溶液保留待用。

（3）铁含量的测定

方法一：在实验（2）中③所保留的溶液中加入还原剂锌粉，直到黄色消失，加热溶液 2min 以上，使 Fe^{3+} 还原为 Fe^{2+}，过滤除去多余的锌粉，滤液放入另一个干净的锥形瓶中，洗涤锌粉，使 Fe^{2+} 定量转移到滤液中，再用高锰酸钾标准溶液滴定至微红色，计算所含铁的物质的量 n_2。由测得的 n_1 和 n_2 计算所含钾的物质的量 n_3，由 n_1、n_2、n_3 求算化合物的化学式。

方法二：准确称取 1.8～2.0g 干燥过的 $K_3Fe(C_2O_4)_3$ 样品，溶于 80mL 水中，注入 1mL 1∶1 盐酸后，在 100mL 容量瓶中稀释到刻度。吸取上述溶液 5.00mL，在 500mL 容量瓶中稀释到刻度，此溶液为样品溶液。这溶液须保存在暗处，因三草酸合铁配离子见光会分解。

用吸量管分别吸取铁标准溶液 0.00mL、1.00mL、2.50mL、5.00mL、7.50mL、10.00mL、12.50mL 和 25.00mL 样品于 100mL 容量瓶中，用蒸馏水稀释到约 50mL，注入 5mL 25%磺基水杨酸，用氨水（体积比为 1∶1）中和到溶液呈黄色，再注入 1mL 氨水，然后用蒸馏水稀释到刻度，摇匀。在分光光度计上，用 1cm 比色皿在 450nm 处进行比色，测定各铁标准溶液和样品溶液的吸光度。

3. 光谱分析

用红外光谱分析仪对样品进行光谱分析，确定该化合物的配位基团。将合成所得产物样品干燥后用 KBr 压片，测定其样品的红外光谱。

五、实验数据记录与处理

1. 列表记录实验原始数据。

2. 计算三草酸合铁(Ⅲ)酸钾的产率。

3. 计算配合物中铁、草酸根、结晶水的含量，并根据计算结果推断三草酸合铁(Ⅲ)酸钾的化学式（写出计算过程；分光光度法测铁含量要求绘制工作曲线）。

六、注意事项

1. $FeCl_3\cdot6H_2O$ 配制成溶液时应加盐酸，酸度控制在 pH＝1～2，然后慢慢加入已加热（85～95℃）溶解的 $K_2C_2O_4$ 溶液中，不断搅拌（20min）至溶液呈翠绿色。如果 $FeCl_3$ 过量会有 $Fe(OH)_3$ 红棕色沉淀生成；如草酸钾过量，则有白色草酸钾晶体析出，导致合成产物纯度不高。若酸度过强（大于 $1.5mol\cdot L^{-1}$）或遇光照，配合物会分解；溶液冷却至 0℃，并保持此温度直到有翠绿色晶体完全析出。

2. 在抽滤过程中，勿用水冲洗沾附在烧杯和布氏滤斗上的绿色产品。

七、问题与讨论

1. 根据三草酸合铁(Ⅲ)酸钾的性质，该化合物应如何保存？

2. $K_3Fe(C_2O_4)_3\cdot3H_2O$ 结晶水的测定采用烘干脱水法，$FeCl_3\cdot6H_2O$ 等物质能否用此法脱水？为什么？

3. 标定 $KMnO_4$ 溶液时，溶液酸度、温度对反应有无影响？若在弱酸性介质中反应，将会产生什么现象？

4. 影响三草酸合铁(Ⅲ)酸钾产率的主要因素有哪些？

实验33　废干电池的综合利用（设计性实验）

一、实验目的

1. 了解废干电池对环境的危害以及有效成分的利用方法。
2. 掌握无机物的提取、制备、提纯、分析等方法与技能。
3. 学习实验方案的设计。

二、实验原理

日常生活中普遍使用的干电池大多为锌-锰干电池。其负极为电池壳体锌电极，正极为被二氧化锰（为增强导电能力，填充有炭粉）包围的石墨电极，电解质为氯化锌及氯化铵的糊状物，其结构如图3-2所示。其电池反应如下：

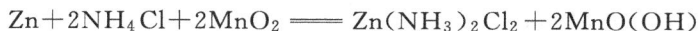

$$Zn+2NH_4Cl+2MnO_2 = Zn(NH_3)_2Cl_2+2MnO(OH)$$

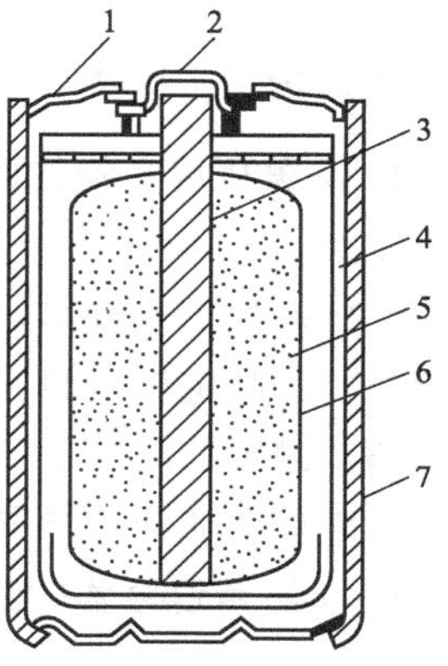

在使用过程中，锌皮消耗最多，二氧化锰只起氧化作用，糊状氯化铵作为电解质没有被消耗，炭粉是填料。因而回收处理废干电池可以获得多种物质，如铜、锌、二氧化锰、氯化铵和炭棒等，是一种变废为宝的方法。为了防止锌皮因快速消耗而渗漏电解质，通常在锌皮中掺入汞，形成汞齐。因此乱扔废干电池会对环境造成危害。

图3-2　锌-锰干电池构造图

1—火漆；2—黄铜帽；3—石墨；4—锌筒；5—去极剂；6—电解液+淀粉；7—厚纸壳

本实验对废干电池进行如下回收：

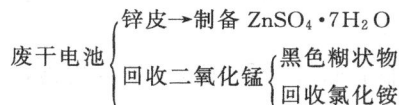

废干电池
- 锌皮→制备 $ZnSO_4 \cdot 7H_2O$
- 回收二氧化锰
  - 黑色糊状物
  - 回收氯化铵

电池中的黑色混合物溶于水，可得氯化铵和氯化锌混合的溶液。依据两者溶解度的不同可回收氯化铵。氯化铵和氯化锌在不同温度下的溶解度列于表3-8。

表3-8　氯化铵和氯化锌在水中的溶解度　　单位：$g \cdot 100g^{-1}$

温度/K	273	283	293	303	313	333	353	363	373
NH_4Cl	29.4	33.2	37.2	41.4	45.8	55.3	65.6	71.2	77.3
$ZnCl_2$	342	363	395	437	452	488	541	—	614

氯化铵在100℃时开始显著地挥发，338℃时解离，350℃时升华。

混合物中的氯化铵含量可由酸碱滴定法测定。氯化铵先与甲醛作用生成六亚甲基四胺和盐酸，后者用氢氧化钠标准溶液滴定。有关反应如下：

$$4NH_4Cl+6HCHO = (CH_2)_6N_4+4HCl+6H_2O$$

黑色混合物中还含有二氧化锰、炭粉和其他少量有机物，它们不溶于水，过滤后存在滤渣之中。将滤渣灼烧除去炭粉和有机物，可得到二氧化锰。

锌皮溶于硫酸可制备 $ZnSO_4 \cdot 7H_2O$。$ZnSO_4 \cdot 7H_2O$ 极易溶于水（20℃时 $ZnSO_4 \cdot 7H_2O$ 的溶解度为 53.8g/100g 水），不溶于乙醇，39℃时溶于水，100℃开始失水，在水中水解使溶液呈酸性。锌皮中所含的杂质铁也同时溶解，除铁后可以得到纯净的 $ZnSO_4 \cdot 7H_2O$。

除铁的方法：先加少量 H_2O_2 氧化 Fe^{2+} 成为 Fe^{3+}，控制 pH 为 8，使 Zn^{2+} 和 Fe^{3+} 均沉淀为氢氧化物沉淀，再加硫酸控制溶液 pH 为 4，此时氢氧化锌溶解而氢氧化铁不溶解，可过滤除去。

回收时，铜帽可作为实验或生产硫酸铜的原料，炭棒留作电极使用。电池里面的黑色物质是二氧化锰、炭粉、氯化铵、氯化锌等的混合物。这些混合物可以分别加以提取。同学们可利用课外活动时间预先分解废干电池。剖开电池后，再从中选取一项或几项进行实验研究。

三、实验内容

1. 从黑色混合物的滤液中提取氯化铵

要求：

（1）设计实验方案，提取并提纯氯化铵。

（2）产品定性检验：a. 证实其为铵盐；b. 证实其为氯化物；c. 判断有无杂质存在。

（3）测定产品中 NH_4Cl 的含量（选做实验）。

提示：滤液的主要成分为 NH_4Cl 和 $ZnCl_2$，两者在不同温度下的溶解度见表 3-8。

2. 从黑色混合物的滤渣中提取二氧化锰

要求：

（1）设计实验方案，精制二氧化锰。

（2）设计实验方案，验证二氧化锰的催化作用。

（3）试验 MnO_2 与盐酸、MnO_2 与 $KMnO_4$ 的反应。

提示：黑色混合物的滤渣中含有二氧化锰、炭粉和其他少量有机物。用少量水冲洗，滤干固体，灼烧以除去炭粉和有机物。

粗二氧化锰中尚含有一些低价锰和少量其他金属氧化物，应设法除去，以获得精制二氧化锰。纯二氧化锰密度为 $5.03g \cdot cm^{-3}$，535℃时分解为 O_2 和 Mn_2O_3，不溶于水、硝酸及稀 H_2SO_4。

取精制二氧化锰做如下试验：

① 催化作用：二氧化锰对氯酸钾热分解反应有催化作用。

② 与浓 HCl 作用：二氧化锰与浓 HCl 发生如下反应：

$$MnO_2 + 4HCl \xlongequal{\triangle} MnCl_2 + Cl_2 \uparrow + 2H_2O$$

③ MnO_4^{2-} 的生成及歧化反应：在大试管中加入 1mL $0.002mol \cdot L^{-1}$ $KMnO_4$ 溶液及 1mL $2mol \cdot L^{-1}$ NaOH 溶液，再加入少量所制备的 MnO_2 固体。

提示：所设计的实验方法（或采用的装置）要尽可能避免造成实验室空气污染。

3. 由锌壳制取七水硫酸锌

要求：

（1）设计实验方案，以锌壳为原料制备七水硫酸锌。

（2）产品定性检验：①证实其为硫酸盐；②证实其为锌盐；③确定其不含 Fe^{3+}、

Cu^{2+}。

提示：将洁净的碎锌片以适量的酸溶解。溶液中有 Fe^{3+}、Cu^{2+} 杂质时，设法除去。

四、实验用品

1. 仪器：台秤、蒸发皿、布氏漏斗、吸滤瓶、称量瓶、电子天平、碱式滴定管、烧杯、量筒等。

2. 试剂：$ZnSO_4\cdot 7H_2O$(s)、MnO_2(s)、NH_4Cl(s)、草酸(s)、NaOH（2mol·L^{-1}）、甲醛（40%）、$KMnO_4$（0.002mol·L^{-1}）、H_2SO_4（2mol·L^{-1}）、HNO_3（2mol·L^{-1}）、HCl（2mol·L^{-1}）、H_2O_2（3%）、$AgNO_3$（0.1mol·L^{-1}）、KSCN（0.5mol·L^{-1}）、酚酞指示剂（0.1%）。

3. 材料：废1号干电池、pH试纸、滤纸、剪刀、钳子、螺丝刀、小刀等。

五、实验参考方案

1. 材料准备

取废1号干电池一个，剥去电池外层包装纸，用螺丝刀撬去顶盖，用小刀挖去盖下面的沥青层，用钳子慢慢拔出炭棒（连同铜帽），可留着作电解用的电极。用剪刀把废电池外壳剥开，取出里面黑色的物质，它为二氧化锰、炭粉、氯化铵、氯化锌等的混合物。电池的锌壳可用于制备 $ZnSO_4\cdot 7H_2O$。

2. 从黑色混合物的滤液中提取氯化铵

称取20g黑色混合物放入烧杯，加入约50mL蒸馏水，搅拌，加热溶解，抽滤，滤液用以提取氯化铵，滤渣留用以制备二氧化锰及锰的化合物。

把滤液放入蒸发皿，加热蒸发，至滤液中有晶体出现时，改用小火加热，并不断搅拌（以防止局部过热致使氯化铵分解）。待蒸发皿中留有少量母液时，停止加热，冷却后即得氯化铵固体。用滤纸吸干，称量。用酸碱滴定法测定产品中氯化铵的含量（可选做）。

3. 从黑色混合物的滤渣中提取二氧化锰

上述20g电池黑色混合物的滤渣用水冲洗2～3次，放入蒸发皿中，先用小火烘干，再在搅拌下用强火灼烧，以除去其中所含的炭粉和有机物。到不冒火星时，再灼烧5～10min，冷却后即得二氧化锰。用氧化还原滴定法测定得到的二氧化锰的纯度（可选做）。

4. 由废电池锌壳制备 $ZnSO_4\cdot 7H_2O$

废电池表面剥下的锌壳可能粘有氯化锌、氯化铵及二氧化锰等杂质，应先用水刷洗除去，然后把锌壳剪碎。锌皮上还可能粘有石蜡、沥青等有机物，用水难以洗净，但它们不溶于酸，可将锌皮溶于酸后过滤除去。

将洁净的5g碎锌片以适量的酸（如2mol·L^{-1} H_2SO_4）溶解，加热，待反应较快时停止加热，澄清后过滤。把滤液加热近沸，加入3% H_2O_2 溶液10滴，在不断搅拌下滴加2mol·L^{-1} NaOH溶液，逐渐有大量白色氢氧化锌沉淀产生。当加入NaOH溶液20mL后，加水150mL，在充分搅拌下继续滴加至pH=8为止（为什么?）。用布氏漏斗减压抽滤，取后期滤液2mL，加2mol·L^{-1} HNO_3 溶液2～3滴和0.1mol·L^{-1} $AgNO_3$ 溶液2滴，振荡试管，观察现象（可用去离子水代替滤液做对比试验）。如有混浊，说明沉淀中有可溶性杂质，需用去离子水洗涤，直至滤液中不含氯离子为止，弃去滤液。

将氢氧化锌沉淀转入烧杯中，取 $2mol \cdot L^{-1}$ H_2SO_4 溶液约 30mL，滴加到氢氧化锌沉淀中去（不断搅拌），当溶液 pH=4 时，即使还有少量白色沉淀未溶，也不必再加酸，加热搅拌后会逐渐溶解。将溶液加热至沸，促使铁离子水解完全，生成 $Fe(OH)_3$ 沉淀，趁热过滤，弃去沉淀。在除铁的滤液中，滴加 $2mol \cdot L^{-1}$ H_2SO_4 溶液，使溶液 pH=2（为什么?），将其转入蒸发皿中，在水浴上蒸发、浓缩至液面上出现晶膜。自然冷却后，用布氏漏斗减压抽滤，将晶体放在两层滤纸间吸干，称量。计算 $ZnSO_4 \cdot 7H_2O$ 的产率。

用 10mL 蒸馏水溶解 1g 制得的 $ZnSO_4 \cdot 7H_2O$，设计检验其中的 Cl^- 和 Fe^{3+} 的方法，并与市售的化学纯 $ZnSO_4 \cdot 7H_2O$ 对照。

六、实验结果

（1）产品的外观：____________；产品的质量：____________。

（2）计算氯化铵和二氧化锰的回收率、$ZnSO_4 \cdot 7H_2O$ 的产率，并进行纯度检验。

七、问题与讨论

1. 讨论提高产品质量和产率的措施。
2. 本方案为什么要加少量的 H_2O_2 溶液把 Fe^{2+} 氧化为 Fe^{3+}？
3. 本制备实验是否还有其他除杂质的方法?
4. 本方案在制备 $ZnSO_4 \cdot 7H_2O$ 实验过程中有几次调节 pH？分别起何作用?
5. 设计用酸碱滴定法测定产品中 NH_4Cl 含量的实验步骤。
6. 设计用氧化还原滴定法测定得到的 MnO_2 纯度的实验步骤。
7. 废干电池到底要不要回收？怎么回收？为什么?

实验 34 酸碱滴定法自拟实验（设计性实验）

一、实验目的

1. 巩固酸碱滴定法的原理。
2. 应用理论知识进行实际样品测定的酸碱滴定方案设计。

二、酸碱滴定法自拟实验选题参考

1. 酸碱滴定法测定磷酸钠盐灌肠液的含量

磷酸钠盐灌肠液是由美国辉瑞公司研发上市的外用灌肠剂，其处方组成为每 100mL 药液中含 16.0g 磷酸二氢钠、6.0g 磷酸氢二钠，辅料为水与适量的防腐剂。磷酸二氢钠与磷酸氢二钠可在肠道内解离成相对不吸收的阴离子和阳离子，从而在肠道内形成高渗环境，使大量水分进入肠内并使结肠内压力升高，同时含水量大增，软化大便，两种作用协同刺激排便反应，增加肠动力，从而达到清理肠道的效果。磷酸钠盐灌肠液与口服泻药不同，其优点在于只在结肠发挥作用，不影响胃肠道系统其他的功能，可用于手术前后的肠道清理、产科手术、直肠镜检查、乙状结肠镜检查以及 X 射线检查前的肠道准备，临床使用安全、有效。该制剂商品名辉力已在我国获进口注册，国内无其他生产厂家。采用酸碱滴定法可对磷酸钠盐灌肠液中磷酸二氢钠和磷酸氢二钠两种成分进行含量测定。

【参考资料】韩鹏，朱南，叶兴法．酸碱滴定法测磷酸钠盐灌肠液的含量．中国药师．2008，11（55）：542-544.

2. 酸碱滴定法测定卡托普利的含量

卡托普利为 1-(2-甲基-3-巯基-1-氧化丙基)-L-脯氨酸，是白色或类白色结晶粉末，属抗高血压药。由于结构式中含—COOH，因此可采用酸碱滴定法测定。

【参考资料】荆超，李艳荣．酸碱滴定法测定卡托普利片含量．河南化工．1999，6：36-37.

3. 红色果汁中总酸度的测定

用脱色活性炭对样品进行脱色处理，并过滤，得到无色或褪色的样品，以便于观察滴定终点的颜色变化。由于活性炭本身对总酸含量测定不产生任何影响，所以脱色以后的样品可按常规酸碱滴定方法进行滴定，可得到准确的结果。

【参考资料】郭孟平．红色果汁中总酸度的测定．冷饮与速冻食品工业．1998，1：24.

实验 35　配位滴定法自拟实验（设计性实验）

一、实验目的

1. 巩固配位滴定法的原理。
2. 应用理论知识进行实际样品测定的配位滴定方案设计。

二、配位滴定法自拟实验选题参考

在配位滴定中，能否控制酸度进行滴定是首先要考虑的问题；其次，掩蔽剂的选择及应用是配位滴定成功的关键，有配位、氧化还原和沉淀等掩蔽方法；最后，指示剂的选择是非常重要的，要特别注意金属离子指示剂的酸碱性质和配位性质所造成的滴定误差。

1. 复方炉甘石散剂中氧化锌含量测定

炉甘石是一种外用中药，能解毒明目退翳、收湿止痒敛疮，主要成分是 $ZnCO_3$，其次含有少量的 Al^{3+}、Fe^{3+}、Pb^{2+}、Ca^{2+}、Mg^{2+} 等。氧化锌含量的测定方法：采用加碱法溶样，使待测离子 Zn^{2+} 与干扰离子 Ca^{2+} 分别生成 $Zn(OH)_2$ 和 $Ca(OH)_2$，经过滤水洗除去 Ca^{2+} 后，再用 EDTA 滴定，测定锌含量。

【参考资料】刘晋华，周万新，尤光普，等．复方炉甘石散剂中氧化锌含量测定方法研究．时珍国医国药．2000，11（6）：491-492.

2. 酸雨中硫酸根含量测定（EDTA 法）

在南方降水中硫酸根含量通常在 1～20mg·L^{-1} 范围内。加入乙醇促使 SO_4^{2-} 沉淀完全和抑制 $PbSO_4$ 沉淀溶解，不需分离沉淀，用 EDTA 直接进行滴定过量的 Pb^{2+}，即可间接测定降水中硫酸根的含量。

【参考资料】刘汉初，倪桃英．容量法测定酸雨中硫酸根．理化检验——化学分册．1994.30（3）：156-157.

实验 36 氧化还原滴定法自拟实验（设计性实验）

一、实验目的

1. 巩固氧化还原滴定法的原理。

2. 应用理论知识进行实际样品测定的氧化还原滴定方案设计。

二、氧化还原滴定法自拟实验选题参考

1. 水中 COD 的测定

在酸性介质中以重铬酸钾为氧化剂，测定化学需氧量的方法记作 COD_{Cr}，这是目前应用最为广泛的方法（见 GB 11914—1989）。该法适用范围广泛，可用于污水中化学需氧量的测定，缺点是测定过程中引入 Cr(Ⅵ)、Hg^{2+} 等有害物质。分析步骤如下：在水样中加入 $HgSO_4$ 消除 Cl^- 的干扰，加入过量 $K_2Cr_2O_7$ 标准溶液，在强酸介质中，以 Ag_2SO_4 为催化剂，回流加热，待氧化作用完全后，以 1,10-邻二氮菲亚铁为指示剂，用 Fe^{2+} 标准溶液滴定过量的 $K_2Cr_2O_7$。

2. 甘油的测定

在强碱性溶液中，$KMnO_4$ 与某些有机物反应被还原为绿色的 MnO_4^{2-}。利用这一反应，可用高锰酸钾法测定某些有机化合物。

例如，将甘油加入一定量的碱性 $KMnO_4$ 标准溶液中，反应式如下：

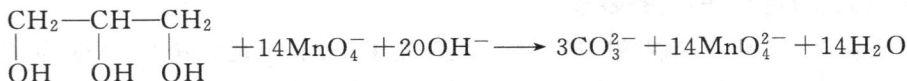

$$\underset{\displaystyle OH}{\underset{|}{CH_2}}-\underset{\displaystyle OH}{\underset{|}{CH}}-\underset{\displaystyle OH}{\underset{|}{CH_2}} + 14MnO_4^- + 20OH^- \longrightarrow 3CO_3^{2-} + 14MnO_4^{2-} + 14H_2O$$

待反应完全后，将溶液酸化，此时 MnO_4^{2-} 发生歧化反应：

$$3MnO_4^{2-} + 4H^+ = 2MnO_4^- + MnO_2 + 2H_2O$$

准确加入过量 $FeSO_4$ 标准溶液，将所有高价锰离子全部还原为 Mn^{2+}，再用 $KMnO_4$ 标准溶液滴定过量的 Fe^{2+}。由两次加入 $KMnO_4$ 的量及 $FeSO_4$ 的量计算甘油的含量。

3. 漂白粉中有效氯的测定

漂白粉的主要成分是 $Ca(ClO)_2$，还可能含有 $CaCl_2$、$Ca(ClO_3)_2$ 和 CaO 等。漂白粉的质量以能释放出来的氯量来衡量，称为有效氯，以 Cl 的质量分数表示。

测定漂白粉中的有效氯时，使试样溶于稀 H_2SO_4 介质中，加过量 KI 反应生成 I_2，用 $Na_2S_2O_3$ 标准溶液滴定，反应如下：

$$ClO^- + 2I^- + 2H^+ = I_2 + Cl^- + H_2O$$

$$ClO_2^- + 4I^- + 4H^+ = 2I_2 + Cl^- + 2H_2O$$

$$ClO_3^- + 6I^- + 6H^+ = 3I_2 + Cl^- + 3H_2O$$

【参考资料】

[1] 武汉大学主编．分析化学实验．4 版．北京：高等教育出版社，2001.

[2] 武汉大学主编．分析化学．5 版．北京：高等教育出版社，2006.

实验 37　新型添加剂氨基酸锌的制备及性质

一、实验目的

1. 了解当前新型营养添加剂氨基酸锌配合物的研究现状和发展。

2. 以合成和检验氨基酸锌为内容训练无机与分析化学实验技能，探索性地培养化学实验的思维方法和实际动手能力。

二、实验原理

1. 氨基酸锌简介

锌是人体必需的 14 种微量元素之一，参与构成人体中 200 多种酶，对生长发育、消化机能、机体免疫、行动和情绪、生殖机能正常发育等方面都有影响，在智力发育、防治高血脂和机体代谢中起着重要的作用，并具有防癌和抗癌能力。现代的生活环境和饮食结构很容易造成缺锌，因此补锌就显得很有必要。

中国人早在公元前 1500 年就开始用含锌的炉甘石治疗局部疾病。1750 年后，西欧各国已系统用 ZnO 及 ZnS 治疗疾病。但作为营养添加剂，无机形式的锌制剂，一是溶解性小、吸收率低，二是口感差、有毒副作用等，所以需要寻找和研究无毒或低毒、吸收率高、口感好等综合功能的锌添加剂。

现在的研究已经发现氨基酸作为配体的锌制剂是一种理想的锌补充剂。因为氨基酸锌以二价锌阳离子与给电子氨基中 N 原子形成配位键，又与给电子的羰基形成五元或六元环，是一种螯合物，而氨基酸作为蛋白质的基本结构单元，在人体中有重要的生理作用，锌与氨基酸形成螯合物后不仅能补锌，又能补氨基酸。此外，氨基酸锌螯合物的环状结构可使分子内电荷趋于中性，在体内溶解性好，容易被小肠黏膜吸收进入血液供全身细胞利用，同时还有较好的化学稳定性和热稳定性以及抗干扰作用和杀菌作用等。

现在氨基酸锌的合成已有多种方法，按合成介质不同分为水体系合成法、非水体系合成法和干粉体系合成法等，即用水作溶剂或用有机试剂作溶剂或不用溶剂。按锌试剂不同可分为氧化锌法、碳酸锌法、乙酸锌法、硫酸锌法、硝酸锌法和氯化锌法等。按合成手段不同可分为电解合成法和相平衡法。其中电解合成法是利用阳离子选择性膜将电解池分隔成阳极室和阴极室，使阳离子穿过选择性膜在阴极室与氨基酸相遇发生作用合成氨基酸锌；相平衡法是利用相平衡研究方法考察不同的锌盐与各种氨基酸能否形成配合物，为新型氨基酸锌的合成提供热力学依据，指导开发新型氨基酸锌制剂。

2. 制备

$$Zn^{2+} + nL \xrightarrow{\text{适当条件}} Zn(L)_n^{2+}$$

3. 锌含量检测

在 pH 为 5～6 时锌与指示剂二甲酚橙反应生成紫红色物质，加入 EDTA，则 EDTA 与锌作用生成配合物，当所有的锌均被 EDTA 配合，溶液中出现游离的二甲酚橙时，溶液则变成黄色。记录溶液刚好出现黄色所消耗 EDTA 标准溶液的体积，即可由EDTA的体积和浓度计算出锌含量。

4. 氨基酸含量测定

氨基酸的氨基可与中性甲醛结合成氨基酸二羟甲基衍生物，此时氨基酸两性离子中 NH_3^+ 的离解度增加，释出的 H^+ 即可用酚酞作指示剂以 NaOH 标准溶液滴定。每释出的一个 H^+ 相当于一个氨基酸，通过消耗的 NaOH 标准溶液的体积和浓度计算氨基酸的含量。

三、实验用品

1. 仪器：电热恒温鼓风干燥箱、分析天平、台秤、抽滤装置、78HW-1 恒温加热磁力搅拌器、电炉、0～100℃温度计、烧杯、三角漏斗、锥形瓶、滴定装置、吸量管等。

2. 试剂：ZnO（A. R.）、$ZnSO_4$（A. R.）、$Zn(NO_3)_2$（A. R.）、$Zn(Ac)_2$（A. R.）、$ZnCO_3$（A. R.）、蛋氨酸（Met）、酪氨酸（Tyr）、95%乙醇、甲醛、硫酸、硝酸、二甲酚橙（0.2%）、酚酞（0.2%）、六亚甲基四胺溶液（20%）、乙酸-乙酸钠缓冲液（pH＝5～6）、NaOH 标准溶液（$0.01mol \cdot L^{-1}$）、EDTA 标准溶液（$0.01mol \cdot L^{-1}$）。

3. 材料：研钵、滤纸、滴管、玻璃棒、橡皮筋。

四、实验内容

ZnO、$ZnSO_4$、$Zn(NO_3)_2$、$Zn(Ac)_2$、$ZnCO_3$ 作锌源，用水体系合成法制备蛋氨酸锌 $[Zn(Met)_n]$/酪氨酸锌 $[Zn(Tyr)_n]$（n＝1～3）。

用 EDTA 容量法检测产品的锌含量，用甲醛法检测氨基酸含量，并给出二者的物质的量比。

说明：① 蛋氨酸锌选 ZnO、$ZnCO_3$、$Zn(NO_3)_2$ 作锌源。

② 酪氨酸锌选 $ZnSO_4$、$Zn(Ac)_2$、$ZnCO_3$ 作锌源。

（1）制备氨基酸锌

按物质的量 1∶2 称取锌盐/ZnO 和蛋氨酸/酪氨酸（用量在 0.05～0.10mol），用适量水（水不宜过多，能充分溶解即可，约 30～40mL）充分溶解氨基酸，边搅拌氨基酸溶液边加入锌盐，观察现象并记录。搅拌 15min，调节搅拌器温度为 50～70℃（在此温度区间可自行选择一个合适的温度），用对应的酸调节 pH 为 5～6，加热 2h，观察现象并记录。停止加热，冷却静置至室温，加入约 20mL 95%乙醇处理 10min 后过滤，用少量 95%乙醇洗涤，干燥（用真空干燥箱或电热恒温鼓风干燥箱恒温 30℃烘 12h 以上），称量，记录结果并计算产品得率。

（2）锌含量的测定

准确称取 0.2～0.3g 样品加适量蒸馏水溶解，若难溶可加几滴对应酸使其完全溶解，定容至 100mL，移取 10mL 样品溶液于 250mL 锥形瓶中，滴加几滴二甲酚橙指示剂，然后滴加六亚甲基四胺溶液至紫红色，加入 10mL 乙酸-乙酸钠缓冲液，用 EDTA 标准溶液滴定至紫红色变为柠檬黄即为滴定终点，记录消耗 EDTA 标准溶液的体积，平行滴定三次，按下式计算锌的含量（以物质的量表示）。

$$X = cV \times 10$$

式中，X 为样品中锌的物质的量，mmol；V 为 EDTA 标准溶液的消耗体积，mL；c

为EDTA 标准溶液浓度，$mol \cdot L^{-1}$。

(3) 氨基酸态氮含量的测定

移取 1mL 样品于锥形瓶中，滴加几滴酚酞指示剂，加入 2mL 甲醛溶液，充分振荡，用 $0.01mol \cdot L^{-1}$ NaOH 标准溶液滴定，试液由无色变为微红色且半分钟内不褪色即为滴定终点，对应做空白实验。记录 NaOH 标准溶液的消耗体积，平行滴定三次，计算氨基酸的含量（以物质的量表示）。

$$n_{氨基酸}(mmol)=c(V-V^*)\times 100$$

式中，c 为 NaOH 标准溶液浓度，$mol \cdot L^{-1}$；V 为 NaOH 标准溶液的消耗体积，mL；V^* 为空白实验 NaOH 标准溶液的消耗体积，mL。

五、实验结果

1. 列表记录实验原始数据。
2. 计算产品的产率、产品中锌和氨基酸的质量分数（写出计算过程）。
3. 列表比较两种产品的产率、锌与氨基酸的物质的量比，写出氨基酸锌的分子式（注明对应的制备条件）。

六、问题与讨论

1. 合成氨基酸锌有几种方法？各有何优缺点？
2. 如何判断氨基酸锌的纯度？
3. 锌的质量分数和氨基酸的质量分数的计算公式是怎样的？
4. 写氨基酸锌分子式以什么为依据？
5. 写出锌含量测定和氨基酸含量测定的反应式。
6. 六亚甲基四胺溶液在锌含量测定过程中起何作用？
7. 甲醛在氨基酸含量测定过程中起何作用？
8. 氨基酸含量测定过程中为什么要做空白实验？空白实验是怎样的？
9. 制备氨基酸锌时为什么要调酸度？

实验 38　四氧化三铅组成的测定

一、实验目的

1. 了解测定四氧化三铅组成的原理。
2. 进一步练习碘量法操作。
3. 学习用 EDTA 测定溶液中的金属离子。

二、实验原理

Pb_3O_4 为红色粉末状固体，俗称铅丹或红丹，是一种重要的工业原料。已用于蓄电池、玻璃、陶瓷和搪瓷生产中，并用作防锈颜料、铁器的保护面层以及染料和其他有机合成工艺的氧化剂等。该物质为混合价态氧化物，其化学式可写成 $2PbO \cdot PbO_2$，即式中氧化数为+2 的 Pb 占 2/3，而氧化数为+4 的 Pb 占 1/3。但根据其结构，Pb_3O_4 应为铅酸盐 Pb_2PbO_4。

1. Pb_3O_4 的分解（不同价态铅离子的分离）

$$\underset{(红色)}{Pb_3O_4} + 4HNO_3 = \underset{(棕褐色)}{PbO_2}\downarrow + 2Pb(NO_3)_2 + 2H_2O$$

$$Pb_3O_4 \rightarrow 稀硝酸 \rightarrow 溶解 \rightarrow 固液分离\begin{cases}滤液:Pb^{2+}\\固体:PbO_2\end{cases}$$

2. 测定产物中 Pb^{2+} 的量（配位滴定法）

$$Pb^{2+} + H_2Y^{2-} = PbY^{2-} + 2H^+$$

用六亚甲基四胺调节溶液的 pH 为 5～6，以二甲酚橙为指示剂，用 EDTA 标准溶液进行配位滴定。

定量关系： $n_{Pb^{2+}} = c_{EDTA}V_{EDTA}$

3. 测定产物中 PbO_2 的量（碘量法）

$PbO_2 + 4I^-$(足量)$+ 4HAc = PbI_2 + I_2 + 2H_2O + 4Ac^-$（$PbI_2$ 为金黄色，易溶于热水）

PbI_2、I_2 溶于 KI：$PbI_2 + 2KI \longrightarrow K_2PbI_4$（无色溶液）

$$I_2 + I^- = I_3^-\text{（棕色溶液）}$$

$$I_2 + 2S_2O_3^{2-} = 2I^- + S_4O_6^{2-}$$

定量关系：$PbO_2 \sim I_2 \sim 2Na_2S_2O_3$

$$n_{PbO_2} = \frac{1}{2}c_{Na_2S_2O_3}V_{Na_2S_2O_3}$$

三、实验用品

1. 仪器：分析天平（0.1mg）、台秤、循环水泵、称量瓶、干燥器、量筒（10mL）、烧杯（50mL）、锥形瓶（250mL）、吸滤瓶、布氏漏斗、酸式滴定管（50mL）、碱式滴定管（50mL）、洗瓶等。

2. 试剂：四氧化三铅（A. R.）、碘化钾（A. R.）、硝酸（$6mol\cdot L^{-1}$）、EDTA 标准溶液（$0.1mol\cdot L^{-1}$）、$Na_2S_2O_3$ 标准溶液（$0.10mol\cdot L^{-1}$）、乙酸-乙酸钠（1∶1）混合液、氨水（1∶1）、六亚甲基四胺（20%）、淀粉溶液（2%）、二甲酚橙水溶液（$2g\cdot L^{-1}$）。

3. 材料：滤纸、pH 试纸、剪刀。

四、实验内容

1. Pb_3O_4 的分解

用差减法准确称取干燥的 Pb_3O_4 0.5～0.6g，置于 50mL 小烧杯中，同时加入 2mL $6mol\cdot L^{-1}$ HNO_3 溶液，用玻璃棒搅拌，使之充分反应，可以看到红色的 Pb_3O_4 很快变为棕黑色的 PbO_2。接着进行减压过滤，将反应产物分离，用蒸馏水少量多次洗涤固体，保留滤液及固体供下面实验用。

2. PbO 含量的测定

把上述滤液全部转入锥形瓶中，往其中加入 4～6 滴二甲酚橙指示剂，并逐滴加入 1∶1

的氨水，直至溶液由黄色变为橙色，再加入 20%六亚甲基四胺约 13mL 至溶液呈稳定的紫红色（或橙红色），再过量 5mL，此时溶液的 pH 为 5～6。然后用 EDTA 标准溶液滴定，溶液由紫红色变为亮黄色即为滴定终点。记录所消耗的 EDTA 标准溶液的体积。

3. PbO_2 含量的测定

将上述固体 PbO_2 连同滤纸一并置于另一只锥形瓶中，往其中加入 30mL HAc 与 NaAc 混合液，再向其中加入 0.8g 固体 KI，充分摇动锥形瓶，使 PbO_2 全部反应而溶解。用 $Na_2S_2O_3$ 标准溶液滴定至溶液呈淡黄色时，加入 1mL 2%淀粉溶液，继续滴定至溶液蓝色刚好褪去为止，记录所用去的 $Na_2S_2O_3$ 标准溶液的体积。

五、实验数据记录与处理

实验数据记录于表 3-9。

表 3-9　四氧化三铅组成的测定

项目	1	2	3
$m_{Pb_3O_4}$ +称量瓶(倾出前)/g			
$m_{Pb_3O_4}$ +称量瓶(倾出后)/g			
$m_{Pb_3O_4}$/g			
c_{EDTA}/mol·L^{-1}			
V_{EDTA}初读数/mL			
V_{EDTA}终读数/mL			
V_{EDTA}/mL			
$c_{Na_2S_2O_3}$/mol·L^{-1}			
$V_{Na_2S_2O_3}$初读数/mL			
$V_{Na_2S_2O_3}$终读数/mL			
$V_{Na_2S_2O_3}$/mL			
$n_{Pb^{2+}}$/mol			
n_{PbO_2}/mol			
$\frac{n_{Pb^{2+}}}{n_{PbO_2}}$			
$\frac{n_{Pb^{2+}}}{n_{PbO_2}}$的平均值			
$\lvert d_i \rvert$			
相对平均偏差 $\overline{d}_r$/%			
$\omega_{Pb_3O_4}$/%			
$\overline{\omega}_{Pb_3O_4}$/%			
$\lvert d_i \rvert$			
相对平均偏差 $\overline{d}_r$/%			

由上述实验算出试样中+2 价铅与+4 价铅的物质的量之比，以及 Pb_3O_4 在试样中的质量分数。

要求：+2 价铅与+4 价铅的物质的量之比为 2±0.05，Pb_3O_4 在试样中的质量分数应大于或等于 95%。

六、注意事项

1. 注意滤液与固体的处理（保留还是丢弃?）。
2. 掌握好指示剂的选择、加入时机及用量。
3. 用缓冲溶液控制溶液 pH。
4. 注意试剂加入量和次序。
5. 准确判断滴定终点。
6. 记录读数时，注意有效数字。

七、问题与讨论

1. 能否加其他酸如 H_2SO_4 或 HCl 溶液使 Pb_3O_4 分解？为什么？

3. PbO_2 氧化 I^- 需在酸性介质中进行，能否加 HNO_3 或 HCl 溶液以替代 HAc？为什么？

2. 根据实验结果，分析产生误差的原因。

实验 39 分光光度法自拟实验（设计性实验）

一、实验目的

1. 巩固分光光度法的原理。
2. 应用理论知识进行实际样品测定的分光光度法方案设计。

二、分光光度法自拟实验选题参考

1. 间接分光光度法测定氯离子含量

氯离子难以直接应用分光光度法进行测定，主要原因在于难以找到合适的显色反应，但是氯离子可以与硫氰酸汞反应交换出硫氰酸根离子，硫氰酸根离子与三价铁离子反应生成红色配合物，从而通过分光光度法间接测定氯离子含量。

实验方案设计可参照如下步骤：

(1) 写出交换反应和显色反应

(2) 显色条件的选择

① 确定显色反应的酸度；

② 确定显色剂的用量；

③ 确定显色反应的时间。

(3) 制作吸收曲线确定测量波长

(4) 制作标准曲线，确定摩尔吸光系数、桑德尔灵敏度以及线性范围

(5) 回收率试验

2. 血液中铜离子含量的测定

血液中的铜离子通常与蛋白质结合成难以离解的金属蛋白化合物，因此需用酸消解法除

去有机物，使铜离子游离出来；选用适当的配位剂（如铜试剂）使铜离子显色，采用吸光光度法测定铜离子的含量。

【参考资料】王庆伟，王昕．三元配合物体系光度法测定微量铜．理化检验——化学分册．2002，38（2）：83-84.

实验40　洗衣粉中聚磷酸盐含量的测定

一、实验目的

1. 了解洗衣粉的去污原理。
2. 了解洗衣粉中聚磷酸盐作用及聚磷酸盐含量测定的原理。
3. 掌握标准酸碱溶液的配制及标定原理。
4. 熟悉酸碱指示剂的应用及其具体操作。

二、实验原理

洗衣粉是由多种化学成分组成的混合物，起主要作用的是表面活性剂：烷基苯磺酸钠、脂肪醇硫酸钠、脂肪醇聚氯乙烯醚、环乙烷和环氯丙烷等，这些表面活性剂可直接用来作为洗涤剂使用。洗涤的基本过程如图3-3所示。

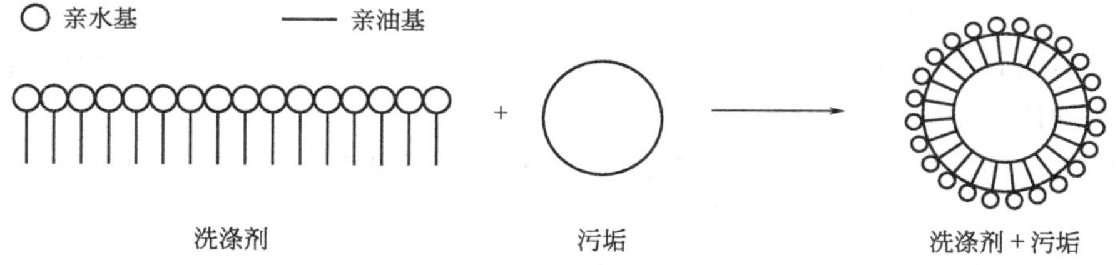

图3-3　洗涤基本过程示意图

表面活性剂直接用来作为洗涤剂使用的去污效果并不十分理想，而且成本高。因此，配制洗衣粉时还要加入一些助剂，使洗衣粉的性能更加完善，贮存和使用更加方便。洗衣粉通用的助剂分为无机盐和有机盐两大类；按洗衣粉是否含有磷盐，又分为含磷洗衣粉和无磷洗衣粉。含磷洗衣粉中应用较为普遍的是三聚磷酸钠，三聚磷酸钠中阴离子具有较强的螯合能力，并对污渍具有分散、乳化、胶溶作用；可以防止金属离子破坏表面活性剂，避免污渍再沉淀，大大提高了洗衣粉的洗净作用；还可以提供一定的碱性，维持洗涤液适宜的pH，减少对皮肤的刺激；另外，还可吸收水分防止洗衣粉结块，保持干爽粒状。但三聚磷酸钠排入河流会造成水质富营养化，因而必须严格限制使用。

本实验介绍了一种快速测定洗衣粉中聚磷酸钠含量的方法。

三聚磷酸钠在强酸性介质中被酸解成正磷酸，用碱和酸溶液调节溶液pH至3～4之间，使正磷酸以磷酸二氢根形式存在于溶液中：

$$Na_5P_3O_{10}+5HNO_3+2H_2O \xlongequal{\triangle} 5NaNO_3+3H_3PO_4$$

$$H_3PO_4+NaOH \xlongequal{} NaH_2PO_4+H_2O$$

然后用碱标准溶液滴定该溶液 pH 至 8～10，此时磷酸二氢根转变成磷酸一氢根，根据消耗的碱标准溶液可间接测定洗衣粉中三聚磷酸钠的含量。其反应方程式如下：

$$NaH_2PO_4 + NaOH = Na_2HPO_4 + H_2O$$

三、实验用品

1. 仪器：50mL 碱式滴定管（1 支）、酸式滴定管（1 支）、250mL 锥形瓶（若干）、100mL 容量瓶（2 个）、25mL 移液管（1 支）、50mL 量筒（2 个）、电热板（1 台）、石棉网、分析天平（0.1mg）、洗耳球（1 个）。

2. 试剂：NaOH 溶液（$0.1mol \cdot L^{-1}$）、HCl 溶液（$0.5mol \cdot L^{-1}$）、酚酞指示剂（0.5%）、甲基橙指示剂（0.2%）、HNO_3 溶液（$1.0mol \cdot L^{-1}$）、NaOH 溶液（50%）、洗衣粉、去离子水等。

3. 材料：沸石等。

四、实验内容

1. $0.1mol \cdot L^{-1}$ NaOH 标准溶液的配制和标定

参见实验 16。

2. 洗衣粉中聚磷酸盐含量的测定

(1) 准确称取待测洗衣粉 5～6g 于 250mL 锥形瓶中，加入 50mL 水和 50mL $1.0mol \cdot L^{-1}$ HNO_3 溶液，摇匀，加入 3～4 颗沸石。

(2) 锥形瓶置于电热板上小心加热 25min 后取下，冷却至室温（过程中注意控制温度，防止溶液中泡沫溢出）。

(3) 将锥形瓶中剩余溶液倾入 100mL 容量瓶中，用去离子水将锥形瓶洗涤 3～4 次，洗涤液都注入容量瓶中，加水稀释、定容。

(4) 用移液管从容量瓶中准确移取 25.00mL 待测液至 250mL 锥形瓶中，加入 1 滴 0.2%甲基橙指示剂，溶液呈红色。再逐滴加入 50% NaOH 溶液，并不断摇动至溶液呈浅黄色为止。再用 $0.5mol \cdot L^{-1}$ HCl 中和过量的 NaOH 溶液，使溶液呈橙色为止。在锥形瓶中加入 2 滴 0.5%酚酞指示剂，最后用 $0.1mol \cdot L^{-1}$ NaOH 标准溶液滴定至溶液呈橙色（与调整 pH 时的颜色相近），并且保持半分钟不褪色，记录滴定前后滴定管中 NaOH 标准溶液的体积初读数及终读数，平行测定三次，按下式计算洗衣粉中聚磷酸盐的含量：

$$A(\%) = \frac{c_{NaOH} \times V_{NaOH} \times M_{Na_5P_3O_{10}} \times 4}{m_{试} \times 3 \times 1000} \times 100\%$$

式中，A 为聚磷酸盐的含量，%；c_{NaOH} 为 NaOH 标准溶液的浓度，$mol \cdot L^{-1}$；V_{NaOH} 为消耗 NaOH 标准溶液的体积，mL；$M_{Na_5P_3O_{10}}$ 为聚磷酸盐的摩尔质量，$g \cdot mol^{-1}$；$m_{试}$ 为待测洗衣粉的质量，g。

五、问题与讨论

1. 是否每种洗衣粉都可以用此方法测定聚磷酸盐的含量？为什么？
2. 为什么必须使滴定终点颜色与 pH 调整时的颜色相近？

相关知识

洗涤剂简介

1. 洗涤剂的一般组成

洗涤剂是按专门配方配制的具有去污性能的产品。洗涤剂种类繁多，用途各异，其主要由表面活性剂和洗涤助剂两部分构成。表面活性剂是一种用量尽管很少但对体系的表面行为有显著效应的物质。它们能降低水的表面张力，起到润湿、增溶、乳化、分散等作用，使污垢从被洗物表面脱离分散到水中，然后再用清水把污物漂洗干净。洗涤助剂是能使表面活性剂充分发挥活性作用，从而提高洗涤效果的物质。

2. 表面活性剂的结构与种类

迄今为止，表面活性剂已有200多种。但它们的分子在结构上的共同特点是分子中同时带有“双亲”基团，即既带有亲水的极性基团（如羟基、羧基等），又带有疏水的非极性基团（如碳原子数≥28的烃基）。

洗涤剂中常用的表面活性剂有脂肪酸盐、烷基苯磺酸钠、烷基醇酰胺、脂肪醇硫酸钠、脂肪醇聚氧乙烯醚（平平加）等。它们分为离子型和非离子型两大类。①离子型：它又分为阴离子型、阳离子型和两性型三种。如普通肥皂的脂肪酸盐、大部分民用洗衣粉的烷基苯磺酸钠、用作化妆品原料的脂肪醇硫酸钠等都是阴离子型；一些用作杀菌剂的铵盐如季铵盐（新洁尔灭）、叔胺（萨帕明A）等为阳离子型；如可用作乳化剂、柔软剂的氨基酸盐（如十二烷基氨基丙酸钠）在水中可解离成阴、阳两类离子，故称为两性型。②非离子型：这一类表面活性剂在水中并不解离出离子，而是以分子状态存在，比如一些山梨醇的脂肪衍生物大多制成液态洗涤剂或洗洁精（如斯盘、吐温）；一些酰胺（主要有烷醇酰胺，又名尼诺尔）制成液体合成洗涤剂，去污力强，多作泡沫稳定剂；还有一些聚醚类如丙二醇与环氧乙烷的加成聚合而得的低泡沫洗涤剂等。

3. 洗涤助剂

助剂的选择、配比必须与表面活性剂的性能相适应。选择适当的助剂可大大提高洗涤剂的效果。主要助剂及作用如下：

① 三聚磷酸钠（$Na_5P_3O_{10}$）。俗称五钠，为洗涤剂中最常用的助剂，配合水中的钙、镁离子形成碱性介质，有利于油污分解，防止制品结块（形成水合物而防潮），使粉剂成空心状。

② 硅酸钠。俗称水玻璃，除有碱性缓冲能力外，还有稳泡、乳化、抗蚀等功能，亦可使粉状成品保持疏松、均匀和增加喷雾颗粒的强度。

③ 硫酸钠。其无水物俗称元明粉，十水物俗称芒硝；在洗衣粉中用量甚大（约占40%），是主要填料，有利于配料成型。

④ 羧甲基纤维素钠。简称CMC，由于它带有大量负电荷，吸附在污垢上，静电斥力增加，可防止污垢再沉积。

⑤ 月桂酸二乙醇酰胺。有促泡和稳泡作用。

⑥ 荧光增白剂。如二苯乙烯三嗪类化合物，配入量约0.1%。

⑦ 过硼酸钠。水解后可释出过氧化氢，起漂白和化学去污作用，多用作器皿的洗涤剂。

⑧ 酶。加酶洗涤剂是在洗涤剂中加入不同功能的酶制剂，例如淀粉酶、脂肪酶及纤维酶。

⑨ 其他。如磷酸盐的代用品等。

实验 41 胃舒平药片中铝和镁的测定

一、实验目的

1. 学习药剂测定的前处理方法。
2. 掌握返滴定法的基本原理。
3. 进一步学会金属指示剂的应用。

二、实验原理

胃病患者常服用的胃舒平药片主要成分为氢氧化铝、三硅酸镁及少量中药颠茄流浸膏，在制成片剂时还加入了大量糊精等以便药片成形。药片中铝和镁的含量可用 EDTA 配位滴定法测定。为此先用水溶解样品，分离除去水不溶性杂质，然后取适量试液加入过量 EDTA 溶液，调节 pH 至 4 左右，煮沸使 EDTA 与铝配位，再以二甲酚橙为指示剂，用锌标准溶液回滴过量 EDTA，测出铝含量。另取试液调 pH，将铝沉淀分离后，于 pH＝10 的条件下以酸性铬蓝 K-萘酚绿 B（K-B）为指示剂，用 EDTA 标准溶液滴定滤液中的镁。

三、实验用品

1. 仪器：酸式滴定管、250mL 锥形瓶、250mL 容量瓶、研钵、5mL 移液管、25mL 移液管、10mL 量筒、烧杯、称量瓶、表面皿、滴管、玻璃棒、洗瓶等。

2. 试剂：EDTA 溶液（$0.02mol\cdot L^{-1}$）、锌标准溶液（$0.02mol\cdot L^{-1}$）、六亚甲基四胺溶液（20%）、氨水（1∶1）、盐酸（1∶1）、盐酸（1∶3）、三乙醇胺水溶液（1∶2）、氨-氯化铵缓冲溶液、二甲酚橙指示剂（0.2%）、甲基红乙醇溶液（0.2%）、酸性铬蓝 K-萘酚绿 B（K-B）指示剂（固体）、氯化铵（固体）、胃舒平药片。

四、实验内容

1. 样品处理

取 10 片胃舒平药片，准确称量，研细并混合均匀后，准确称取 2g 左右药粉，加入 20mL HCl 溶液（1∶1），加去离子水至 100mL，煮沸。冷却后过滤，并以去离子水洗涤沉淀至无 Al^{3+}（至少 2～3 次），收集滤液及洗涤液于 250mL 容量瓶中，稀释至刻度，摇匀，即为待测试液。

2. 铝的测定

准确吸取上述待测试液 5.00mL，加水至 25mL 左右。准确加入 $0.02mol\cdot L^{-1}$ EDTA 溶液 25.00mL，摇匀，加入 0.2%二甲酚橙指示剂 2～3 滴，滴加氨水（1∶1）至溶液呈紫红色，再滴加 HCl（1∶3）溶液至溶液变为黄色后再过量 3 滴，将溶液煮沸 3min 左右，冷却，加入 20%六亚甲基四胺溶液 10mL，此时溶液的 pH 为 5～6，加入 0.2%二甲酚橙指示剂 2～3 滴，以锌标准溶液滴定至溶液由黄色转变为红色。根据 EDTA 溶液加入量与锌标准溶液体积，计算每片药片中铝的含量（以 Al_2O_3 表示）。

3. 镁的测定

准确吸取上述待测试液 25.00mL，滴加氨水（1∶1）至刚出现沉淀，再加 HCl（1∶1）溶液至沉淀恰好溶解。加入 2g 固体 NH_4Cl，滴加 20%六亚甲基四胺溶液至沉淀出现并过量 15mL。加热至 80℃，维持 10～15min。冷却后过滤，以少量蒸馏水洗涤沉淀数次。收集滤液与洗涤液于 250mL 锥形瓶中，加入 10mL 三乙醇胺（1∶2）水溶液、10mL 氨性缓冲溶液、1 滴甲基红指示剂、K-B 指示剂少许。用 $0.02mol \cdot L^{-1}$ EDTA 溶液滴定至试液由暗红色转变为蓝绿色，计算每片药片中镁的含量（以 MgO 表示）。

五、问题与讨论

1. 为什么样品要研细？
2. 实验中为什么要加入甲基红指试剂？

实验 42　农药草甘膦含量的测定

一、实验目的

1. 熟练掌握紫外分光光度计的原理及其使用方法。
2. 学会利用紫外分光光度计测定草甘膦的含量。

二、实验原理

草甘膦化学名称为 *N*-(膦酸甲基)甘氨酸，化学式为 $C_3H_8NO_5P$（结构式见图 3-4）。草甘膦是一种除草活性很强的有机磷农药，杀草谱广，能有效控制危害最大的 76 种杂草；杀草力强，能防除一些其他除草剂难以杀灭的多年生深根恶性杂草。同时，它还有低毒、易分解、无残留等优点。草甘膦的含量决定了该农药的作用，因此测定草甘膦的含量有着重要而现实的意义。

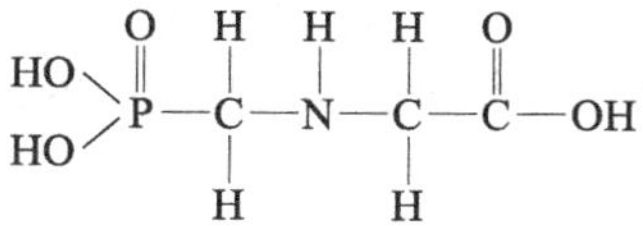

$$(HO)_2P(=O)-CH_2-NH-CH_2-C(=O)-OH$$

图 3-4　草甘膦结构式

本实验采用紫外分光光度法测定草甘膦的含量，原理为：草甘膦与亚硝酸钠反应生成草甘膦的亚硝基化衍生物——*N*-亚硝基-*N*-膦酸甲基某氨酸。该化合物的紫外最大吸收波长（λ_{max}）为 243nm，可直接采用紫外分光光度法进行测定。

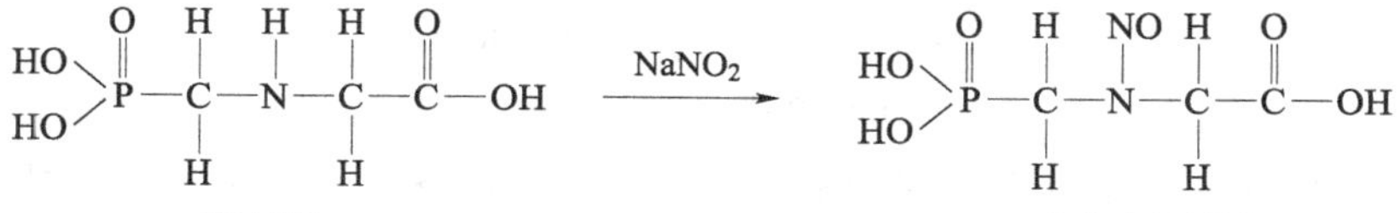

$$(HO)_2P(=O)-CH_2-NH-CH_2-C(=O)-OH \xrightarrow{NaNO_2} (HO)_2P(=O)-CH_2-N(NO)-CH_2-C(=O)-OH$$

草甘膦　　　　*N*-亚硝基草甘膦

三、实验用品

1. 仪器：紫外分光光度计、1cm 石英比色皿、刻度吸量管（1mL、2mL、5mL）、电热板或电炉等。

2. 试剂：浓盐酸、硫酸（1∶1）、溴化钾溶液（25%）、亚硝酸钠溶液（(1.5%)，现用现配)、草甘膦标样（含量≥99.8%）。实验用水均为去离子水或相应纯度的水。所用试剂均为分析纯试剂。

四、实验内容

1. 标准曲线的绘制

（1）草甘膦标样溶液的配制

准确称取 0.3g 草甘膦标准样品（准确至 0.0001g，m_1）转移至 100mL 烧杯中，加 50mL 水、1mL 浓盐酸，搅拌均匀。将烧杯置于电热板或电炉上，用玻璃棒边搅拌边缓缓加热至草甘膦固体完全溶解，冷却至室温。将上述溶液定量转移至 250mL 容量瓶中，用水稀释至刻度，摇匀，制成草甘膦标准溶液[1]。

（2）草甘膦的亚硝基化

准确吸取上述草甘膦标准溶液 0.00mL、0.70mL、1.00mL、1.30mL、1.60mL、1.90mL 于 6 个 100mL 容量瓶中，在各容量瓶中分别加入 5mL 去离子水、0.5mL 硫酸（1∶1)、0.1mL 25%溴化钾溶液、0.5mL 1.5%亚硝酸钠溶液。加入亚硝酸钠后应立即将塞子塞紧，充分摇匀，放置 20min（反应时温度不低于 15℃)。用水稀释至刻度，摇匀，最后将塞子打开，放置 15min。

（3）标准曲线的绘制

接通紫外分光光度计的电源，开启氘灯预热 20min，调整波长在 243nm 处，以试剂空白作参比，用石英比色皿进行吸光度测量[2]。以吸光度为纵坐标，相应的标样溶液的体积为横坐标，绘制标准曲线。

2. 草甘膦试样的分析

准确称取 0.5g 草甘膦试样（准确至 0.0001g，m_2)，转移至 100mL 烧杯中，加 50mL 水、1mL 浓盐酸，搅拌均匀。将烧杯置于电热板或电炉上，用玻璃棒搅拌，缓慢加热并保持微沸 5min 后，用快速滤纸过滤，仔细冲洗滤纸，合并滤液和洗涤液至 250mL 容量瓶中，冷至室温，用水稀释至刻度，摇匀。

分别准确吸取 1.00mL 试样溶液（V_2）于 2 个 100mL 容量瓶中，其中 1 份用水稀释至刻度、摇匀。以去离子水作参比，测定试样本身的吸光度（A_0)。另 1 份按实验内容中“草甘膦的正硝基化”的实验步骤进行亚硝基化显色反应，并在 243nm 处测定吸光度（A_1)。测得的吸光度（A_1）扣除试样本身的吸光度（A_0）即为试样中草甘膦吸光度（A_2)。

草甘膦含量 ω 按下式计算：

$$\omega=(\rho_1 V_1)/(\rho_2 V_2)\times 100\%$$

$$\rho_1=m_1\times 1000/250, \quad \rho_2=m_2\times 1000/250$$

式中，ρ_1 为草甘膦标样溶液中草甘膦的质量浓度，$mg\cdot mL^{-1}$；ρ_2 为草甘膦试样溶液中草甘膦的质量浓度，$mg\cdot mL^{-1}$；m_1 为草甘膦标样的质量，g；m_2 为草甘膦试样的质量，g；V_1 为与草甘膦试样的吸光度（A_2）相对应的标准溶液的体积，mL；V_2 为吸取草甘膦试样溶液的体积，1.00mL。

【注释】

[1] 草甘膦标准溶液的存储时间不得超过 15 天。

[2] 比色皿用完后用 50%硝酸溶液洗涤。

五、问题与讨论

草甘膦的亚硝基化为什么要加溴化钾溶液？

附　　录

附录1　元素的原子量

原子序数	元素名称	元素符号	原子量	原子序数	元素名称	元素符号	原子量
1	氢	H	1.00794(7)	32	锗	Ge	72.61(2)
2	氦	He	4.002602(2)	33	砷	As	74.92160(2)
3	锂	Li	6.941(2)	34	硒	Se	78.96(3)
4	铍	Be	9.012182(3)	35	溴	Br	79.904(1)
5	硼	B	10.811(7)	36	氪	Kr	83.80(1)
6	碳	C	12.0107(8)	37	铷	Rb	85.4678(3)
7	氮	N	14.00674(7)	38	锶	Sr	87.62(1)
8	氧	O	15.9994(3)	39	钇	Y	88.90585(2)
9	氟	F	18.9984032(5)	40	锆	Zr	91.224(2)
10	氖	Ne	20.1797(6)	41	铌	Nb	92.90638(2)
11	钠	Na	22.9897790(2)	42	钼	Mo	95.94(1)
12	镁	Mg	24.3050(6)	43	锝	Tc	[98]*
13	铝	Al	26.981538(2)	44	钌	Ru	101.07(2)
14	硅	Si	28.0855(3)	45	铑	Rh	102.90550(2)
15	磷	P	30.973761(2)	46	钯	Pd	106.42(1)
16	硫	S	32.066(6)	47	银	Ag	107.8682(2)
17	氯	Cl	35.4527(9)	48	镉	Cd	112.411(8)
18	氩	Ar	39.948(1)	49	铟	In	114.818(3)
19	钾	K	39.0983(1)	50	锡	Sn	118.719(7)
20	钙	Ca	40.078(4)	51	锑	Sb	121.760(1)
21	钪	Sc	44.955910(8)	52	碲	Te	127.60(3)
22	钛	Ti	47.867(1)	53	碘	I	126.90447(3)
23	钒	V	50.9415(1)	54	氙	Xe	131.29(2)
24	铬	Cr	51.9961(6)	55	铯	Cs	132.90545(2)
25	锰	Mn	54.938049(9)	56	钡	Ba	137.327(7)
26	铁	Fe	55.845(2)	57	镧	La	138.9055(2)
27	钴	Co	58.933200(9)	58	铈	Ce	140.116(1)
28	镍	Ni	58.6934(2)	59	镨	Pr	140.90765(2)
29	铜	Cu	63.546(3)	60	钕	Nd	144.24(3)
30	锌	Zn	65.39(2)	61	钷	Pm	[145]*
31	镓	Ga	69.723(1)	62	钐	Sm	150.36(3)

续表

原子序数	元素名称	元素符号	原子量	原子序数	元素名称	元素符号	原子量
63	铕	Eu	151.964(1)	88	镭	Ra	[226]*
64	钆	Gd	157.25(3)	89	锕	Ac	[227]*
65	铽	Tb	158.92534(2)	90	钍	Th	232.0381(1)*
66	镝	Dy	162.50(3)	91	镤	Pa	231.03588(2)*
67	钬	Ho	164.93032(2)	92	铀	U	238.0289(1)*
68	铒	Er	167.26(3)	93	镎	Np	[237]*
69	铥	Tm	168.93421(2)	94	钚	Pu	[244]*
70	镱	Yb	173.04(3)	95	镅	Am	[243]*
71	镥	Lu	174.967(1)	96	锔	Cm	[247]*
72	铪	Hf	178.49(2)	97	锫	Bk	[247]*
73	钽	Ta	180.9479(1)	98	锎	Cf	[251]*
74	钨	W	183.84(1)	99	锿	Es	[252]*
75	铼	Re	186.207(1)	100	镄	Fm	[257]*
76	锇	Os	190.23(3)	101	钔	Md	[258]*
77	铱	Ir	192.217(3)	102	锘	No	[259]*
78	铂	Pt	195.078(2)	103	铹	Lr	[260]*
79	金	Au	196.96655(2)	104	𬬻	Rf	[261]*
80	汞	Hg	200.59(2)	105	𬭊	Db	[262]*
81	铊	Tl	204.3833(2)	106	𬭳	Sg	[263]*
82	铅	Pb	207.2(1)	107	𬭛	Bh	[264]*
83	铋	Bi	208.98038(2)	108	𬭶	Hs	[265]*
84	钋	Po	[209]*	109	鿏	Mt	[268]*
85	砹	At	[210]*	110	𫟼	Ds	[269]*
86	氡	Rn	[222]*	111	𬬭	Rg	[272]*
87	钫	Fr	[223]*	112	鿔	Cn	[277]*

注：1. 本表原子量引自 1997 年国际原子量表，以$^{12}C=12$为基准，( ) 内为末尾数的准确度。

2. [ ] 为放射性元素最长寿命同位素的质量数。

3. 带*者为放射性元素。

附录 2　常用酸、碱溶液的密度和浓度

一、酸类

化学式	名称	密度(20℃) /g·mL^{-1}	质量分数 /%	物质的量浓度 /mol·L^{-1}	配制方法
H_2SO_4	浓硫酸	1.84	98	18	—
	稀硫酸	1.18	25	3	将 167mL 浓 H_2SO_4 稀释至 1L
	稀硫酸	1.06	9	1	将 55mL 浓 H_2SO_4 稀释至 1L

续表

化学式	名称	密度（20℃）/g·mL^{-1}	质量分数/%	物质的量浓度/mol·L^{-1}	配制方法
HNO_3	浓硝酸	1.42	69	16	—
	稀硝酸	1.20	32	6	将 375mL 浓 HNO_3 稀释至 1L
	稀硝酸	1.07	12	2	将 125mL 浓 HNO_3 稀释至 1L
HCl	浓盐酸	1.19	36～38	11.7～12.5	—
	稀盐酸	1.10	20	6	将 498mL 浓 HCl 稀释至 1L
	稀盐酸	1.03	7	2	将 165mL 浓 HCl 稀释至 1L
H_3PO_4	浓磷酸	1.69	85	14.6	—
	稀磷酸	1.15	26	3	将 205mL 浓 H_3PO_4 稀释至 1L
$HClO_4$	高氯酸	1.68	70	11.6	—
CH_3COOH	冰醋酸	1.05	99	17.5	—
	稀乙酸	1.02	12	2	将 116mL 冰醋酸稀释至 1L
HF	氢氟酸	1.13	40	23	—
H_2S	氢硫酸	—	—	0.1	H_2S 气体饱和水溶液（新制）

二、碱类

化学式	名称	密度(20℃)/g·mL^{-1}	质量分数/%	物质的量浓度/mol·L^{-1}	配制方法
$NH_3·H_2O$	浓氨水	0.88	25～28	12.9～14.8	—
	稀氨水	0.96	11	6	将 400mL 浓氨水稀释至 1L
	稀氨水	0.98	4	2	将 133mL 浓氨水稀释至 1L
NaOH	浓氢氧化钠	1.43	40	14	将 572g NaOH 用少量水溶解并稀释至 1L
	稀氢氧化钠	1.22	20	6	将 240g NaOH 用少量水溶解并稀释至 1L
	稀氢氧化钠	1.09	8	2	将 80g NaOH 用少量水溶解并稀释至 1L
$Ba(OH)_2$	饱和氢氧化钡	—	2	0.1	将 16.7g $Ba(OH)_2$ 用 1L 水溶解
$Ca(OH)_2$	饱和氢氧化钙	—	0.025	—	将 1.9g $Ca(OH)_2$ 用 1L 水溶解

附录 3 常见无机酸、碱的解离常数

无机酸在水溶液中的解离常数（25℃）

序号	名称	化学式	K_a	pK_a
1	偏铝酸	$HAlO_2$	6.3×10^{-13}	12.20
2	亚砷酸	H_3AsO_3	6.0×10^{-10}	9.22
3	砷酸	H_3AsO_4	$6.3\times10^{-3}(K_1)$	2.20
			$1.05\times10^{-7}(K_2)$	6.98
			$3.2\times10^{-12}(K_3)$	11.50

续表

序号	名称	化学式	K_a	pK_a
4	硼酸	H_3BO_3	$5.8\times10^{-10}(K_1)$	9.24
			$1.8\times10^{-13}(K_2)$	12.74
			$1.6\times10^{-14}(K_3)$	13.80
5	次溴酸	HBrO	2.4×10^{-9}	8.62
6	氢氰酸	HCN	6.2×10^{-10}	9.21
7	碳酸	H_2CO_3	$4.2\times10^{-7}(K_1)$	6.38
			$5.6\times10^{-11}(K_2)$	10.25
8	次氯酸	HClO	3.2×10^{-8}	7.50
9	氢氟酸	HF	6.61×10^{-4}	3.18
10	高碘酸	HIO_4	2.8×10^{-2}	1.56
11	亚硝酸	HNO_2	5.1×10^{-4}	3.29
12	次磷酸	H_3PO_2	5.9×10^{-2}	1.23
13	亚磷酸	H_3PO_3	$5.0\times10^{-2}(K_1)$	1.30
			$2.5\times10^{-7}(K_2)$	6.60
14	磷酸	H_3PO_4	$7.52\times10^{-3}(K_1)$	2.12
			$6.31\times10^{-8}(K_2)$	7.20
			$4.4\times10^{-13}(K_3)$	12.36
15	焦磷酸	$H_4P_2O_7$	$3.0\times10^{-2}(K_1)$	1.52
			$4.4\times10^{-3}(K_2)$	2.36
			$2.5\times10^{-7}(K_3)$	6.60
			$5.6\times10^{-10}(K_4)$	9.25
16	氢硫酸	H_2S	$1.3\times10^{-7}(K_1)$	6.88
			$7.1\times10^{-15}(K_2)$	14.15
17	亚硫酸	H_2SO_3	$1.23\times10^{-2}(K_1)$	1.91
			$6.6\times10^{-8}(K_2)$	7.18
18	硫酸	H_2SO_4	$1.0\times10^{3}(K_1)$	−3.0
			$1.02\times10^{-2}(K_2)$	1.99
19	硫代硫酸	$H_2S_2O_3$	$2.52\times10^{-1}(K_1)$	0.60
			$1.9\times10^{-2}(K_2)$	1.72
20	氢硒酸	H_2Se	$1.3\times10^{-4}(K_1)$	3.89
			$1.0\times10^{-11}(K_2)$	11.0
21	亚硒酸	H_2SeO_3	$2.7\times10^{-3}(K_1)$	2.57
			$2.5\times10^{-7}(K_2)$	6.60
22	硒酸	H_2SeO_4	$1\times10^{3}(K_1)$	−3.0
			$1.2\times10^{-2}(K_2)$	1.92
23	硅酸	H_2SiO_3	$1.7\times10^{-10}(K_1)$	9.77
			$1.6\times10^{-12}(K_2)$	11.80

无机碱在水溶液中的解离常数（25℃）

序号	名称	化学式	K_b	pK_b
1	氢氧化铝	$Al(OH)_3$	$1.38\times10^{-9}(K_3)$	8.86
2	氢氧化银	AgOH	1.10×10^{-4}	3.96
3	氢氧化钙	$Ca(OH)_2$	3.72×10^{-3}	2.43
			3.98×10^{-2}	1.40
4	氨水	$NH_3\cdot H_2O$	1.78×10^{-5}	4.75
5	羟氨	NH_2OH	9.12×10^{-9}	8.04
6	氢氧化铅	$Pb(OH)_2$	$9.55\times10^{-4}(K_1)$	3.02
			$3.0\times10^{-8}(K_2)$	7.52
7	氢氧化锌	$Zn(OH)_2$	9.55×10^{-4}	3.02

附录 4 几种常用的酸碱指示剂

指示剂	变化范围 pH	颜色		pK_{HIn}	浓度
		酸色	碱色		
百里酚蓝（第一次变色）	1.2～2.8	红	黄	1.6	0.1%的 20%酒精溶液
甲基黄	2.9～4.0	红	黄	3.3	0.1%的 90%酒精溶液
甲基橙	3.1～4.4	红	黄	3.4	0.05%的水溶液
溴酚蓝	3.1～4.6	黄	紫	4.1	0.1%的 20%酒精溶液或其钠盐的水溶液
溴甲酚绿	3.8～5.4	黄	蓝	4.9	0.1%的水溶液，每 100mg 指示剂加 $0.05mol\cdot L^{-1}$ NaOH 溶液 2.9mL
甲基红	4.4～6.2	红	黄	5.2	0.1%的 60%酒精溶液或其钠盐的水溶液
溴甲酚紫	5.2～6.8	黄	紫	6.3	0.1%的 20%酒精溶液
中性红	6.8～8.0	红	黄橙	7.4	0.1%的 60%酒精溶液
酚红	6.7～8.4	黄	红	8.0	0.1%的 60%酒精溶液或其钠盐水溶液
酚酞	8.0～9.6	无	红	9.1	0.1%的 90%酒精溶液
百里酚蓝（第二次变色）	8.0～9.6	黄	蓝	8.9	0.1%的 20%酒精溶液
百里酚酞	9.4～10.6	无	蓝	10.0	0.1%的 90%酒精溶液

附录 5 金属离子指示剂

指示剂名称	解离平衡和颜色变化	溶液配制方法
铬黑 T(EBT)	$H_2In^- \xrightleftharpoons{pK_{a_2}=6.3} HIn^{2-} \xrightleftharpoons{pK_{a_3}=11.55} In^{3-}$ 紫红　　　蓝　　　橙	0.5%水溶液

续表

指示剂名称	解离平衡和颜色变化	溶液配制方法
二甲酚橙(XO)	$H_3Hn^{4-} \xrightleftharpoons{pK_a=6.3} H_2In^{5-}$ 黄　　红	0.2%水溶液
K-B指示剂	$H_2In \xrightleftharpoons{pK_a=8} HIn^- \xrightleftharpoons{pK_a=13} In^{2-}$ 红　　蓝　　紫红 (酸性铬蓝K)	0.2g酸性铬蓝K与0.4g奈酚绿B溶于100mL水中
钙指示剂	$H_2In^{2-} \xrightleftharpoons{pK_{a_3}=9.4} HIn^{3-} \xrightleftharpoons{pK_{a_4}=13\sim14} In^{4-}$ 酒红　　蓝　　酒红	0.5%乙醇溶液
Cu-PAN (CuY-PAN溶液)	$CuY+PAN+M \Longleftrightarrow MY+Cu\text{-}PAN$ 浅绿　　无色　　红色	在10mL 0.05mol·L^{-1} Cu^{2+}溶液中,加入5mL pH 5～6的HAc缓冲液,1滴PAN指示剂,加热至60℃左右,用EDTA滴至绿色,得到约0.25mol·L^{-1} CuY溶液,使用时取2～3mL于试液中,再加数滴PAN溶液
磺基水杨酸	$H_2In \xrightleftharpoons{pK_{a_2}=2.7} HIn^- \xrightleftharpoons{pK_{a_3}=13.1} In^{2-}$ 无色	1%水溶液
钙镁试剂	红　　蓝 $H_2In \xrightleftharpoons{-pK_{a_2}=8.1} HIn^{2-} \xrightleftharpoons{pK_{a_3}=12.4} In^{3-}$ 红橙	0.5%水溶液

注：EBT、钙指示剂、K-B指示剂等在水溶液中稳定性较差，可以配成指示剂与NaCl之比为1∶100或1∶200的固体粉末。

附录6　氧化还原指示剂

指示剂名称	变色电位 E'/V(pH=0)	颜色变化		溶液配制方法
		氧化态	还原态	
中性红	0.24	红	无色	0.05%的60%乙醇溶液
亚甲基蓝	0.36	蓝	无色	0.05%水溶液
变胺蓝	0.59(pH=2)	无色	蓝色	0.05%水溶液
二苯胺	0.76	紫	无色	1%的浓H_2SO_4溶液
二苯胺磺酸钠	0.85	紫红	无色	0.5%水溶液
N-邻苯氨基苯甲酸	1.08	紫红	无色	0.1g指示剂加20mL 15% Na_2CO_3溶液,用水稀释至100mL
邻二氮菲-铁(Ⅱ)	1.06	浅蓝	红	1.485g邻二氮菲与0.695g $FeSO_4 \cdot 7H_2O$溶于100mL水中(0.025mol·L^{-1})
5-硝基邻二氮菲-铁(Ⅱ)	1.25	浅蓝	紫红	1.608g 5-硝基邻二氮菲与0.695g $FeSO_4 \cdot 7H_2O$溶于100mL水中(0.025mol·L^{-1})

附录 7 常用基准物质

名称	化学式	干燥条件
无水碳酸钠	Na_2CO_3	270～300℃干燥 2～2.5h
邻苯二甲酸氢钾	$KHC_8H_4O_4$	110～120℃干燥 1～2h
重铬酸钾	$K_2Cr_2O_7$	100～110℃干燥 3～4h
草酸钠	$Na_2C_2O_4$	130～140℃干燥 1～1.5h
氧化锌	ZnO	800～900℃干燥 2～3h
氯化钠	NaCl	500～650℃干燥 40～45min
硝酸银	$AgNO_3$	在装有浓硫酸的干燥器中干燥至恒重

附录 8 常用缓冲溶液的配制

缓冲溶液组成	pK_{a_1}	缓冲液 pH	缓冲溶液配制方法
一氯乙酸-NH_4Ac	—	2.0	取 0.1mol·L^{-1}一氯乙酸溶液 100mL，加 10mL 0.1mol·L^{-1} NH_4Ac 溶液，混匀
H_3PO_4-柠檬酸盐	—	2.5	取 113g $Na_2HPO_4\cdot 12H_2O$ 溶于 200mL 水后，加 387g 柠檬酸，溶解，过滤，稀释至 1L
一氯乙酸-NaOH	2.86	2.8	取 200g 一氯乙酸溶液溶于 200mL 水中，加 40g NaOH，溶解后，稀释至 1L
邻苯二甲酸氢钾-HCl	2.95 (pK_{a_1})	2.9	取 500g 邻苯二甲酸氢钾溶于 500mL 水中，加 80mL 浓 HCl，稀释至 1L
一氯乙酸-NaAc	—	3.5	取 250mL 2mol·L^{-1}一氯乙酸溶液，加 500mL 1mol·L^{-1} NaAc 溶液，混匀
NH_4Ac-HAc	—	4.5	取 77g NH_4Ac 溶于 200mL 水中，加 59mL 冰醋酸，稀释至 1L
NaAc-HAc	4.74	4.7	取 83g 无水 NaAc 溶于水中，加 60mL 冰醋酸，稀释至 1L
NH_4Ac-HAc	—	5.0	取 250g NH_4Ac 溶于水中，加 25mL 冰醋酸，稀释至 1L
六亚甲基四胺-HCl	5.15	5.4	取 40g 六亚甲基四胺溶于 200mL 水中，加 10mL 浓 HCl，稀释至 1L
NH_4Ac-HAc	—	6.0	取 600g NH_4Ac 溶于水中，加 20mL 冰醋酸，稀释至 1L
NaAc-H_3PO_4 盐	—	8.0	取 50g 无水 NaAc 和 50g $Na_2HPO_4\cdot 12H_2O$ 溶于水中，稀释至 1L
tris-HCl[tris 为三羟甲基氨基甲烷，$H_2NC(HOCH_2)_3$]	8.21	8.2	取 25g Tris 试剂溶于水中，加 18mL 浓 HCl，稀释至 1L
NH_3-NH_4Cl	9.26	9.2	取 54g NH_4Cl 溶于水中，加 63mL 浓氨水，稀释至 1L
NH_3-NH_4Cl	9.26	9.5	取 54g NH_4Cl 溶于水中，加 126mL 浓氨水，稀释至 1L

续表

缓冲溶液组成	pK_{a_1}	缓冲液 pH	缓冲溶液配制方法
NH_3-NH_4Cl	9.26	10.0	取 54g NH_4Cl 溶于水中，加 350mL 浓氨水，稀释至 1L
$NaOH$-$Na_2B_4O_7$	—	12.6	10g NaOH 和 10g NaB_4O_7 溶于水稀释至 1L

注：1. 缓冲液配制后可用 pH 试纸检查。如 pH 不对，可用共轭酸或碱调节。欲精确调节时，可用 pH 计。

2. 若需增大或减小缓冲液的缓冲容量时，可相应增加或减少共轭酸碱对物质的量，再调节之。

附录 9 数据舍弃 Q 检验法

检验对象	检验公式	n	$Q_{0.90}$	$Q_{0.95}$	$Q_{0.99}$
最小值 x_1	$Q=\frac{x_2-x_1}{x_n-x_1}$	3	0.94	0.98	0.99
		4	0.76	0.85	0.93
		5	0.64	0.73	0.82
		6	0.56	0.64	0.74
最大值 x_n	$Q=\frac{x_n-x_{n-1}}{x_n-x_1}$	7	0.51	0.59	0.68
		8	0.47	0.54	0.63
		9	0.44	0.51	0.60
		10	0.41	0.48	0.57
置信度			90%	95%	99%

附录 10 无机与分析化学实验常用仪器清单

名称	单位	规格	数量
试管架	个	—	1
试管	支	15×150	10
试管夹	个	—	1
烧杯	个	50mL	1
烧杯	个	100mL	1
烧杯	个	250mL	1
烧杯	个	500mL	1
量筒	个	10mL	1
量筒	个	50mL 或 25mL	1
锥形瓶	个	250mL	3
大肚移液管	支	25mL	1
刻度吸量管	支	5mL	1
容量瓶	个	100mL	2

续表

名称	单位	规格	数量
容量瓶	个	250mL	2
蒸发皿	个	—	1
称量瓶	个	25×40	1
试剂瓶	个	500mL	1
石棉网	个	—	1
洗耳球	个	中号	1
塑料洗瓶	个	500mL	1
玻璃棒	个	—	1
滴管	只	—	1
表面皿	个	7cm 或 9cm	1
三角漏斗	个	—	1
酒精灯	个	250mL	1
酸式滴定管	支	50mL	1
碱式滴定管	支	50mL	1

附录 11 滴定分析实验操作（NaOH 溶液浓度的标定）考查表

__________年级 __________专业 学号__________ 姓名__________

	项目	分数	评分
分析天平	(1)取下、放好天平罩，检查水平，清扫天平	1	
	(2)检查和调节空盘零点	1	
	(3)称量(称量瓶＋邻苯二甲酸氢钾)		
	①重物置盘中央	1	
	②加减砝码顺序	3	
	③天平开关控制[取放砝码试样(关)，试重(半开)，读数(全开)，轻开轻关]	3	
	④关天平门读数、记录	1	
	(4)差减法称量邻苯二甲酸氢钾		
	①手不直接接触称量瓶	1	
	②敲瓶动作(距离适中，轻敲瓶上部……逐渐竖直，轻敲瓶口)	2	
	③无倒出杯外	1	
	④称一份试样，倒样不多于三次，多一次扣 1 分	3	
	⑤称量范围 1.6～2.1g，超过±0.1g 扣 1 分	3	
	⑥称量时间(调好零点～记录第二次读数)12min，超过 1min 扣 1 分	3*	
	(5)结束工作(砝码复位，清洁，关天平门，罩好天平罩)	2	
	小计	25	

续表

项目		分数	评分
容量瓶	(1)清洁(内壁不挂水珠)	1	
	(2)溶解邻苯二甲酸氢钾(全溶;若加热溶解,溶解后应冷却至室温)	1	
	(3)定量转移入 100mL 容量瓶(转移溶液操作,冲洗烧杯、玻璃棒 3 次,不溅失)	4	
	(4)稀释至标线(最后用滴管加水)	2	
	(5)摇匀(3/4 时初步混匀,最后混匀)	2	
	小计	10	
移液管	(1)清洁(内壁和下部外壁不挂水珠,吸干尖端内、外水分)	1	
	(2)25mL 移液管用待测液润洗 2～3 次(每次适量)	2	
	(3)吸液(手法规范,吸空不给分)	2	
	(4)调节液面至标线(管垂直,容量瓶倾斜,管尖靠容量瓶内壁,调节自如;不能超过 2 次,超过一次扣 1 分)	3	
	(5)放液(管垂直,锥形瓶倾斜,管尖靠锥形瓶内壁,最后停留 15s)	2	
	小计	10	
滴定	(1)清洁	1	
	(2)用滴定液(操作液)润洗 3 次	2	
	(3)装液,调初读数,无气泡,不漏水	3	
	(4)滴定(确保平行滴定 3 次)		
滴定	①滴定管(手法规范;连续滴加,加 1 滴,加半滴;不漏水)	4	
	②锥形瓶(位置适中,手法规范,溶液呈圆周运动)	3	
	③滴定终点判断(近滴定终点加 1 滴,半滴,颜色适中)	4	
	(5)读数(手不捏盛液部分,管垂首;眼与液面平,读弯月面下缘实线最低点;读至 0.01mL,及时记录)	3	
	小计	20	
结果	c_{NaOH}(平均值)=________ $mol \cdot L^{-1}$,相对平均偏差=________%	25	
	准确度 / 分数 / 相对平均偏差 / 分数		
	±0.2%内 / 15 / ≤0.2% / 10		
	±0.5%内 / 12 / ≤0.4% / 8		
	±1%内 / 9 / ≤0.6% / 6		
	±1%以外 / 6 / >0.6% / 4		
其他	(1) 数据记录,结果计算(列出计算式),报告格式	6	
	(2) 清洁、整齐	4	
	小计	10	
总分		100	
说明	(1) 容量仪器的洗涤、检漏应在考查开始前做好		
	(2) 考查时,此表交给监考教师,学生用实验报告本记录,考查完毕交实验报告		
	(3) 整个实验应在 60min 内完成(调好天平零点～滴定完毕),超过 2.5min,扣总分 1 分		
评语	监考教师(签名) 年 月 日		

结果评分细则:

准确度	分数	相对平均偏差	分数
±0.2%内	15	≤0.2%	10
±0.5%内	12	≤0.4%	8
±1%内	9	≤0.6%	6
±1%以外	6	>0.6%	4

* 若为电子分析天平,时间应控制在 5min 以内。

参考文献

[1] 北京师范大学等编．无机化学实验．4版．北京：高等教育出版社，2014.

[2] 郎建平，卞国庆，贾定先主编．无机化学实验．3版．南京：南京大学出版社，2018.

[3] 吴茂英，肖楚民主编．微型无机化学实验．2版．北京：化学工业出版社，2012.

[4] 华中师范大学，东北师范大学，陕西师范大学等编．分析化学．4版．北京：高等教育出版社，2011.

[5] 华中师范大学，东北师范大学，陕西师范大学等编．分析化学实验．4版．北京：高等教育出版社，2015.

[6] 武汉大学主编．分析化学实验．5版．北京：高等教育出版社，2011.

[7] 马全红，邱凤仙主编．分析化学实验．2版．江苏：南京大学出版社，2015.

[8] 吴泳主编．大学化学新体系实验实验．北京：科学出版社，2001.

[9] 和玲，梁军艳．无机与分析化学实验．北京：高等教育出版社，2020.

[10] 林宝凤主编．基础化学实验技术绿色化教程．北京：科学出版社，2003.

[11] 梁慧锋，王秀玲，董丽丽主编．化学基础实验操作规范．北京：化学工业出版社，2018.

[12] 田玉美主编．新大学化学实验．4版．北京：科学出版社，2019.

[13] 北京师范大学《化学实验规范》编写组．化学实验规范．北京：北京师范大学出版社，1998.

[14] 夏天宇．化验员实用手册．北京：化学工业出版社，1999.

[15] 李方实，俞斌．无机及分析化学实验．南京：东南大学出版社，2002.

[16] 四川大学化工学院，浙江大学化学系合编．分析化学实验．3版．北京：高等教育出版社，2003.

[17] 倪静安，高世萍，李运涛等主编．无机及分析化学实验．北京：高等教育出版社，2007.

[18] 周其镇，方国女，樊行雪编著．大学基础化学实验．北京：化学工业出版社，2002.

[19] 浙江大学，华东理工大学，四川大学合编．殷学锋主编．新编大学化学实验．北京：高等教育出版社，2002.

[20] 草甘膦原药（GB 12686—2004）.

[21] 城市污水水质检验方法标准（CJ/T51—2004）.